高校校园文化建设成果文库

忠诚的印迹

哈军工——哈船院——哈工程

王春晖　曹良韬◎主编

光明日报出版社

图书在版编目（CIP）数据

忠诚的印迹：哈军工——哈船院——哈工程 / 王春晖，曹良韬主编. --北京：光明日报出版社，2018.9

ISBN 978-7-5194-4635-2

Ⅰ. ①忠… Ⅱ. ①王… ②曹… Ⅲ. ①哈尔滨工程大学—校史 Ⅳ. ①G649.283.51

中国版本图书馆 CIP 数据核字（2018）第 217773 号

忠诚的印迹：哈军工——哈船院——哈工程

ZHONGCHENG DE YINJI: HAJUNGONG——HACHUANYUAN——HAGONGCHENG

主　　编：王春晖　曹良韬

责任编辑：史　宁　　特约编辑：田　军

责任校对：赵鸣鸣　　封面设计：中联学林

责任印制：曹　净

出版发行：光明日报出版社

地　　址：北京市西城区永安路 106 号，100050

电　　话：010-67014267（咨询），63131930（邮购）

传　　真：010-67078227，67078255

网　　址：http://book.gmw.cn

E-mail：shining@sina.cn

法律顾问：北京德恒律师事务所龚柳方律师

印　　刷：三河市华东印刷有限公司

装　　订：三河市华东印刷有限公司

本书如有破损、缺页、装订错误，请与本社联系调换，电话：010-67019571

开　　本：170mm×240mm

字　　数：280 千字　　印　　张：19

版　　次：2018 年 9 月第 1 版　　印　　次：2018 年 9 月第 1 次印刷

书　　号：ISBN 978-7-5194-4635-2

定　　价：95.00 元

编委会

—— 序 ——

文化兴校 精忠报国

哈尔滨工程大学党委书记 谷焕民

大学之大，在于学问之大，更在于担当之大。哈军工（中国人民解放军军事工程学院）在抗美援朝的战火中催生，它的成立肩负了新中国强国安邦的渴望，它的办学切实地把发展高等军事技术教育、培育高级军事技术人才乃至推动我国国防现代化建设的责任扛在了肩上。

1953 年，首任院长陈赓大将接过中央军委颁授的军旗，带领全体师生“三边并举”，白手起家，研制出樽樽国之重器，创造了数十项共和国第一。从这里走出的将军、院士、省部级领导、大学校长、科研院所负责人为国防现代化建设和国家经济社会发展立下了汗马功劳。

1971 年，林毅少将接过哈军工精神这杆烙有忠诚印迹的大旗，在哈军工主体南迁后留下的海军工程系基础上，凝聚哈军工其他部分专业的留守教师，直面“一个薄弱和四个不定”的现实困难，奠定了哈尔滨船舶工程学院的基础。哈船院在办学中跻身全国重点大学，摘取了近 30 项国家级科技进步、发明等奖项，为国防科技工业再建新功。

今天，哈尔滨工程大学的校旗在军工操场上高高飘扬，“以祖国需要为第一需要，以国防需求为第一使命，以人民满意为第一标准”的忠诚信念深入人心，内化为广大师生共同的理想与追求，并以此内在引领学校在内涵式发展的道路上不断转型升级，先后进入“211工程”建设院校、国家优势学科创新平台、“双一流”建设高校，现已基本建成“三海一核”领域特色鲜明的研究型大学，正在向特色鲜明的世界一流大学迈进。

不忘初心，回望历史，正是因为哈军工的贡献与担当，中国高等军事技术教育的基础格局才得以形成；正是因为哈军工精神的传承与激励，哈船院和哈工程才有了存续、发展和自我超越的强大精神动力；正是因为饱受忠诚文化的熏陶和感染，从军工圣殿走出去的学子们才能够在任何条件下都能勇于担当，可靠顶用，不断为国家的船海核事业建功立业。

一流大学哈军工，创造了一流的校园文化；而一流的校园文化，也必将孕育一流的大学。哈军工文化是这所大学最深沉厚重的文化基因，也是学校文化自信的源泉。十九大报告指出：“没有高度的文化自信，没有文化的繁荣兴盛，就没有中华民族伟大复兴。”可以说，没有高度的文化自信，没有大学文化的创新发展，就没有特色鲜明世界一流的“工程梦”。没有哈军工文化的浸染与加持，师生们就不会产生精忠报国的强烈愿望，就不会激发攻坚克难的行动自觉，就不会有创造奇迹、冲出困境、内涵发展的光辉历程，就不会有今天冲击特色鲜明的世界一流大学的“工程选择”。

哈军工是前辈的，也是我们的；是国家的，也是大家的。哈军工以忠诚为核心的红色文化，是新中国先进文化中的璀璨一星，无论在过去、现在还是将来，都指引着哈军工人及其后继者在国防建设和高等教育发展中忠于使命、勇攀高峰。这些宝贵的文化遗存处处都刻有忠诚的印迹，时刻都在鼓舞工程师生勇担新时代赋予的新使命，以新状态开启创建特色鲜明的世界一流大学建设的新征程。

坚定秉持、深入贯彻、积极践行哈军工文化，使哈军工文化在广大师生中薪火相传、永续光芒，是工程大学强校兴校的必然选择；与时俱进、创新发展、积极传扬哈军工文化，使哈军工文化在社会上产生积极作用与广泛影响，是工程大学人传播、创新先进文化的使命担当。在学校 65 载华诞到来之际，让我们悉心品读这部忠诚之史中的先进人物与光荣事迹，传承和践行宝贵的哈军工文化，高举忠诚的旗帜，保持永不褪色的报国初心，为实现中国梦、海洋梦和工程梦而不懈奋斗！

目 录

第一篇
军工往事 厚重深沉见胸怀
（1952—1970）

第二篇

船院春秋　静水深流担使命

（1971—1993）

第三篇

工程岁月　三海一核写忠诚

（1994—2018）

第一篇

军工往事 厚重深沉见胸怀

（1952-1970）

荣誉之城　红色记忆

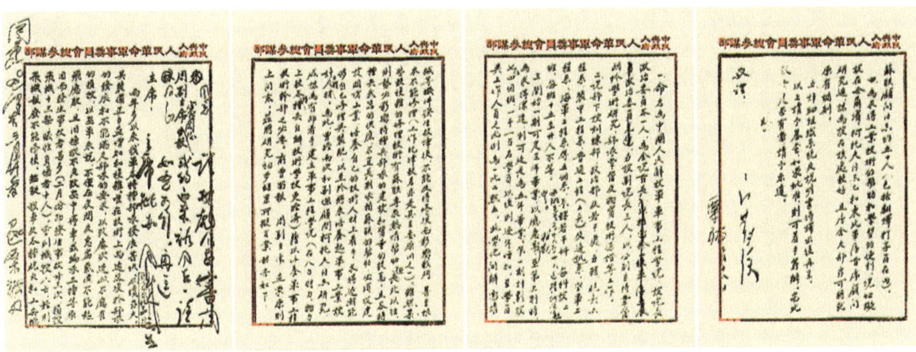

关于成立军事工程学院的报告【档案号 SW.JNG.1952.1】

这是一份对哈军工（全称中国人民解放军军事工程学院）意义重大的文件，事关这所大学的诞生。20 世纪 50 年代，一场双方武器装备优劣相差悬殊的国际性局部战争——抗美援朝战争，督促新中国建设现代化国防的理想迫不及待地需要付诸实施。“适应现代化战争，建设现代化军队，必须要建立一所综合性的高等军事技术院校，培养技术军官。”虽然解放战争开始至建国初，我军已陆续建立了各种类型的技术学校，但这些学校大多数是中专层次，对于培养现代战争条件下的高级军事技术人才，难以胜任。经过周密的调研与论证，1952 年 3 月 18 日，解放军代总参谋长聂荣臻和副总参谋长粟裕向中革军委呈送了《关于成立军事工程学院的报告》。报告对学院成立的必要性、迫切性作了详细的阐述。《报告》同时提出了一个建院方案，对专业设置、毕业生分配去向、选址等问题作了报告。《报告》经林彪、周恩来、朱德审阅同意，送达毛泽东。中共中央、中革军委主席毛泽东批示“同意”。至此，我国第一所高等军事技术院校开始创办。当时美帝国主义霸占我国台湾，进攻朝鲜，妄图扼杀新生的中国；朝鲜战争中敌我双方装备悬殊的严酷现状，这些都使建设国防现代化、培养高级军事技术工程师成为新中国最迫切的需求。哈军工就在这种强国安邦的渴望中孕育、诞生，因此天然地具有一种以忠诚为核心的价值取向。

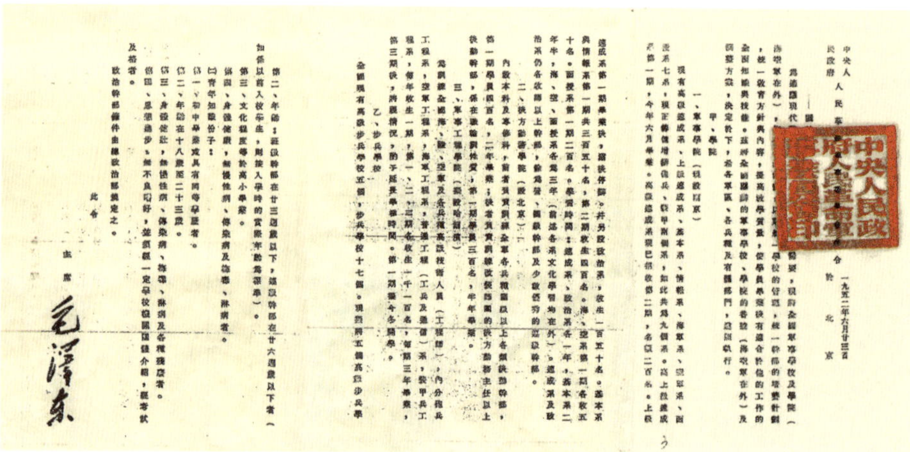

全国应办的军事院校的番号及调整方案【档案号 SW.JNG.1952.2】

为筹建哈军工作准备，1952 年 6 月 23 日，毛泽东签署确定全国应办的军事院校的番号及调整方案。方案指出，学院拟设在哈尔滨，要求 1953 年 9 月 1 日开学，并决定以中国人民解放军第二高级步兵学校、华东军区司令部军事科学研究室和志愿军第三兵团的部分干部为组织基础，筹建学院。其实在《关于成立军事工程学院的报告》中也建议将院址选在哈尔滨，理由是“远离前线、濒临松花江、工业发达、大学较多”。至此，哈军工与哈尔滨这座城市结下了不解之缘，哈军工成就了这座城市永远的骄傲，也为这座城市又铭刻下了一段红色的记忆。

今天的哈尔滨有着冰城的美誉，曾经它还有一个动听的名字——荣誉之城。这是因为历史上哈尔滨是一座充盈着深沉爱国情感的城市。早在 20 世纪初叶，马克思主义思想就在这里得到传播，工人和学生爱国民主运动非常活跃。周恩来曾来哈尔滨进行革命宣传活动；李大钊、瞿秋白等在筹建中国共产党的过程中，曾相继来到哈尔滨领导反帝爱国斗争；哈尔滨成立了东北地区第一个党组织，在这里召开了东北地区第一次党代会，成立满洲临时省委；1929 年，时任满洲省委书记的刘少奇曾来哈尔滨，具体领导中东铁路工人运动。"九一八"事变后，哈尔滨沦为日本侵略者的殖民地，臭名昭著的"731"细菌部队对这里的民众进行了惨无人道的细菌实验。那段血泪斑驳的历史成为了这座城市历史上最阴暗的记忆。在中国共产党的领导下，哈尔滨的人民与日本侵略者进行了殊死顽强的斗争，赵尚志、杨靖宇、李兆麟、赵一曼等民族英雄便是这座城市光荣的象征。解放战争中，英雄的哈尔滨人民在人力、财力、物力等方面积极支援前线。东北野战军，即后来的中国人民解放军第四野战军从哈尔滨挥师南下，历经辽沈战役、平津战役，一路征战，直至解放海南岛，为新中国的诞生作出了重要的历史性贡献。

说哈军工为这座城市铭刻下了一段红色的记忆，不仅是因为哈军工从诞生之初就凝聚了新中国关于国防现代化的光荣与梦想，也因为哈尔滨人民深知国家要创建这样一所大学的意义深远，在学院建设过程中表现出义无反顾、毫无保留、全力支持的高度的爱国主义精神。哈尔滨的人民把这座城市处于最高点的位置（哈军工校址所选定的南岗区东北部的文庙街和一曼街北部）腾让给了哈军工。1952 年 10 月初，哈军工筹建委员会刚刚圈定出院区范围，10 月底，哈尔滨就将院区单位与居民全部迁出了。哈尔滨人民服从祖国需要无条件支持哈军工建设的实际行动，令世人看到了一种荣誉之城的宽厚胸怀。胸怀大志的哈军工人与胸怀宽厚的哈尔滨人相依相偎，共同穿越了令人难以忘怀的激情岁月。

在许多老哈尔滨人的记忆中，哈军工是一所既庄严又神秘的学校。那时的哈尔滨人都知道，哈军工有两道大门，外人不能随便进入军工大院，军工家属不能随便进入教学科研区。当时很多的保密实验室，即使是非本专业的军工学生也不能随便进入。任何人的进出，包括时任党政军高级领导干部在内，都需严密登记。哈军工为发展国防科技而创建，是当时国家的重点保密单位。

保密包
【档案号 SW.JNG.1962. 1】

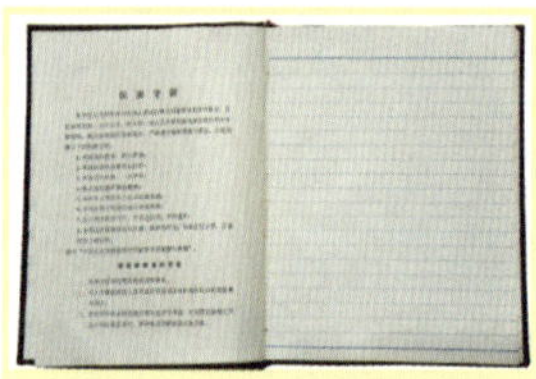

保密本
【档案号 SW.JNG.1962. 2】

保密箱
【档案号 SW.JNG.1962.3】

为了使学院在执行国防科研任务时便于保密，哈军工按照部队序列对外称为“103”部队。

哈尔滨为哈军工的创建敞开了荣誉之城的胸怀，哈军工人也以自己英雄的行动报答着这座城市对它的厚爱。1957年夏，哈尔滨遭遇了一场历史上罕见的特大洪水，哈尔滨人民展开了保卫荣誉之城的战斗。哈军工上下，从将军到学员，从职工到家属，共有11200人次投入抗洪斗争，其中有1466名同志立功受奖。由于哈军工全院出动保护当时防汛最险要的一段江堤东大坝（马家沟外江堤），后来东大坝便被哈尔滨人以哈军工的代号为名，改称为103大堤。哈军工与荣誉之城同呼吸、共命运的往事被哈尔滨人民永远铭记。为了纪念哈尔滨市人民战胜特大洪水，哈尔滨市政府于1958年建设了防洪胜利纪念塔，作为这座荣誉城市的象征。塔身以浮雕形式描绘了当年哈尔滨军民战胜洪水的生动情节。纪念塔落成时，时任哈尔滨市市长吕其恩对学院领导说：纪念塔上的解放军塑像中就有你们“军工”人的形象。

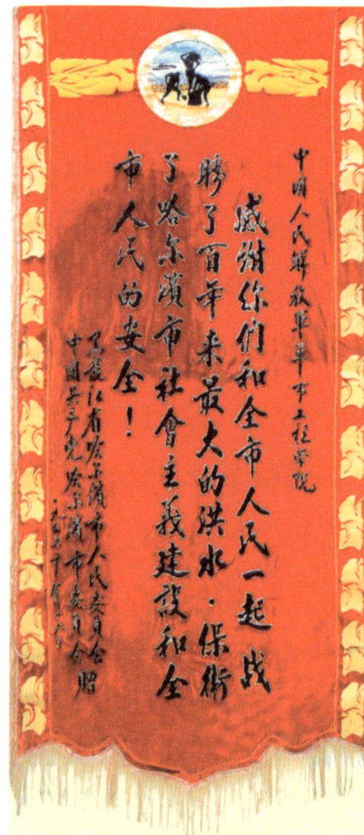

市委市政府授予哈军工的抗洪锦旗
【档案号 SW.JNG.1957.1】

抗洪一等功喜报
【档案号 SW.JNG.1957.2】

在我国的高等教育发展史上，哈军工高起

哈尔滨市人民防洪胜利纪念塔

中国人民解放军军事工程学院关防印章
【档案号 SW.JNG.1952.3】

点、高速度的创建是绝无仅有的：政务院、中央军委将哈军工列为国家第一个五年计划重点建设项目，由国家领导人直接安排学院建设，中央军委决定学院党委执行兵团级党委权限、隶属中央军委和各总部直接领导，代表当时世界高等军事技术教育前沿水平的苏联顾问团来到学院工作，这些都使哈军工从创建之初就汇聚了一大批优势资源，站在了良性发展的主动位置。经过一年创建、四年发展，到1957年，哈军工在亚洲乃至世界上都产生了重要影响。著名科学家钱学森到学院参观后说："在我国现有的条件下，这么短的时间内办起这样一所完整的、综合性的军事技术学校，在世界上也是奇迹。"哈军工在正式办学后的第七年，就被确定为全国20所重点高等院校之一。

哈军工创建之初，按军兵种设置了空军、炮兵、海军、装甲兵、工兵等5个工程系，每个系拥有一座独立的教学大楼。高起点、高速度地集中力量建设一所高水平的军事工程学院，是在新中国刚刚诞生的背景下，国家财力有限、军队技术力量薄弱、各军兵种没有条件分别建立各自的高等技术院校时采取的措施。20世纪50年代末60年代初，哈军工的发展进入鼎盛时期，我军各军兵种所需技术干部数量日益增加，全军只办一所综合性高等技术学院已不能满足国防现代化建设的需要。为了适应当时新中国军事技术迅速发展的形势需要，加快我国国防科技事业发展速度，更好地为国防事业做贡献，出于对国防科技专业整体布局的考虑，处在发展鼎盛时期的哈军工人选择了"尖端集中、常规分散"的分建道路，将部分常规专业从哈军工分出去交给各军兵种独立办学，培养维护、使用工程师……陈赓在给中央军委的关于学院分建、改建的报告中这样阐述："今后所需工程技术干部的数量都会增长很快，全军只办一所综合性学院无论如何不能满足需要，势在必分。从现实可能性看，军事工程学院常规武器各系已具有一定规模，分建的条件已经基本具备。”中央军委第15次办公会议针对学院的分建、改建作出决定，并将其作为军委常委会议文件第六号下发：将军事工程学院的炮兵工程系、装甲兵工程系、工兵工程系分出，分别成立炮兵、装甲兵、工程兵工程学院；海军、空军各新建一所工程学院，并将军事工程学院的军械科学研究所拨给炮兵建制。今天的南京理工大学、装甲兵工程学院、工程兵工程学院、防化兵工程学院、空军工程大学、海军工程学院等都是融聚了哈军工血脉的军工之花。

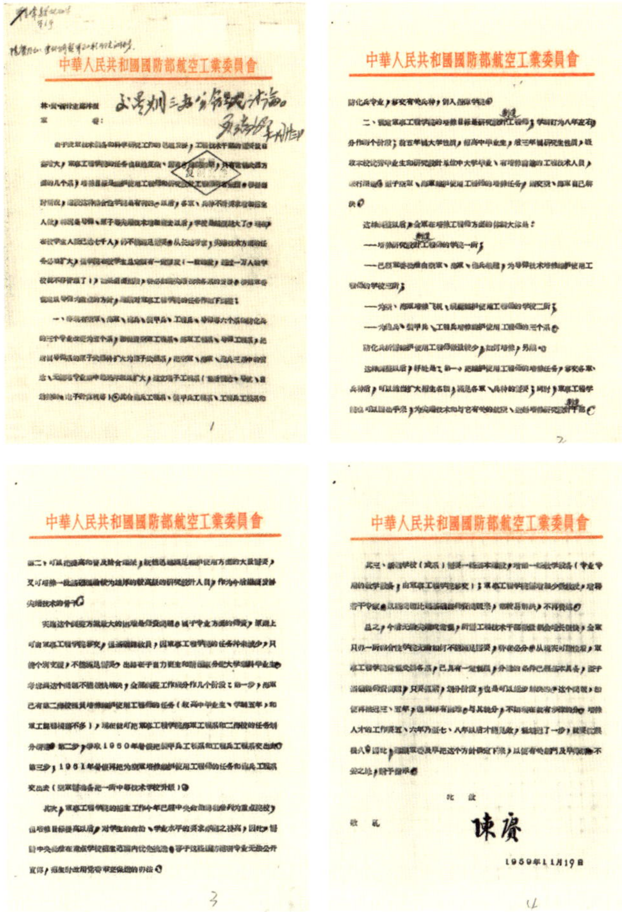
中華人民共和國國防部航空工業委員會

哈军工分建报告【档案号 SW.JNG.1959.1】

哈军工的分建改建，表现了哈军工人对自己所服务的国防科技事业，以及自己在国防事业中所承担的历史使命的高度自觉，再现了哈军工人忠诚国家整体利益的强烈使命感与责任心。1960年到1962年，哈军工迁出17个专业、541名教师、282名教辅人员，培育扶持了一批高水平的军事工程学院。经过这样的调整之后，我军培养技术干部的体制形成三级：中级技术学校，培养一般技术干部；新建的军兵种工程学院，培养维护、使用工程师；军事工程学院专门培养研究、设计、制造工程师。哈军工的分建奠定了我国高等军事技术教育的格局，从此，哈军工也成为我军尖端科技人才培养的摇篮。

分建后，哈军工仅存有23个专业、700名教师。按照1960年中央军委第54次办公会原则批准的《军事工程学院1960年—1962年建设规划纲要》，哈军工要在3年的时间内建成新的学院，以满足我军现代化建设的需要。当时正值我国3年经济困难时期，在这么短的时间里建设一所规模更大、技术水平更高的全新的军事技术学府，困难可想而知。而一直辅助哈军工办学工作的苏联顾问此时也因为中苏关系的微妙变化而撤走。然而哈军工就是哈军工，陈赓院长曾说过的话——“革命是从无到有的，军事工程学院也可以从无到有。”激励着哈军工人自力更生、闯过了难关。在“老成员”空军工程系、海军工程系的帮助下，按照建设尖端的方针，哈军工的两个涵盖了当时尖端学科的新成员——原子工程系、电子工程系建设起来了。到1961年9月1日开学时，分建后的哈军工已经开始按照新的培养目标、新的教学计划教学，迎来了一个新的开始。

到此，哈军工的岁月变迁还没有结束，哈军工人接下来面对的是至今仍让他们不愿回首的一天……1966年4月1日，哈军工退出部队序列。关于这段历史，至今为止仍然没有确切的描述，有人认为是受到林彪主持军委工作时期“左”倾思想对军队现代化建设的干扰，有人认为是哈军工分建时因改“维护使用与研究设计兼顾”为“研究设计”的培养目标使学院与部队的关系日渐疏远，也有人认为是受到了当时大部分军工性质的科研院所纷纷退出部队序列划归国防科委这个大气候的影响……无论是什么原因，最终的结果是哈军工近万名军人一夜之间变成了普通百姓。哈军工的所有现役军人，从将军到校官，从尉官到学员，都摘下了自己军装上的帽徽和领章，留给哈军工人的只是那泛黄的军装和军装上肩章深深的印记。

哈军工人佩戴过的海军帽徽
【档案号 SW.JNG.1953.5】

成为老百姓的哈军工人仍然穿着军装办学。在哈军工人心中，哈军工可以退出部队序列，但哈

哈军工人的肩章【档案号 SW.JNG.1953.3】

哈军工人的领章【档案号 SW.JNG.1953.4】

军工人为国防服务的使命与责任不可以改变。从 1966 年至 1970 年，退出军队序列后的哈军工改称哈尔滨工程学院。在这个阶段，学院面向军队现代化的现实需要将院系做了调整，将导弹工程系改建为火箭工程系，新建了计算机系。

哈军工创建时正值中苏合作友好时期，但由于众所周知的原因，在 20 世纪 60 年代，中苏关系从分歧、公开论战一直升级到了彻底决裂。这使这所由苏联援建、体现着当时中苏两国友好关系的高等军事学院又戏剧性地因为两国关系的破裂而面临新的考验。1969 年 3 月发生在黑龙江珍宝岛的两国军事冲突在某种程度上成为了哈军工又一次变迁的直接原因。与第一次不同的是，这次变迁并不是学院主动选择的结果。1969 年 10 月，黑龙江省革命委员会根据林彪（时任中共中央军委副主席）关于战备的“一号命令”，要求学校向哈尔滨市下设的五常县山区作战备疏散。同年 12 月，国防科委又传达了中央军委的指示，包括哈军工在内的一批院校要搬迁。在那个时候，作为重工业区、交通枢纽的哈尔滨，地理位置敏感。为了防止敌人突然来袭，哈军工的疏散或者搬迁显得“顺理成章”。1970 年，学校经历了刚刚分建不到 10 年后的第二次变迁。

哈尔滨工程学院火箭工程系、电子工程系、计算机系以及基础课部和院机关划归第七机械工业部，迁往长沙，成立长沙工学院。原子工程系划归第二机械工业部，迁往重庆，与哈尔滨工业大学有关专业合并，组建重庆工业大学，后于 1973 年返回长沙工学院。1978 年长沙工学院改建为中国人民解放军国防科学技术大学。

航空工程系划归第三机械工业部，迁往西安，并入西北工业大学。

溯源石（碑）

舰船工程系划归第六机械工业部，内迁武汉，改称船舶工程学院。后决定与西北工业大学水中兵器系合并，组建武汉船舶工程学院。但最终没有内迁武汉，西北工业大学水中兵器系也没有迁来，舰船工程系留在哈军工原址，成为了唯一在哈军工原址办学的哈军工后继者，定名哈尔滨船舶工程学院，后更名为哈尔滨工程大学。

风洞实验室改为第三机械工业部（航空工业部）的一个研究所。2000 年该所与沈阳空气动力研究所合并，组建中国航空工业空气动力研究院，隶属于中国航空第一集团公司。

从 1952 年哈军工建院到 1970 年，这所大学经历的考验与磨砺可见一斑。人们在描述史实的时候，经常用到这样的词汇：分建、解体、肢解、变迁……但无论怎样，哈军工都光荣出色地完成了自己的历史使命。今天，它孕育的高等军事技术教育的种子已全面开花结果，分布在祖国各地、继承了哈军工优良传统的军事技术院校迅速走向了成熟，并发展成为知名的大学。哈军工由此成为了新中国国防事业高科技人才的发源地。

哈军工的创立，体现了以毛泽东同志为核心的第一代中央领导集体果断而有远见决策的正确性。哈军工以特有的方式为我国高等军事技术教育事业做出了重大贡献，为中国高等军事技术教育体系的形成起到了奠基性的作用，是中国高等军事技术教育的一个重要里程碑，对后来我国高等军事技术教育的格局产生了深远影响。几经变迁，哈军工已经淡出了历史舞台，但它的名字却永远留在了新中国国防科技事业的史册上，也铭刻在一代创业者的青春记忆里。哈军工丰厚的精神和物质遗产，以及在亚洲乃至世界范围内产生的影响已成为哈军工后继者的宝贵财富。

陈赓受命　勇担重任

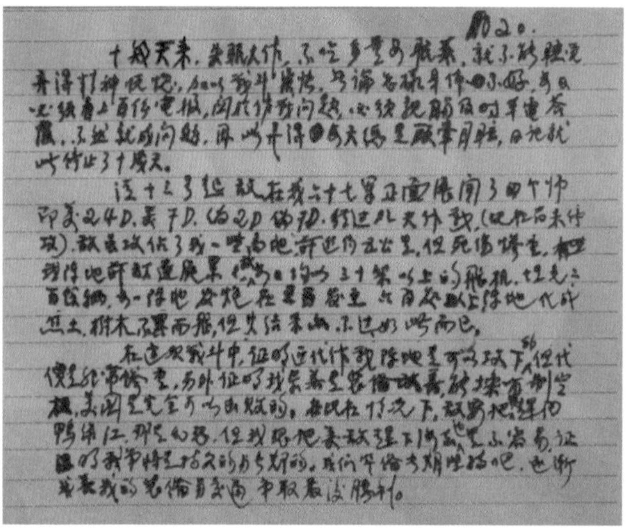

陈赓在朝鲜战场的日记【档案号 SW.JNG.1952.4】

这是哈军工首任院长兼政委陈赓在任中国人民志愿军第二副司令员，兼任第三兵团司令员和政委时，在朝鲜战场上写下的日记。从陈赓的日记中不难看出，当时，志愿军和美军的武器装备差距是悬殊的，差距之大在世界战争史上也是罕见的。最后，虽然正义的一方获得了胜利，但志愿军却为此付出了惨重的代价。武器装备的落后，增加了志愿军官兵在朝鲜战场上的伤亡；技术的落后，很大程度抵消了志愿军英勇作战的优势。这些都深深牵动着我国高层领导的心，也坚定了他们加速发展我国军事技术及现代化武器装备的决心。

身经百战的陈赓并不怕穷凶极恶的敌人，他最感到心情沉重的是我军在军事科学技术上的落后。由于部队既缺乏现代化装备，又缺乏文化素质高、精通军事科技的人才，许多本可以打胜的战斗却眼睁睁地看着敌人逃掉；对付敌人的飞机大炮，我们只能挖坑道先躲起来。如何改进我军的技术装备，如何培养前方急需的能维护和使用现代化武器装备的军事工程师，成为陈赓在朝鲜战场上就开始思考的问题。

受命群雕

1952 年 6 月，火线换将，任志愿军代司令员的陈赓接到中央电令，回到北京，向军委报到。群雕再现的就是陈赓在中南海怀仁堂受命担任军工首任院长的场景。毛泽东、周恩来、朱德、彭德怀在中南海召见陈赓。听完陈赓的汇报后，毛主席说：“我们要建立一所高等军事技术院校，培养技术军官。这次调你回来，就是要你来当这个院长兼政委。”陈赓没有丝毫思想准备，连忙站起来说：“不行不行，我是行伍出身，办学与打仗隔行，我恐怕办不好。”毛主席说：“你办不好，谁能办好？有困难找总理给你解决，还有苏联顾问的帮助，凭你陈赓的才智和干劲，一定能干好。”周总理也说：“你住过黄埔军校，办过红军步兵学校，还带过红军干部团。你干不了，别人连你这点经验也没有。”事情就这么定下了。陈赓不再推辞，欣然受命。其实，在朝鲜战场时，亲眼看着战士们用手榴弹打榴弹炮，用燃烧弹打坦克车，建设现代化人民军队的想法早就在陈赓心中落地生根了。从此，陈赓举起了我国培养国防科技人才的大旗。

然而，白手起家、从无到有建设一所高等军事技术院校，又没有任何现成的经验可以借鉴，谈何容易。无师资，无校舍，无教材设备，无管理经验。

当时国家经济又比较落后，按照中央指示，要在一年内建成一所高水平的军事技术院校，并且顺利完成聘教、招生等各项工作，听起来像是一个无法实现的神话。但是陈赓就是有办法将神话变成现实，他在中国高等军事技术教育的战场上打响了第一炮。在筹建哈军工的日子里，陈赓频繁往返于北京与哈尔滨之间，多次进出中南海找毛主席和周总理汇报，当然更多的时候是求助。

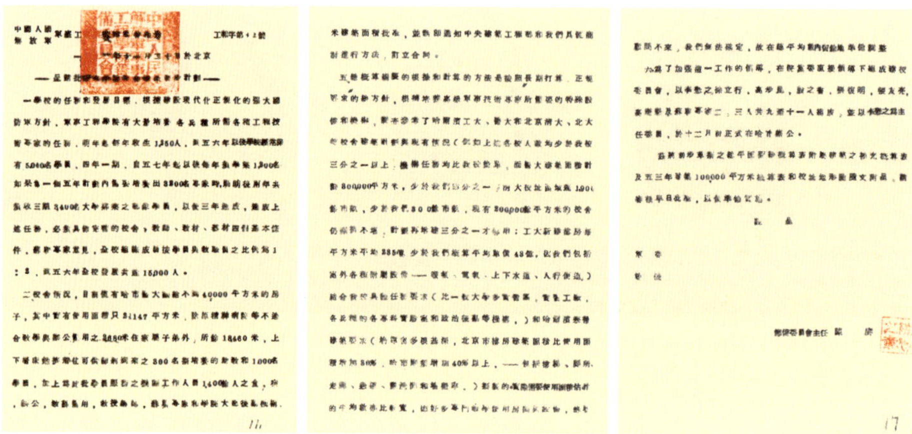

建委会呈报的校舍建设计划【档案号 SW.JNG.1952.5】

学院筹建工作中，陈赓提出了“三边并举”的建院方针和“两老办院”的办学理念。“三边并举”即“边建、边教、边学”。1952 年 11 月 26 日，学院筹委会向中革军委呈报校舍建设初步计划，拟于 1953 年建 10 万平方米，1954 年建 15 万平方米，1955 年全部完成。12 月 5 日，中革军委批准，军事工程学院营房建筑委员会（建委会）正式组建。院营房建筑委员会提出的基建方针是：“长期打算，坚固耐用，正规要求，经济适用”。正如同哈军工建筑委员会的基建方针描述的那样，哈军工的几栋大楼现在依然巍峨的耸立在军工大院里，坚固如磐，冬暖夏凉。有很多关于哈军工大楼的传奇故事，在哈尔滨工程大学的校园里流传。

为了解决哈军工建院聘请的苏联顾问的住所问题，陈赓还曾演绎过一段厕所门口等批示的故事。1952 年 11 月 4 日，随着中长铁路的移交，中长铁路局的苏联专家陆续回国。建委会同志建议陈赓院长设法把苏联专家住的大和旅馆要过来，给即将来院的苏联顾问住。陈赓次日清晨就拿着报告去找周恩来总理。当时，周总理正在会议室主持会议，陈赓就坐在会议室门旁边等着。大约等了一个多小时，陈赓发现总理离开座位从会议室的侧面出去上厕所，于是陈赓快步跟上，站在厕所门口等候。周总理刚从厕所出来，陈赓就将报告递了上去。周总理半开玩笑地对陈赓说："你阿赓真有办法，找到厕所来办公，这是你的一大发明，应该写到你的自传里去。"针对报告，周总理指示："请滕代远部长（铁道部部长）与陈赓面谈，电话即告哈尔滨铁路局局长余光生同志，务须按照军事工程学院所需房子借给他们，并将结果告诉我。"在周总理的支持下，学院苏联顾问的住房问题得到了圆满解决。

聚沙成塔景观

1953 年 4 月 25 日，陈赓院长铲了第一锹土，揭开了校园基建工程的序幕。那时候哈军工校址还是一片荒地，学院几栋大楼还在建设中，没有拔地而起，陈赓院长常常拖着自己的伤腿，拄着拐棍，爬到大水塔上去，查看施工进度。当时，这个水塔是军工的最高点。如今哈军工纪念馆将装满了从祖国四面八方而来，饱含哈军工校友对军工大院诚挚感情土壤的大水塔还原在展厅里，

啸天虎

意喻着哈军工的传人们聚沙成塔，支撑起祖国的国防科技事业。

建委会研究五栋大楼的建筑方案时决定建筑造型采用中华民族的传统风格。我国传统建筑风格的显著特征是大屋顶和脊兽。为了使建筑造型既体现民族的传统风格，又避免古建筑传统脊兽的迷信色彩，建委会在设计时进行了古建筑脊兽的改革。这个现在作为哈尔滨工程大学非常具有标志性的文化建筑元素的啸天虎，是军工建委会的一个技术人员陈星浩设计出来的。他设计的虎首回眸仰视、虎尾弯弯上翘的模样很有气势。大楼脊兽改革的方案完成后，请示陈赓院长。陈院长看了草图，十分满意，并说这个老虎设计得很好！谁要是来侵犯我们，老虎就狠狠地一口把他咬住了。我们哈军工就要做强国安邦的大老虎。

“两老办院”的办学方针指的是坚持依靠“老干部、老教授”办院，即“既要承认二万五，也要承认十年寒窗苦”的思想，为军工的办学指明了方向。1952 年 12 月 11 日，哈尔滨刚刚下过一场雪。陈赓在王字楼礼堂举行的老教师座谈会上讲话，阐明了办军事工程学院的重要意义，以及知识分子在学院的地位、作用和党对知识分子的政策。他鼓励已经来院的专家、教授做学院的主人，要求大家克服做客的临时观念，同心协力办好学院。他说：“在学院建设中，你们是一根柱子，军队的干部也是一根柱子，只有依靠这两根柱子，学院才能办好。”陈赓非常关心老教师们的生活，来到哈尔滨之后，陈赓院长首先来到道里区斜纹二道街看望专家、教授们。经过深入调查后，他总结出老教授来哈尔滨需要过的三关，即“山海关、家庭关、军队关”。他以战略家高屋建瓴的目光，审慎地观察着老教师们思想和感情上的波动，不放过

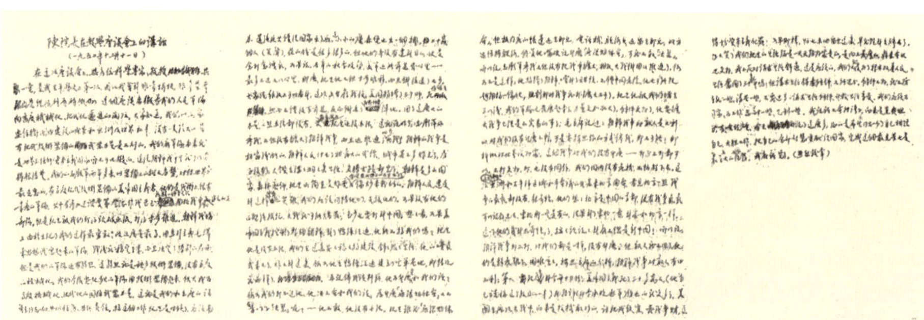

陈赓在老教师座谈会上的讲话记录【档案号 SW.JNG.1952.6】

一点小事，不允许部下们对党的知识分子政策有任何的疏忽和懈怠。

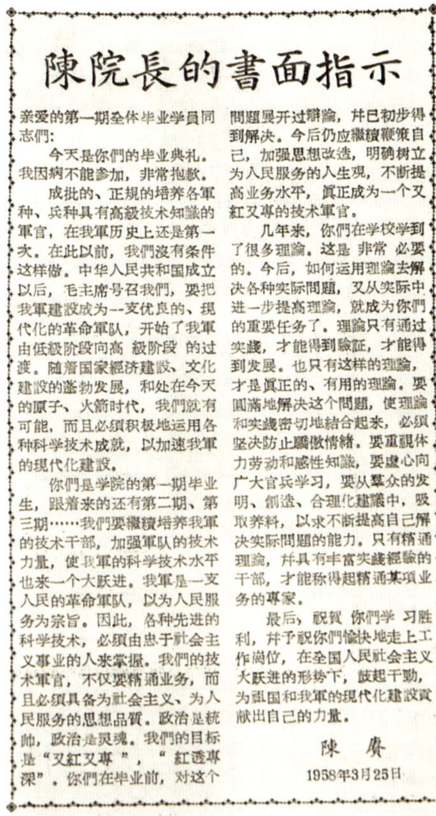

陳院長的書面指示

亲爱的第一期全体毕业学員同志們：

今天是你們的毕业典礼。我因病不能参加，非常抱歉。

成批的、正規的培养各軍种、兵种具有高級技术知識的軍官，在我軍历史上还是第一次。在此以前，我們沒有条件这样做。中华人民共和国成立以后，毛主席号召我們，要把我軍建設成为一支优良的、現代化的革命軍队，开始了我軍由低級阶段向高級阶段的过渡。随着国家經济建設、文化建設的蓬勃发展，和处在今天的原子、火箭时代，我們就有可能，而且必須积极地运用各种科学技术成就，以加速我軍的現代化建設。

你們是学院的第一期毕业生，跟着来的还有第二期、第三期……我們要继續培养我軍的技术干部，加强軍队的技术力量，使我軍的科学技术水平也来一个大跃进。我軍是一支人民的革命軍队，以为人民服务为宗旨。因此，各种先进的科学技术，必須由忠于社会主义事业的人来掌握。我們的技术軍官，不仅要精通业务，而且必須具备为社会主义、为人民服务的思想品質。政治是統帅，政治是灵魂。我們的目标是“又紅又專”，“紅透專深”。你們在毕业前，对这个問題展开过辯論，并已初步得到解决。今后仍应继續鞭策自己，加强思想改造，明确树立为人民服务的人生观，不断提高业务水平，眞正成为一个又紅又專的技术軍官。

几年来，你們在学校学到了很多理論。这是非常必要的。今后，如何运用理論去解决各种实际問題，又从实际中进一步提高理論，就成为你們的重要任务了。理論只有通过实踐，才能得到驗証，才能得到发展。也只有这样的理論，才是眞正的、有用的理論。要圓滿地解决这个問題，使理論和实踐密切地結合起来，必須坚决防止驕傲情緒。要重視体力劳动和感性知識，要虛心向广大官兵学习，要从羣众的发明、創造、合理化建議中，吸取养料，以求不断提高自己解决实际問題的能力。只有精通理論，并具有丰富实踐經驗的干部，才能称得起精通某項业务的專家。

最后，祝賀你們学习胜利，并予祝你們愉快地走上工作崗位，在全国人民社会主义大跃进的形势下，鼓起干勁，为祖国和我軍的現代化建設貢献出自己的力量。

陳　賡

1958年3月25日

陈赓给哈军工第一期毕业学员写的信
【档案号 SW.JNG.1958.1】

1953 年 8 月 6 日，中革军委副主席彭德怀来军工视察，检查学院筹建工作。期间，彭德怀住在陈赓家（陈赓坚持把学院最好的楼房作为老教授的宿舍，而自己住在没有围墙的小平房里）。彭德怀称赞陈赓与群众同甘共苦，为干部作出了榜样。

哈军工正式开学后的第二年，陈赓就被委以更加重要的任务。1954 年 10 月 31 日，中共中央、中央军委根据中央政治局的决定下达通知，任命陈赓为中国人民解放军副总参谋长，兼任哈军工的院长和政委。1958 年又出任国防科委副主任。工作任务的增加，导致陈赓的工作重心开始转向北京。由周恩来总理举荐，刘居英出任哈军工第一副院长，主持日常的教学科研工作。刘居英在哈军工的办学中忠诚地贯彻陈赓的教育思想并创造性地加以发展。

虽然离开了军工大院，但日夜为祖国的国防事业和国防科技事业操劳的陈赓时刻不忘关心学院发展。1958 年 3 月 25 日，在哈军工第一期学员毕业典礼举行之际，陈赓院长给第一期毕业学员写了一封信，寄托自己对他们的无限希望。

1960 年 11 月 8 日，病重的陈赓给教育长徐立行的回信中，亲笔给学院常委写了一段话，其中重要的一条就是大力抓好科学研究工作。陈赓为了学院的发展继续操劳奔波，直到 1961 年逝世。

作为一位伟大的无产阶级革命家、军事家，陈赓的丰功伟绩早已为人们

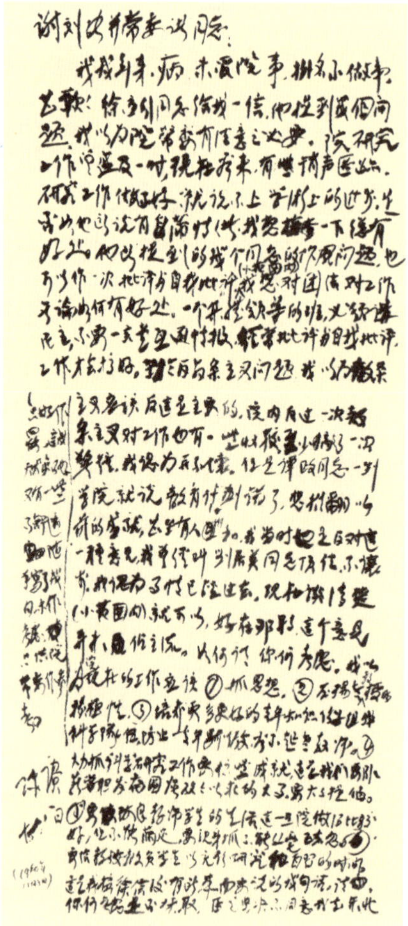

病重的陈赓给学院常委写的信
【档案号 SW.JNG.1960.2】

熟知；作为一位杰出的军事教育家，他在哈军工建设和发展过程中所体现出的高风亮节和远见卓识同样令人十分钦佩。作为哈军工的创始人和第一任院长兼政委，陈赓对哈军工乃至国家的高等军事技术教育事业的贡献主要表现在四个方面：

一是高标准、高速度创建了中国一流大学——哈军工。哈军工的创建乃至成功是在当时我国国情下，依靠国家决策、集中力量办高等教育的成功范例。在陈赓的推动下，超常规的建设和发展速度使哈军工在不到10年的时间里就在一片荒地上从零一跃成为当时全国重点大学之一，使哈军工成为中国高等军事技术教育的一个重要里程碑，它的高起点创建与跨越式发展成为中国高等教育史上的奇迹。

二是推动了哈军工与时俱进，勇攀高峰，追赶世界先进水平。哈军工创建时肩负着为全军培养高层次技术干部的重任。后来，陈赓适时提出了“尖端集中、常规分散”的哈军工分建战略思想。哈军工的分建对中国高等军事技术教育体系的形成起到了奠基性的作用，为促进我国武器装备现代化、建立巩固的国防做出了不可替代的贡献。陈赓放眼世界科技前沿，克服重重困难，在分建后，又果断决策创建了电子、原子两个工程系，培养了一批高新技术领域里的骨干力量，在国防工业尤其是“两弹一星”事业中发挥了重要作用。

三是培养了哈军工尊重知识、尊重人才、模范贯彻党的知识分子政策的好传统。陈赓根据哈军工的实际提出了“两老办院”（“两老”指老干部和

陈赓，1903 年出生，湖南省湘乡县人。1922 年加入中国共产党。1924 年入黄埔军校第一期学习。毕业后留校。参加了平定商团叛乱和讨伐陈炯明的东征。1926 年赴苏联学习。1927 年回国参加南昌起义，任营长。后赴上海在中共中央机关做情报工作。土地革命战争时期，历任中国工农红军四方面军十二师团长、师长，红军步兵学校校长，红军干部团团长，陕甘支队第十三大队队长，红一军团第一师师长。参加了长征。抗日战争时期，历任八路军一二九师三八六旅旅长，太岳军区太岳纵队司令员。解放战争时期，历任晋冀鲁豫野战军第四纵队司令员，中国人民解放军第四兵团司令员兼政委。建国后，历任西南军区副司令员兼云南军区司令员，云南省人民政府主席，中国人民志愿军第三兵团司令员兼政委，中国人民志愿军副司令员，中国人民解放军军事工程学院院长兼政委，中国人民解放军副总参谋长兼国防科委副主任，国防部副部长。第一、二届国防委员会委员，中共第七届中央候补委员、第八届中央委员。1955 年被授予大将军衔。曾获一级八一勋章，一级独立自由勋章，一级解放勋章。1961 年 3 月 16 日在上海逝世，终年 58 岁。

老教授）的办学思想，充分肯定知识分子在办学过程中的主体地位。在当时特定的历史条件下，在一个专门从事国防科技教学与研究的绝密单位，陈赓以超人的胆识和魄力，将“长征两万五”与“十年寒窗苦”相提并论，并作为办院的两大支柱。陈赓这种实事求是、敢作敢为、尊重知识、尊重人才的思想和做法，成为哈军工及其后继者宝贵的精神财富。

四是以毛主席为哈军工所颁发《训词》这一办学根本指导思想为统领，提出了以“善之本在教、教之本在师”为核心的治校理念，“教书教人”为

陈赓铜像

基本原则的育人理念，“一中二主三严”（“以教学为中心”“以学员为主、以教师为主”“严谨严密严格”）为主要内容的教学理念，“一切为了学员”的学生工作理念等一整套办学治校方略。这些办学方略在战略层面上行之有效地解决了办学中遇到的诸多重大现实问题，使哈军工在建院初期顺利完成了顶层设计。

哈军工的办学实践充分证明：没有陈赓，就没有哈军工的奇迹与辉煌，就没有新中国国防科技教育事业的蓬勃发展。陈赓院长虽然长逝已矣，但他留给哈军工后继者的宝贵精神财富与世长存；哈军工虽然已成为历史，但哈军工的精神已经被发扬光大，哈军工的事业正在被推向前进。

开学大典　屹立北国

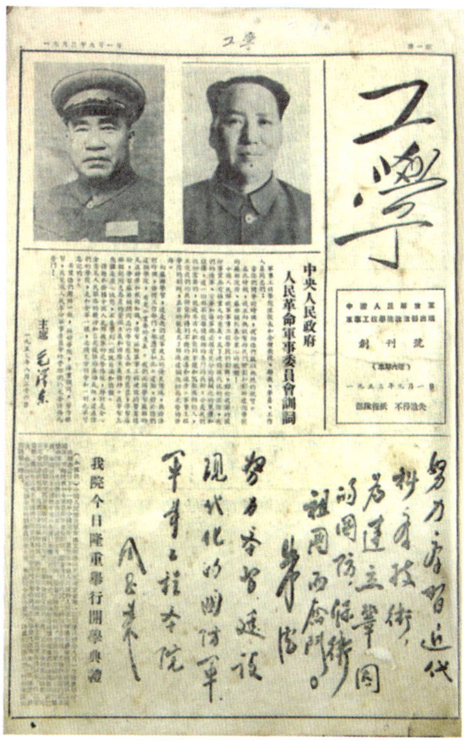

工學

中央人民政府人民革命軍事委員會訓詞

創刊號

我院今日隆重舉行開學典禮

毛泽东主席为哈军工院报题写的报名

【档案号 SW.JNG.1953.2】

这是哈军工院报的创刊号，右上角的“工学”二字是毛泽东主席为哈军工院报题写的报名。说到报名的题写，还有一段小故事。从 1952 年 7 月 12 日陈赓被任命为学院院长起，到 1953 年 9 月 1 日，历时一年零两个月，哈军工开学前的一系列工作准备就绪。开学在即，1953 年 7 月 10 日，陈赓再一次进京觐见毛主席，请示工作，处理完哈军工事务后，他向毛主席提出请求：“军工学院 9 月 1 日开学，请主席写个训词，并为学报起个名字。”毛主席听罢，笑了笑说：“哎呀，我现在也是个官僚主义者，不常写东西。训词就请萧向荣主任先起草一个吧，我再修改修改。不要写的太长，要突出办学院的意义，要发扬我们军队的好传统。至于校报的名字嘛，南京军事工程学院的报纸，我给他们起了个‘军学’二字，你们叫‘工学’好了，只两个字，就不抓别人的公差喽，我来写吧。”

毛泽东起身去书房，找到一方宣纸，用手展平，随手从笔筒中抽出中号狼毫毛笔，在砚台中蘸了一下，“工学”两字一挥而就，飘逸、洒脱，典型的毛体风格。毛主席附身又在纸上横竖写了三个“工学”，对陈赓说：“我圈了一个，你们自己再选个满意的吧”。从此，这个报名被哈军工及其后人沿用至今。

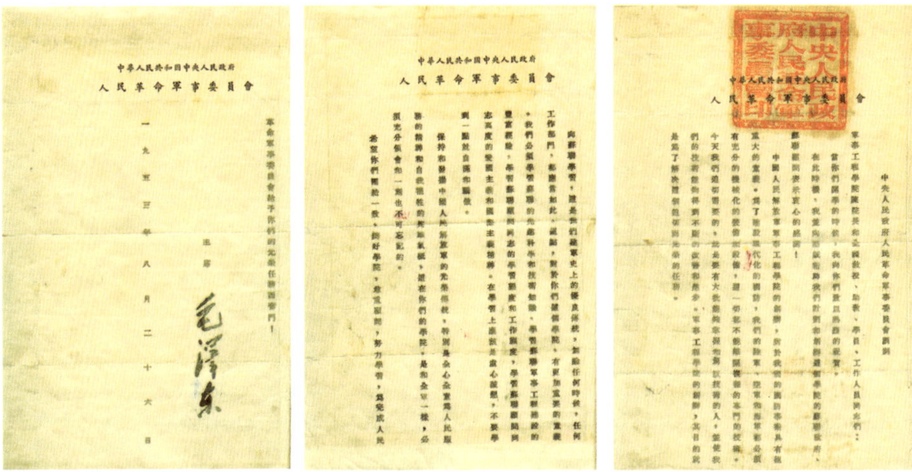
中華人民共和國中央人民政府
人民革命軍事委員會
主席 毛泽东
一九五三年八月二十六日

毛泽东主席为哈军工颁发的训词【档案号 SW.JNG.1953.1】

这是毛泽东主席为学院成立暨第一期学员开学颁发的《中央人民政府人

哈军工开学大典

民革命军事委员会训词》。训词中说："中国人民解放军军事工程学院的创办，对于我国的国防事业具有极其重大的意义。今天我们迫切需要的，就是要有大批能够掌握和驾驭技术的人，并使我们的技术能够得到不断地改善和进步。军事工程学院的创办，其目的就是为了解决这个迫切而光荣的任务。"训词对学院的办学宗旨、培养目标、工作与学习作风等提出了具体的要求，成为军工办学的指导思想。

经过紧张建设和筹备，1953 年 9 月 1 日，中国人民解放军军事工程学院正式成立了！这天，陈赓在日记中写道：这是一个"永远值得我们纪念和庆祝的日子。"那一天，军工大院里到处张灯结彩、彩旗飘扬，一派喜气洋洋的节日景象。临时搭建的会场主席台上"中国人民解放军军事工程学院成立暨第一期开学典礼"23 个大字，分两行写在牌楼的门脸上方，牌楼的上面庄严地镶嵌着中国人民解放军"八一"军徽。因上午有课，陈赓指示，不要冲击正课，于是，哈军工开学典礼是下午 2 时 45 分正式开始。全国高校中，下午举行开学典礼的恐怕只哈军工一家吧。

开学典礼上，首先由张宗逊副总长宣读毛主席训词，向学院授"八一"军旗，并致辞。陈赓院长代表学院接受了军旗并致答辞。答辞中说：我接受了我们学院的战斗旗帜以后，请允许我向毛主席和中央人民政府革命军事委员会提出

保证：我们全院人员将永远保持这面光荣的、伟大的、战无不胜的“八一”军旗，作为我们军人的英勇与荣誉的象征。中央人民政府革命军事委员会给予我们军事工程学院的任务，是为了建设正规化的国防军，培养对党对国家具有高度忠诚、英勇顽强、积极负责、克服困难、坚决执行命令、有高度的组织性纪律性、精通现代军事科学技术的各兵种军事工程师及国防技术人员，以适应祖国国防建设的需要。当我们领受这一伟大而艰巨的任务的时候，我代表全院人员向您提出保证……我们全院人员一定能坚守自己神圣的职责，团结一致，克服困难，发挥高度的积极性创造性，加强组织性纪律性，虚心诚恳，不骄不躁，保证完成毛主席和中央人民政府人民革命军事委员会所给予我们的光荣任务。

哈军工开学典礼分列式

答辞完毕，陈赓又为开学典礼致辞。随后，阅兵总指挥李懋之高声向张宗逊报告，请求批准阅兵仪式开始。陈赓把军旗交给李懋之，李懋之再交给护旗兵。在陈赓院长陪同下，张宗逊、总政治部秘书长王宗槐、空军副司令员常乾坤在陈赓的陪同下检阅部队，然后登上检阅台。在雄壮的军乐声中，分列式开始。护旗兵高举军委刚刚授予的军旗，引导着学员方阵、助教方阵、干部方阵和战士方阵走向检阅台。受阅人员身着整齐的军装，束腰带、穿皮鞋，带白手套，精神饱满、步调一致。开学典礼结束后，在大操场举行万人露天会餐，当晚在大操场举行舞会。总政治部和东北军区文工团还给全院人员分别表演了节目。这一天的军工大院如梦似幻、沸腾欢乐，所有人都沉浸在喜悦中。

张宗逊副总长在陈赓院长的陪同下检阅学员队伍

为了庆祝哈军工开学，早在 8 月底，学院就召开了首届田径运动会。运动会历时两天，陈赓院长开幕式致辞，闭幕式颁奖，比赛期间还抽空到运动场为学员们鼓劲。24 个项目的比赛，哈军工的学员们龙腾虎跃、活力十足。陈赓曾经对哈军工体育教授会的主任说过，“一定要开好体育课，这关系到我们学员是不是能全面发展，能不能成材。学员的早操和下午一个小时的体育活动，要在作息时间里固定下来，坚持下去。”

陈赓院长为获奖运动员颁奖

学院按军兵种设置了空军、炮兵、海军、装甲兵和工兵 5 个工程系，按兵器装备设置了 24 个本科专业。9 月 5 日，学院公布了《教学组织工作条例》，条例对教学的组织领导、具体实施，对各级教学人员的职责，对教学的目的、要求、任务与方法等都作了明确规定。条例成为学院教学工作的准绳，在此条例基础上，学院很快建立起各项教学制度，包括教师指导学员作业（讲课、实验、学习等）制度、学员独立作业（完成报告作业、准

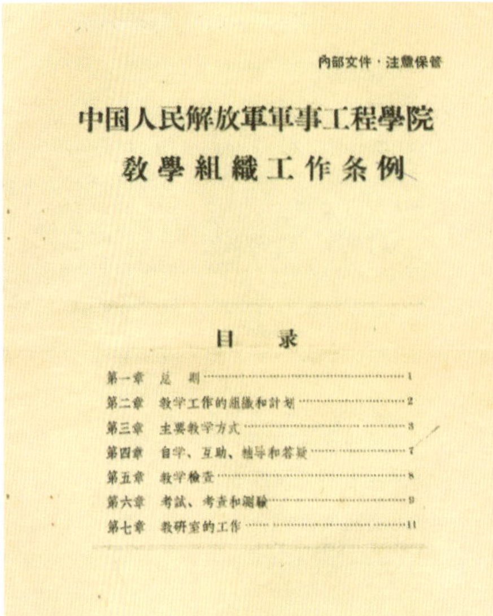

内部文件·注意保管

中国人民解放軍軍事工程學院
教學組織工作条例

目 录

教学组织工作条例【档案号 SW.JNG.1959.2】

备课堂讨论、课程设计、毕业设计等）制度、教学过程检查制度等。1953 年哈军工首批入校的学生共 987 名；从全国各地调进 78 名教授、专家，又从部队抽调 232 名大学毕业生到校任教。学院将人才培养的目标定位为：为各军兵种培养维护、修理现代化技术兵器和装备的军事工程师。

哈军工是我国第一所综合性高等军事技术院校，这里是高校也是部队，所有的干部、学员都是军人。而这里的教授在开学之初基本上都是“穿西装”的老百姓（大多有留学经历）。军人们多数都是党员，每逢星期六都过组织生活去了，教授们在这样的氛围里总有种被人另眼看待的感觉。为了解决这个问题，10 月 31 日，在陈赓院长倡导下，经总政治部批准，学院成立由教授专家组成的“教育工作者协会”。这在当时绝对是特例，因为军队除了党、团外，是不准有别的任何群众组织的。“教育工作者协会”的发展对象是非军

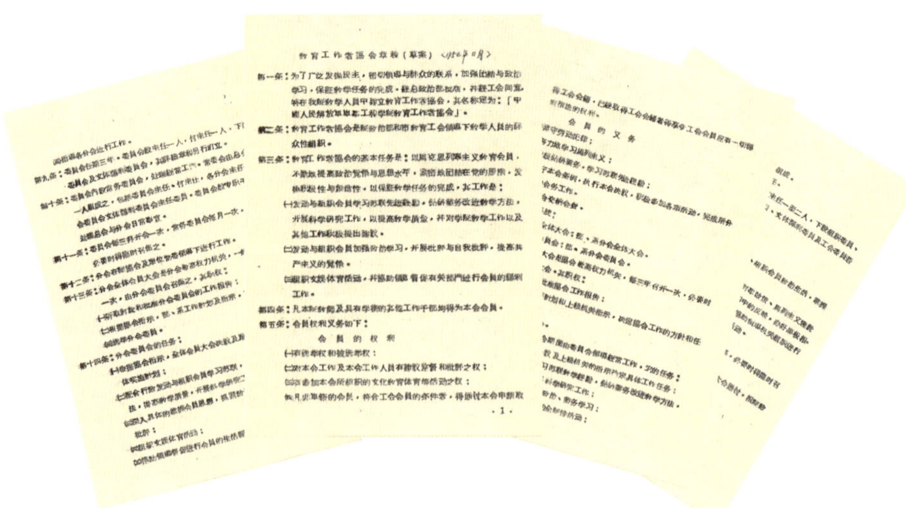

教育工作者協会章程（草案）

会員的权利

教育工作者协会章程（草案）【档案号 SW.JNG.1953.6】

人的教授们，周明灏教授任主任。周明灏教授是教授中的长者，学术水平很高，在旅美学者当中有一定的社会影响，曾担任中国留学生组织的理事、秘书等职务，有一定的组织活动能力和水平。他具有高度的爱国主义情怀，从美国回来时，谢绝了国民党的一切安排，选择到武汉大学当一名普通教师。他弟弟是国民党的飞行员，解放前夕飞来武汉劝哥嫂去台湾，他一口谢绝，并且反劝弟弟不要追随蒋介石去台湾。共产党一声召唤，他立即来到哈军工报到，爱党爱国之心可鉴。

1952 年的某个雪夜，满身雪花的陈赓将军敲开了周明灏教授的房门。陈赓对周明灏说："我了解过你，你从 1947 年回来，由上海滩直奔向珞珈山时，我就认为你的心是和咱们党和军队是一回事了！我们现在已成为国家的主人公了，咱们一起干吧。你在教师中有威信，为了把教师们团结起来，咱们成立个教师协会，你就来当这个协会主任！"周明灏没有辜负陈赓院长的期望，在教育工作者协会做了许多工作。当时，不是所有的教授来到哈尔滨都是安心工作的，由于教授们多数从南方来，不适应北方寒冷的气候，有一部分人在打退堂鼓。有一件小事，现在看起来很可笑，但当时就影响了教授们的情绪。学院为了搞好教授们的伙食，规定教授不吃粗粮，洗澡、理发不排队，菜要现炒现吃等等，一切照顾得很得体。就是有一条：开饭时间吹哨子。有些教授不满意，说："把我们当大兵对待了！"周明灏认为虽是小事，但不可小看，随即报告了组织，改变了这个军队里习以为常的惯例。教授们满意了。周明灏也感到欣慰。初期的教育工作者协会只限非军籍的教师参加，会员 209 名，1954 年扩大到全校教师，任务也由政治学习和文化活动扩大到教学科研，各系都成立了分会，会员增加

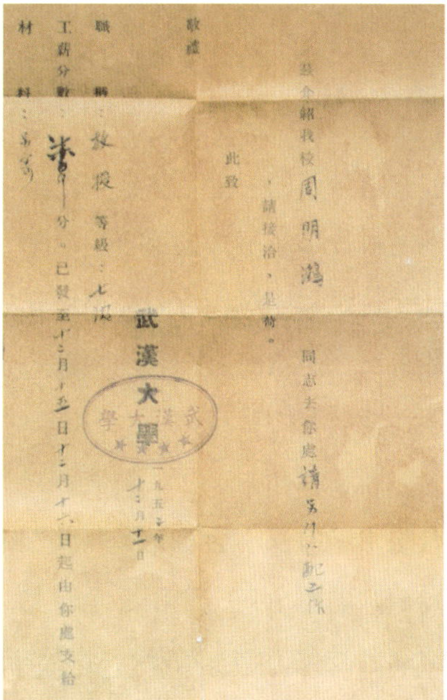
敬啟

茲介紹我校周明灝同志去你處請分配工作，請接洽，是荷。

此致

武漢大學

一九五二年十二月十二日

職稱：教授 等級：七級

工薪分數：　分，已發至十二月十五日，十二月十六日起由你處支給

材料：

周明灏教授到哈军工报到所持的介绍信
【档案号 SW.JNG.1952.7】

入伍宣誓后陈赓与入伍教师们一一握手

到 1570 人，在哈军工的办学中发挥了积极的作用。

1953 年的 11 月 4 日，哈军工第一次入伍宣誓大会举行。检阅台正中高挂着毛泽东和朱德的巨幅画像。参加大会的学员和助教面向军旗，昂首伫立，站在队伍最前列的是 6 位准备入伍的老教授。首批参军的全体同志举起右手，庄严地朗读“入伍誓词”，并在誓词上签名。监誓人向每个宣誓人授予军徽、胸章，祝贺他们光荣参军。陈赓是六位老教授的监誓人，他与老教授们紧紧地握手，目光中充满了信任和尊重。而入伍的老教授则充满了一种为国防科技事业献身的力量。宣誓大会持续了近 2 个小时，新入伍的每个同志都紧紧地握着手中的军徽和胸章，他们知道自己的一生是注定要献给国防科技事业了，无论今后遇到什么苦难和风浪，他们都要恪守住自己在军旗前面，在陈赓院长面前所立下的誓言。

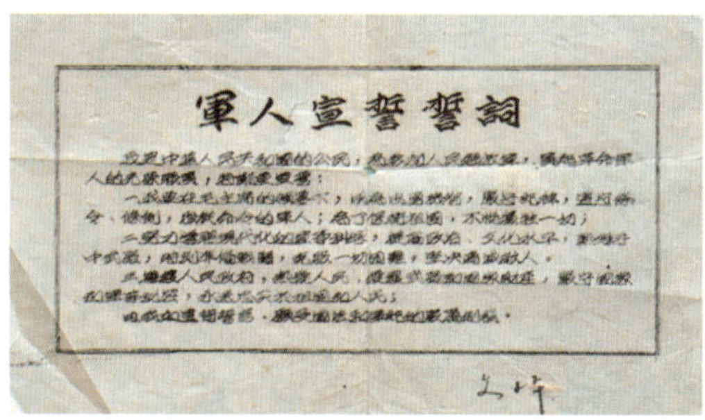

軍人宣誓誓詞

军人宣誓誓词【档案号 SW.JNG.1953.7】

这么多年过去了，陈列在哈军工纪念馆里的八一军旗依然鲜艳如初。所有哈军工人都不会忘记，当年在北国冰城嘹亮吹响的那声军号。那是集结的号声，动用全党、全国、全军的力量创建学院，汇聚了一批分布在祖国各地的知名教授与学术精英；那是奋进的号声，陈赓等创建者们仅用一年时间，就让满载强国安邦渴望的哈军工在冰天雪地的北国拔地而起，培养部队急需的军事技术装备工程师；那是发展的号声，学院被列为国家第一个五年计划

陈列在哈军工纪念馆中的八一军旗

重点建设项目，学院隶属军委直接领导，院党委执行兵团级党委权限，代表了当时世界高等军事技术教育前沿水平的苏联顾问被聘请到学院；那是跨越的号声，一年创建、四年发展，至 1957 年哈军工已经是扬名全国的知名大学，成为青年学生向往的圣地，在亚洲乃至世界上都产生了巨大影响。哈军工为我国国防科技事业做出了不可替代的历史性贡献，光荣而出色地完成了自己的历史使命，被载入我国国防科技事业的史册，成为了中国高等军事技术教育的一个里程碑。

陈列在哈军工纪念馆中的军号

领袖关怀　厚爱无边

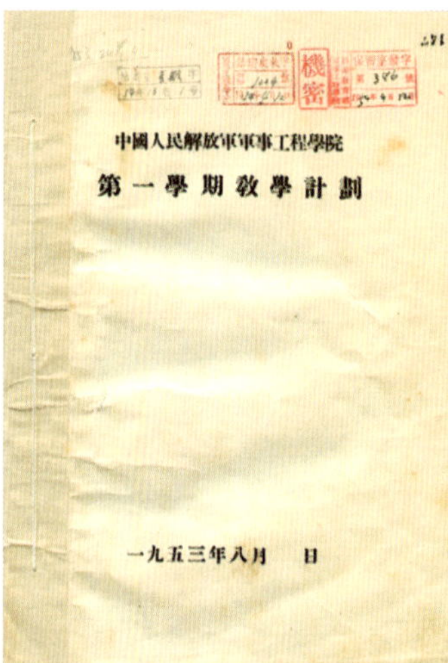

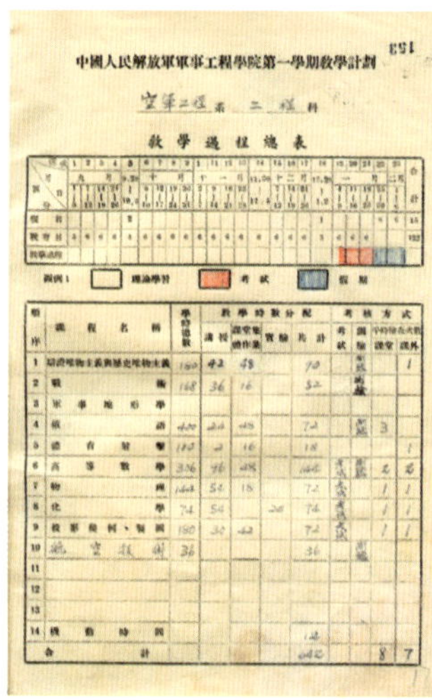

哈军工第一期教学计划【档案号 SW.JNG.1953.8】

这份档案是哈军工的第一期教学计划，曾送毛泽东主席审阅。毛主席在上面用毛笔写了“照发”两个字。在共和国的历史上，只有哈军工的教学计划经毛主席审阅过。这份档案也是哈军工筹建、办学过程中，得到了领袖们无边关怀和厚爱的有力佐证。哈军工凝结了国家建设强大国防的希望，因此，它受到的关注是最高级别的。从建院起，来院视察和检查工作的中央首长就络绎不绝。这些既增加了哈军工的分量也增添了哈军工的光荣。可以说，哈军工是在党、国家和军队领袖的厚爱和关怀中建设发展的。

周恩来总理与哈军工渊源很深，第一任和第二任院长都是周总理举荐的。学院的筹建工作中也得到周总理的大力支持。这幅陈列在哈军工纪念馆里的油画名为《运筹》，再现了 1952 年 9 月 5 日，在中南海居仁堂，周恩来总理

哈军工纪念馆里陈列的油画《运筹》

主持召开筹建哈军工的联席会议时的场景。时任华东军区司令员的陈毅、国家财政经济委员会副主任兼财政部部长薄一波、中央组织部部长兼政务院人事部部长安子文、高等教育部副部长钱俊瑞、建筑工程部部长陈正人、总参谋部副总参谋长粟裕、总政治部副主任萧华、总政干部部副部长徐立清、总后勤部部长杨立三、空军司令员刘亚楼、海军司令员萧劲光、炮兵司令员陈锡联、装甲兵司令员许光达、工程兵司令员陈士榘等新中国初期的军政要员参加了会议。军委苏联总顾问波特鲁塞夫斯基上将列席会议。

周恩来总理说："同志们，经毛主席批准，中央调陈赓同志回国担任即将成立的军事工程学院院长兼政治委员。今天政务院召开有关部委和军委各总部、各军兵种负责人的会议，就是为了集中力量，协调关系，落实党中央和毛主席的决定……朝鲜战场给了我们血的教训，加速了我们搞国防现代化的紧迫感。党中央和毛主席正是从国防现代化这个历史要求出发，下决心建一所各兵种综合性的军事工程技术学院……今天在座的各位，应该协助陈赓同志尽快把这所大学办起来，使它早出军事工程师，为实现国防现代化输送人才。对于军工学院要人、要钱、要东西，有关部门要尽可能慷慨支援。”

周总理讲完话，陈赓就站起来，微笑着环顾一周，双手抱拳，娓娓道来：“各位政府大臣，各位将军元帅，兄弟我才疏学浅，诚惶诚恐接受了中央决策的这个史无前例的任务，实在寝食难安，压力很大，竭诚祈求各位军政首长，大力扶持兄弟一把。”从周恩来到各位与会首长，都被陈赓逗乐了。会场气氛一下子活跃起来。陈赓收敛笑容，又接着说：“我说的不是俏皮话，实在是肺腑之言。今天总理亲自主持这个联席会议，是给我们搭个台子，让我们筹委会亮亮相。会后，筹委会各个口儿的负责人就直接向在座各位首长当面汇报请示工作了。我们虽说是直属军委的院校，但也是直属各军兵种的院校，除了军委赋予我们的任务外，每个工程系都要向自己的军兵种首长汇报请示工作，接受领导，希望各军兵种首长多加指导，陈赓我先向你们致敬了！”语毕，陈赓向大家敬了一个军礼。随后，陈毅、薄一波等与会领导先后作了简短的表态性发言，均表示全力支援办好军事工程学院。在中国教育史上，由政务院总理亲自主持、召集如此多的军政要员专门研究一所大学的建设问题，尚无二例。

学院成立之后，周恩来总理曾两次到哈军工视察。第一次是 1959 年 12 月 23 日，周恩来总理在哈尔滨主持东北三省协作会议期间。他分别视察了刚成立的导弹工程系的导弹陈列室，空军工程系新研制成功、刚刚安装起来的超音速风洞，听取了“东风 113”射击指挥系统研制情况汇报，最后到体育馆游泳池看海军工程系无线电遥控舰艇模型表演。看到舰对空导弹准确地击

周恩来视察哈军工

中游泳池顶棚吊灯的铁罩时，他高兴地鼓掌，连声说“好！”并向技术人员询问无线电遥控的距离，说：“遥测遥控对国防很有用，希望你们努力。”

1962 年 6 月 18 日晚，总理在邓颖超和省、市领导人的陪同下，第二次来到哈军工，在大礼堂休息室听取了情况汇报，到体育馆观看全国甲级篮球赛的一场比赛。因为太忙，篮球赛只进行到一半总理就离开了。总理指示学院领导“要把群众性的体育活动开展好”。

1957 年 4 月 24 日，国家副主席朱德视察学院。朱德这次来院视察，观看了各系的教学实验设备，听取了院领导的工作汇报，在汇报中刘居英副院长请朱德与全院师生见见面，讲几句话。朱德说：“为不影响学员上课，就不集中见面、讲话了，由院领导转达党中央、中央军委领导的期望和要求就可以了。”可是刘副院长还是坚持请朱德与学员见面，并提出保证说：“为不影响上课，可用课间的休息时间，集合 5 分钟，讲话 10 分钟。”朱德便答应了。

消息传到学员队，大家万分高兴。领导们立即周密地布置了接见方式和注意事项。带队的各队长前一天晚上还在学院统一组织下进行了演练。第二天上午头两节课一讲完，各学员队就迅速跑步到指定地点。这时院区的马路上、操场上没有一个人影，一切都是静悄悄的。预定时间到了，朱德在刘副院长等领导的陪同下来到操场的讲台上，所见到的仍是一片平静。不一会儿，讲台上发出了号声，顷刻之间，从操场的四周各大楼的后侧，几路学员队伍在此起彼伏的“一、二、三、四”跑步口号声中，潮水般地涌入操场中心，即刻整队报告完毕。朱德见此情景高兴地笑了，对刘居英副院长说：“好！好！好！训练有素，训练有素。”这声音虽然不大，但大家还是听

朱德视察学院时在检阅台讲话

得清清楚楚。而后，朱德大声给学员们讲话，他说："看到我国的这个高级的军事技术学府建成了，今年就有一批同学毕业，这就增加了我国的国防力量，促使军事科学技术的提高，这是很值得高兴的事！"朱德接着说："同志们，今天看到你们，我很高兴，你们学习得很好，训练得也很好，希望你们要不断努力。我到过许多院校，在教学条件和实验设备方面，没有哪个能比得上军工学院。军工学院是党中央、中央军委根据国防现代化的需要，下决心建设起来的，国家财政虽然还有很大困难，但为了建设强大的国防，培养高级军事工程技术干部，国家还是投以重金建设了这所学院。希望你们不要辜负党和国家的期望，一定要把国防现代化建设重任担负起来……"

1958 年 9 月 16 日，邓小平副总理来学院视察。据当年的教师们回忆，邓小平同志边走边问，看得很细，他是带着问题来视察学校，不是一般的走马观花随便看看的。"在风洞实验室，邓小平问：'你这个风洞是干什么用的？'我给他讲这个风洞就是试验飞机造出来以后，在空中飞行的时候，能不能够稳定飞行，是不是能够抗气流，飞行多大的速度飞机不会破，在低速情况下，能低到什么速度。我们拿飞机模型给他看。模型上面的电线、传感器都给他讲了，他问得很仔细。我们还说，这是世界上最先进的方法，外国设计飞机也是要用风洞的。他说：'哎呦，风洞还这么重要啊！'别的首长看完了都走了，他还在那儿问，他走得最晚。"

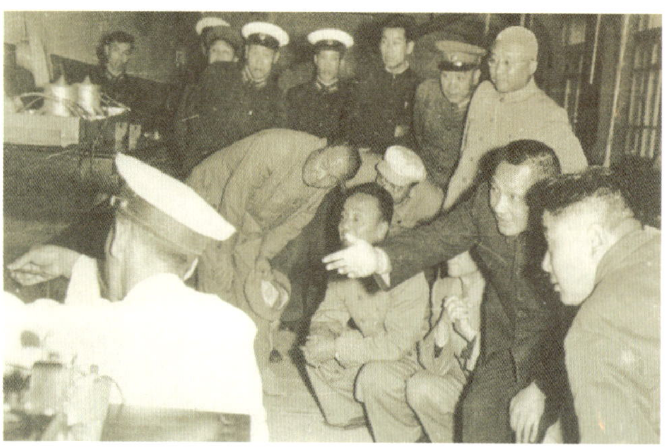

邓小平视察学院

在空军工程系听完系主任唐铎汇报后邓小平同志说："'东风 113'歼击机没能设计成功，要把设计出来的东西变成现实，还有许许多多困难。"他鼓励大家说："失败一百次，搞成功了，就是胜利。"

早在学院还未正式开学时，彭德怀在朝鲜停战协定签字后的回国途中，首先来到学院。他在抵达哈尔滨后的第二天上午，由陈赓陪同首先到经纬二道街 14 号和 30 号看望教授、专家。他说：“办学校需要你们，你们为了国防建设，从全国各地来到哈尔滨，我很感谢。”然后到王字楼、致知楼巡视刚刚建立的基础课教授会。在王字楼小礼堂，同团以上干部见了面。他说：“志愿军在朝鲜作战，基本上还是小米加步枪，以这样劣势的装备，同最现代化的美国军队作战，是很困难的，必须办学校，培养技术人才。”他鼓励老干部努力学习科学文化，积累办学校的经验。

彭德怀与哈军工学员讨论问题

1958 年 9 月 2 日至 11 日，国防部长彭德怀第二次视察哈军工。他着重看了各系的科研成果，并到哈尔滨附近的呼兰河，看了海军工程系的科研成果——水翼艇和气垫船的水上试验，并乘水翼艇在湖上航行一圈，高兴地说：“水翼艇快，可以打游击，以小打大，很适合我国的战略方针。”他对主持试验的顾懋祥教授说：“搞科学研究，不要怕失败，从失败到成功是客观规律。”接着又进一步指示：“一定要保密。”彭德怀在哈军工一呆就是 10 天，详细了解各系的科研成果。在他给中央写的报告中说：“哈军工经过了四五年的经营，规模很大，在远东可能是唯一的。”

1960 年 11 月 15 日，贺龙元帅视察了学院。在 9 号楼院办公室听取了谢有法政委、刘居英副院长汇报学院情况后，专程到海军工程系大楼门前，与老教师及校级以上军官合影留念，然后又到各系观看教学设备和科研成果。在海军工程系着重听了 032 型小潜艇研制情况的汇报；在空军工程系食堂同学员一起吃晚饭，了解经济困难时期军事工程学院学员的伙食状况，贺龙边吃饭边同学员们交谈。贺龙亲切地教导大家：“你们学员的生活不错。这是党对你们

贺龙视察学院

的关怀，是毛主席对你们的关怀。你们要学好本领，练好身体，将来好为国防建设服务，为祖国作贡献。”

1963 年 4 月 10 日，国务院副总理兼外交部长陈毅给院长刘居英写了一封信，要求对他的儿子陈丹淮（61-571 班学员）和一切青年学员严加管教。1961 年夏，陈毅的二儿子陈丹淮高中毕业，考入军工。陈毅为尽父辈教诲之责，提笔作诗，对孩子提出严格具体的要求与期望。

没多久，陈毅的“示儿诗”便在军工不胫而走，在学员中传抄。许多学员把这首诗作为革命老前辈给自己的座右铭，也有很多学员家长将其作为教育子女时引用的经典。新中国第一任铁道部部长滕代远的儿子滕久明考上军工时，滕代远就抄录陈毅的“示儿诗”给儿子，让他背下来，照着诗中的要求去做人。

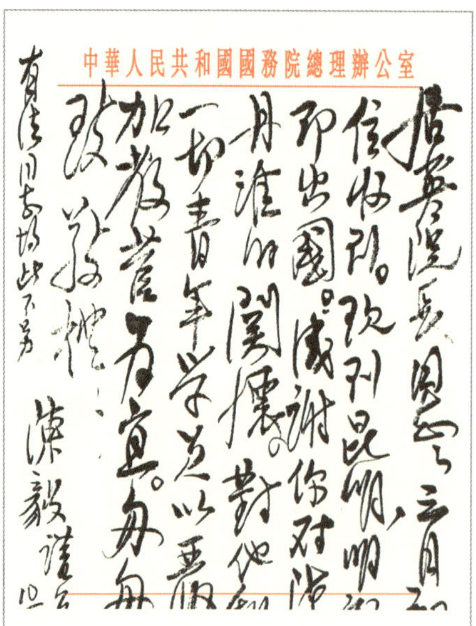

中華人民共和國國務院總理辦公室

居英院长同志：信收到。现到昆明，明日即出国。感谢你对丹淮的关怀。对他和一切青年学员以严加教管为宜。我们致以敬礼！

陈毅 谨启 四月十日

有信同志均此不另

陈毅给刘居英（哈军工第二任院长）写的信

【档案号 SW.JNG.1963.1】

1963 年 6 月 18 日，国务院副总理兼外交部部长陈毅来院视察，在大操场向全院师生员工讲话，号召学员走“又红又专”道路。陈毅说：“你是龙，就飞天，是蛇，就钻茅草，就决定在这几年……我希望你们全体同学，依靠党，依靠组织，依靠自己的努力，把学习、工作、身体都搞好，

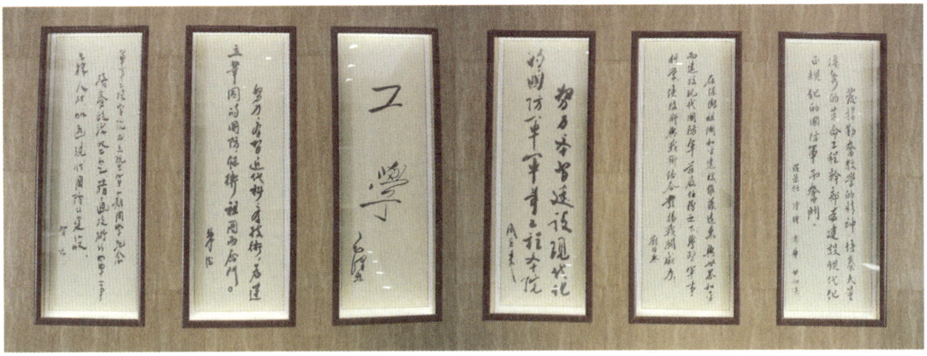

陈列在哈军工纪念馆里的国家领导人题词

成为社会主义祖国有用的人，要超过我们的前辈，要在前人成就的基础上，有所创造，有所发展，从尖端走到更高的尖端。”

来自国家高层的重视和关怀还体现在，哈军工开学时国家领导人纷纷题词给予勉励与祝贺。

周恩来题词：“努力学习，建设现代的国防军。”

朱德题词：“努力学习近代科学技术，为建立巩固的国防，保卫祖国而奋斗。”

刘伯承题词：“在保卫祖国和平建设，维护远东与世界和平而建设现代国防军庄严任务之下，学习军事科学，使技术与战术结合，发挥战斗威力！”

贺龙题词：“培养政治坚定、精通技术的军事工程人才，加速现代化国防的建设。”

哈军工在国家和军队领导人的心目中占有怎样的份量、寄托了多少希望，从这些视察的足迹、从他们对学院师生的关心与嘱托、从他们对科研成果的认真关注中可以清楚地看出来。

国际情谊　历久弥新

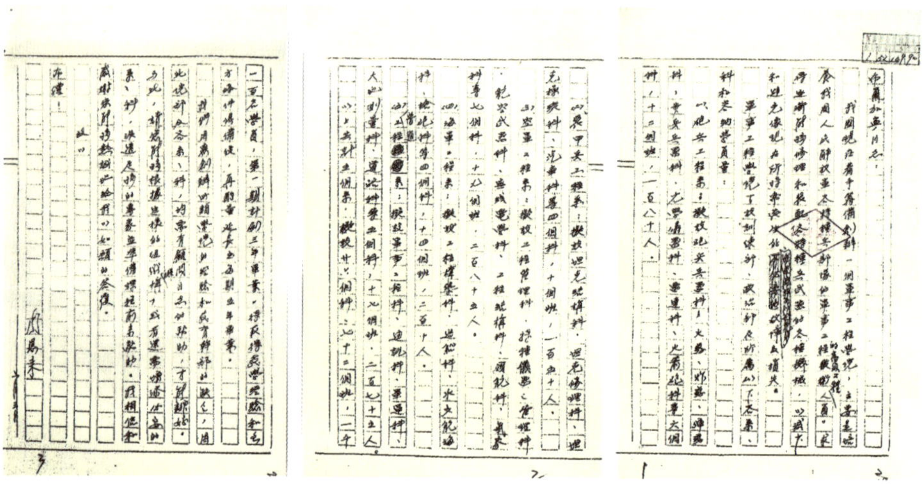

关于哈军工聘请苏联顾问的函【档案号 SW.JNG.1952.8】

这份档案是 1952 年 6 月 3 日，解放军副总参谋长粟裕草拟的周恩来致苏联部长会议副主席兼国防部长布尔加宁《关于军事工程学院聘请苏联顾问的函》，经周恩来副主席（以军委副主席身份）审批后发出。这也是哈军工这所大学与苏联顾问之间工作、情感渊源的开始。一个月后，苏联政府派出以奥列霍夫空军中将为首的四人专家组来到北京，对总参谋部提出的建院初步方案进行论证和修订。随后，陈赓等人陪同苏联专家对上海、南京、大连、沈阳、长春、哈尔滨等地进行了 20 余天的考察。考察结束，中苏两国专家共同研究提出了一个具体的建院方案。

在这份谈话记录中，记录了以奥列霍夫为首的苏联专家考察组的考察意见，他们认为：中国是有高技术人才的，要充分认识现有的师资力量。华东军区司令部军事科学研究室的专家们知识渊博、精通专业，依靠他们，学院所需的基础课完全可以开出，苏联只需帮助解决开设专业课的问题。

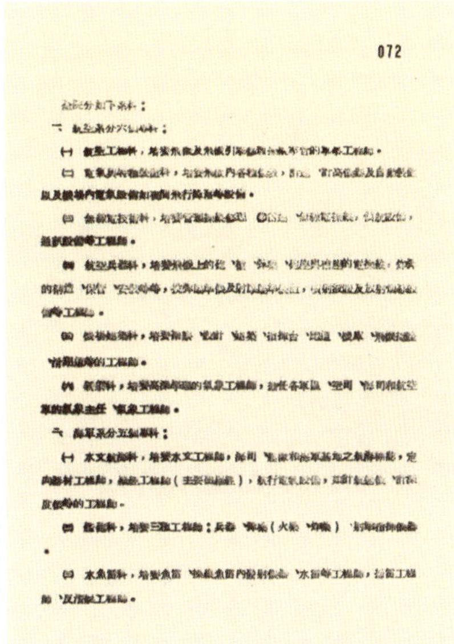

奥列霍夫等关于筹办学院诸问题的谈话记录
【档案号 SW.JNG.1952.9】

1953 年 5 月 13 日，以奥列霍夫中将为首席顾问的苏联顾问团第一批成员 8 人来到中国，在北京受到朱德总司令的宴请，随后到达哈尔滨。其余成员分别是副首席兼科学教育顾问依·依·叶果洛夫上校、空军工程系主任顾问勒·维·费道罗夫、炮兵工程系主任顾问尼·比·贝日科、海军工程系主任顾问波·德·季莫非耶夫、装甲兵工程系主任顾问彼·尼·卡普斯金、工兵工程系主任顾问亚·波·舍尔巴科夫、合同战术教授会顾问谢·克·舒里加。哈军工初创时，苏联顾问团在哈军工的主要任务是帮助学院解决在学科专业方面的基础技术准备及师资力量的组织培训等问题，帮助学院建立系统的组织管理体系，积累开展教学科研管理工作方面的经验。苏联专家有意见就提，接受与否由学院决定，双方关系一直是友好、融洽的。

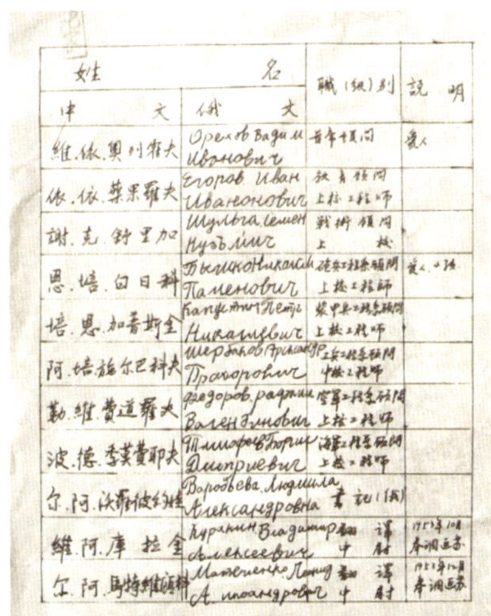

第一批到哈军工的苏联顾问名单
【档案号 SW.JNG.1953.9】

苏联顾问团对哈军工的建设开展了全面帮助，既帮助学院建立起军事教育管理的队列、条例、命令体系，还帮助学院草拟出《教学过程组织基本条例》，

教授会教员和苏联顾问在研究教材编写问题

制定了各专业四年制教学计划、应设教研室及名称和相关教学人员编制，帮助学院完成了各种教学实验活动的前期准备工作，使学院得以在缺乏经验的条件下顺利开展教学工作。顾问团还协助学院建立起专业教授会（哈军工时期按照专业将教师组合在一起的一个隶属于系的组织），使教授们在本学科专业的建设及教学科研活动中更好地发挥作用。在哈军工的第一个教学周期（1953 年—1957 年），来学院的苏联专家达 119 人，各系所开设的专业大都聘请了专家，按照苏联军事工程技术院校的模式，他们为一、二期学员制定了详细的教学（教育）计划，拟制了教学管理的相关条例，他们为本系提供专业教材，帮助制定专业教育计划、教学大纲和建设规划，有的还审查、修改青年教师的讲稿，他们的教学实践行为贯穿于哈军工教学工作的每个环节。

哈军工对各系专业教师的培训抓得很紧。在 1954 年大批苏联专家入院后，每个专业教授会都有 1–3 名苏联专家。“专家教教员，教员教学员”的模式，是哈军工培养专业教师的经验。青年助教在苏联专家指导下，通过制定专业建设规划，修订教育计划和教学大纲，了解专业教育的基本内容，通过翻译苏联教材、编写讲义、备课、试讲，系统地掌握专业理论。

首席顾问奥列霍夫是顾问团的突出代表，为哈军工提供了宝贵、热忱的帮助。奥列霍夫在教学计划、教学方法、教材选用编写等环节面面俱到，为学院初期的发展提供了有力的支撑，在开展科研问题上也起到了关键的点拨作用。他在给学院的书面意见中说：“院首长的基本任务，一是使学院成为培养军事工程干部的教学中心，二是使学院成为军事科学技术思想的研究中心。”这个建议对哈军工的办学定位起到了重要的决策支持作用。他还对学院科学研究的课题范围和学员参加科学研究活动的问题提出建议。他在写给学院的一封信中，对当时有些人动辄把军事工程学院与“清华”“哈工大”等地方院校相比，主张事事向地方大学看齐，而不努力总结学院自己的经验，形成学院自己的特色和传统的现象提出批评。他说，如果一切都照地方大学的模式办，那还有什么必要办军事工程学院呢？在学员自学与互助关系的处理上，他坚持强调应培养学员独立思考、独立解决问题、独立工作的能力。

奥列霍夫陪同陈赓院长检阅参加野营训练的学员

奥列霍夫非常重视学院的教学问题。1955 年 4 月奥列霍夫在写给副院长刘居英《关于学院建设问题的意见》中写到：“教学过程是一切构成培养军事工程师的因素和步骤的和谐的配合，它是单一的有机整体。将教学过程分割成两部分（学员的普通课程教育、专科课程教育），这无异于将人的机体切成两半。”奥列霍夫深刻地认识到了教学过程的系统性，点明了普通的基础课程和专业课程之间的关系，奠定了哈军工乃至学院后来发展在人才培养

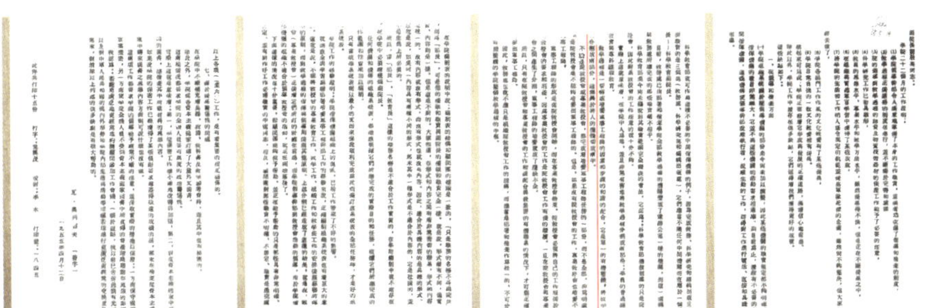

奥列霍夫关于学院建设问题的意见【档案号 SW.JNG.1955.1】

方面“厚基础”的教学特点。

哈军工第一届教学方法研究会上，首席顾问奥列霍夫发表了论述教学方法问题的长篇报告，分别从教学工作的主要任务、教学工作的指导性文件，培养学员独立工作的能力以及军事工程学院教学中存在的问题等几个方面做了报告。报告对哈军工的教学工作给予了很多指导性意见，结合苏联专家的建议，哈军工教育长徐立行提出了哈军工今后教学工作必须遵循的四条原则：要以高度的思想理论水平讲课，要在教学工作中发扬集体主义精神，要贯彻理论联系实际的原则，要培养学员的独立工作能力。

在哈军工期间，奥列霍夫身体力行，经常深入一线了解情况：他冒着严寒选择野营地点；为解决师资问题与院领导进京陈述；为采购仪器设备亲赴外地调研；甚至冒雨视察宿舍、教学楼等工程建设的进展；在检查学员内务时跪在地上看脸盆的摆放是否合乎要求，并且向学院提交了详细的检查报告。奥列霍夫的身体不好，经常带病工作，却生怕因此给学院添麻烦，不让陈赓向北京要医生。按照协议，他早该回国了，但他一定要等第一期学员毕业，看看毕业生质量以后才走。就在奥列霍夫即将看到在他亲手指导下培养出来的中国军事工程师走出校门，奔赴部队时，1957 年 3 月 27 日，奥列霍夫不幸逝世，终年 55 岁。

奥列霍夫是苏联人民优秀的儿子、伟大的国际主义战士、中国人民最亲密的朋友。他以高度的国际主义精神和不倦的劳动，以渊博的科学技术修养以及丰富的组织领导军事工程技术教育工作的经验，有力地支持了哈军工的创立和建设。从院址的选定到学院所取得的一系列成绩，无不饱含着他辛勤的劳动和宝贵的贡献。奥列霍夫为哈军工的建

追悼瓦·倪·奥列霍夫同志専刊
中苏两国牢不可破的友谊万岁!
学习瓦·倪·奥列霍夫同志高度的国际主义精神

追悼奥列霍夫专刊【档案号 SW.JNG.1957.3】

设呕心沥血、鞠躬尽瘁。他在工作手记中这样写到：“苏联顾问在学院的任务，是在于帮助中国同志能独立地掌握教学及科研全部过程。”奥列霍夫对中国人民，中国军队赤诚坦白的襟怀，成为哈军工后继者永远的怀念。

瓦·依·奥列霍夫，1902—1957，1917 年参加俄国十月革命，1927 年加入苏联共产党。1933 年考入莫斯科茹柯夫斯基航空学院学习。1938 年毕业时被选入苏共中央委员会工作。曾任苏联空军干部部部长。曾获得一枚库图左夫勋章，二枚列宁勋章。1949 年任列宁格勒莫热基学院航空学院副院长，后从这个职位上奉命来华。

奥列霍夫

由于中苏两国在意识形态、政治路线和外交方针方面出现了分歧，1960 年 7 月，苏联政府单方面决定立即召回在华工作的全部苏联专家，单方面废除了两国签订的经济技术合作各项协议。在学院的苏联专家于 8 月 2 日至 15 日全部撤离。院领导以礼相待，按照规定宴请、赠礼，并派人把他们安全地送至国界。多年后，回国的苏联专家回忆起在哈军工的生活，均深感收益良多。从 1953 年 4 月至 1960 年 8 月，来哈军工工作的苏联顾问累计 141 名。聘请苏联专家与顾问，是创办军工的重要条件之一。建国初期，完全依

学院领导欢送苏联专家回国合影

靠自己的力量快速建起一所综合性高等军事技术学府是非常困难的。毛泽东主席在为学院颁发的训词中指出："向苏联学习，这是我们建军史上的优良传统，无论任何时候、任何部门都应当如此。这点，对于你们这个学院，有更加重要的意义。我们必须学习苏联的先进科学和技术知识，学习苏联军事工程建设的丰富经验，学习苏联顾问同志高度的爱国主义和国际主义精神。"从学院选址到专业设定，苏联专家都全程参与、指导。学院领导设首席顾问，各系配系主任顾问，专业教授会配专家，帮助制订教学计划、辅导和培训教师。我们在苏联顾问专家的身上，不仅看到了高度的国际主义精神，还学到了先进的科学和技术知识。他们的高尚品格军工人永远不会忘记。

苏联顾问团为哈军工的建设，特别是为学院第一个教学周期的顺利进行发挥了重要的作用。这种深厚国际友谊的融入，使哈军工从创建伊始就融入了当时苏联高等军事工程教育较为先进的办学理念和教育思想，这些后来成为了哈军工办学的重要思想支撑。时值今天改革开放的时代，虽然当年合作的方式已不复存在，但与世界优秀高等学校开展交流，仍然是今天的哈尔滨工程大学创办一流大学所一贯坚持的重要办学传统。

苏联专家为哈军工的创建做出了重大贡献，首席顾问奥列霍夫逝世于哈尔滨。当然，学院也给予了专家们远高于其国内的丰富物质生活待遇，多年后，他们回忆起在哈军工的岁月，仍心怀向往。历经岁月沧桑、政局变幻，哈军工人与苏联专家仍坚守着心底那份最纯洁的情感，兄弟情谊至诚至真。首席顾问奥列霍夫的妻子奥列霍娃回国后在给学院领导的信中写到："我在您们国家里所受到的温暖与关怀，是我永远也难以忘怀的。为此，我向您们致以真诚的谢意……紧紧握住您们真挚的手！"

这个花瓶见证了半个多世纪以来苏联专家和哈军工人结下的深厚友谊。花瓶是当年军工赠给离开学院的海军工程系苏联专家雅尔金的礼物，被其子斯拉瓦保存至今。苏联专家在哈军工生活的美好岁月里，他们的子女也与哈军工子弟结下了深厚的情谊，他们共同学习、玩耍嬉戏，军工大院的一草一木是他们终生难忘的记忆。若干年后，当机缘巧合儿时的伙伴再度重逢深深相拥时，当哈军工人到奥列霍夫墓地敬献花圈鞠躬致意时，当奥列霍夫的雕

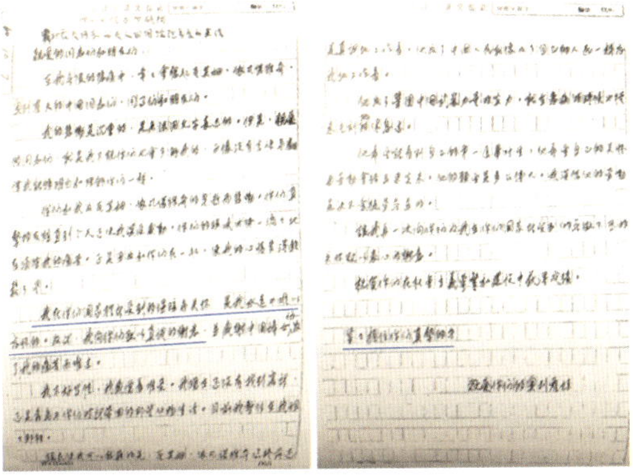

首席顾问奥列霍夫的妻子奥列霍娃回国后写给学院领导的信【档案号 SW.JNG.1960.3】

哈军工赠给苏联专家雅尔金的花瓶被其儿子斯拉瓦保存至今

像与陈赓路相依相望时……缘因缘起，绵延相续！2013 年 8 月，在哈军工纪念馆开馆仪式上，斯拉瓦捐赠了其父雅尔金的纪念章、像册等遗物。

以首席顾问奥列霍夫为代表的苏联顾问用生命诠释了“帮助中国同志独立地掌握教学和科研全部过程”的誓言，哈军工的后继者用感恩之心将他们的功勋永久地载于史册。国际情谊在历史的长河中历久弥新……

奥列霍夫广场和陈赓路标示牌

三架马车　五根支柱

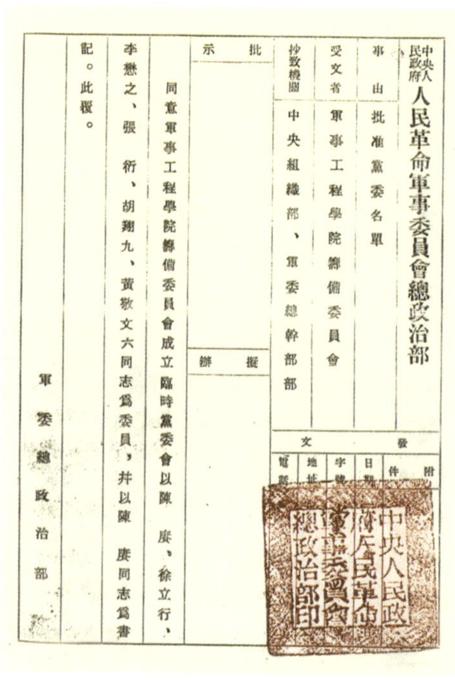

中央人民政府人民革命軍事委員會總政治部

事由：批准黨委名單

受文者：軍事工程學院籌備委員會

抄致機關：中央組織部、軍委總幹部部

批示

擬辦

同意軍事工程學院籌備委員會成立臨時黨委會以陳賡、徐立行、李懋之、張衍、胡翔九、黃敬文六同志爲委員，并以陳賡同志爲書記。此覆。

軍委總政治部

中央人民政府人民革命軍事委員會總政治部印

中革军委批准哈军工成立临时党委的批文
【档案号 SW.JNG.1952.10】

这是1952年9月16日，中革军委批准哈军工成立临时党委的批文。可以说从筹建工作伊始，哈军工就忠诚贯彻党的教育思想，坚持党委对学院筹建及办学工作的领导，为学院打下忠诚的烙印。陈赓是哈军工筹建、办学的主要领导者。有领导者，就有追随者、支持者。俗话说“一个篱笆三个桩，一个好汉三个帮”，哈军工的创建是集体的力量使然。时光荏苒，庆幸的是军工大院使人们有幸领略哈军工创建者们的品格与精神，有幸透过这些固化了先辈们精神的大楼聆听哈军工创建者们的思想和教诲。哈军工及其后继者们将永远铭记住这些前辈们！

陈赓在办学的初期，特别倚重中国人民解放军第二高级步兵学校的副校长徐立行、政治部主任张衍和三兵团副参谋长李懋之。这三位领导干部在哈军工办学初期，从北京成立哈军工筹委会，到1952年底赴哈尔滨正式办公，他们马不停蹄，跑机关、要政策、选校址、挑教员、招学员、建营房。1953年2月28日召开的哈军工首次党委会根据陈赓的提议通过了以陈赓、徐立行、张衍、李懋之4人为党委常委的决定。后人们称徐立行、张衍、李懋之是哈军工创建发展中军事教育、政治工作、后勤保障的“三架马车”。

徐立行，1911年出生，上海市人。1938年加入中国共产党。曾任西南军政大学教育长，西南高级步兵学校副校长，哈军工教育长，第六研究院副院长等职。1964年晋升为少将军衔。

徐立行

徐立行将军是哈军工的首任教育长。在军队院校里，教育长是院首长之一，在院长和副院长领导之下开展工作，是主管教学事务的首长。创办哈军工，徐立行主要负责以教学为中心的军事教育工作。在哈军工的创建过程中，徐立行陪同陈赓飞遍大江南北选取校址，不辞劳苦在军内外选调教学干部，

张衍，1917年出生，安徽灵璧人。1938年加入中国共产党。曾任第二高级步兵学校政治部副主任，哈军工政治部主任，军事电信工程学院政委，第十研究院党委书记，国防科委副主任兼国防科学技术大学校长等职。1961年晋升为少将军衔。

张衍

他虚心向苏联顾问学习，在专家们的帮助下建立了学院的教学秩序，教学管理规章制度，完成了师资队伍建设等工作。

张衍协助陈赓办学12年，主管政治教育工作。哈军工人才辈出，政治素质过硬，这和学院重视政治工作和在政治工作中所形成的优良传统是分不开的。正如他自己所说：在我们学院，政治工作除了保证完成党的教育任务，并无自身特殊的任务。我们要求政治部各业务部门都要关心学院的教育任务，为培养“政治上坚定，无限忠于党和人民、忠于祖国，具有高度的爱国主义与国际主义精神”的军事工程师这个目标而加强业务建设、开展各项业务工作。

李懋之

李懋之，1910年出生，山西襄垣人。1943年加入中国共产党。曾任抗日军政大学太岳分校教育长，志愿军第三兵团副参谋长，哈军工教育长、副院长，第二炮兵副司令员等职。1961年晋升为少将军衔。

李懋之在哈军工筹建期间主管行政、军务、营房建设。当时为了早出人才、快出人才，要求在3年多时间内完成40多万平方米的基建任务。任务重，时间紧，要求高，加上哈尔滨冬季施工困难很多，李懋之拿出了战斗的姿态，迎头往上冲。雄踞哈军工大院的五座教学大楼以最快的速度保质、保量完成了基建任务，使陈赓的“边建、边教、边学”的“三边方针”得以顺利贯彻，使第一期学员的开学得到了有力的物质保障。

哈军工创建之初，为了满足各军兵种的需要，按军兵种设置了空军、炮兵、海军、装甲兵、工兵共5个工程系，每个系拥有一座独立的教学大楼。哈军工时期的5栋大楼各自对应一个工程系：11号楼是一系，即空军工程系，楼角飞檐上是一排飞机雕塑，时任系主任是唐铎少将；21号楼是二系，即炮兵

五个系的教学大楼

工程系，楼角飞檐上是一排大炮雕塑，时任系主任是赵唯刚；31 号楼是三系，即海军工程系，楼角飞檐上是一排军舰雕塑，时任系主任是黄景文；41 号楼是四系，即装甲兵工程系，楼角飞檐上是一排坦克雕塑，时任系主任是徐介潘少将；51 号楼是五系，即工兵工程系，楼角飞檐上是一排工程车雕塑，时任系主任是唐凯少将。哈军工的大楼盖起来不容易，而哈军工的系主任选任起来也是有难度的。要知道，哈军工的系主任可不是一般人物能担任的。因为是军事院校，系主任既是要有一定阅历的革命干部，又是要懂得相关专业科学技术的专家。这在当时我军高级干部队伍里还是比较难找的。为此，周总理指示中组部在全国范围内挑选。时任中央组织部部长兼政务院人事部部长安子文认真地在可以挑选的干部范围内作了选择，终于给陈赓办学挑选了四位领军人才，他们是唐铎、唐凯、赵唯刚、徐介藩，加上陈赓从三兵团带

唐铎

唐铎，1904 年出生，毕业于苏联茹可夫斯基空军工程学院，曾获苏联列宁勋章、红旗勋章等，由周恩来总理经外交途径要回国。

来的黄景文，这五位系主任被称为陈赓办学的“五根支柱”，支撑起了哈军工的办学。

唐铎是哈军工空军工程系系主任，他曾受当时的国民革命政府派遣，去苏联空军院校深造。期间，在苏联通过共产国际加入了中国共产党。他毕业于苏联茹可夫斯基空军工程学院，被授予苏军空军少校军衔。在苏联卫国战争期间，他屡立战功，曾获苏联政府颁发的列宁勋章、红旗勋章、红星勋章。唐铎回国后来到哈军工，作为军人，他军事素质极好，不仅会飞行，而且还精通航空机械与电子技术，能经常在讲台上给学员们讲航空机械工程课。唐铎练兵的特点还在于精，他练出的精兵无论走到哪里，放在什么岗位上，都是响当当的。当年哈军工空军工程系 1 期毕业学员杨斌、胡学美、彭凤绍和鲍世期 1957 年 4 月在沈阳空军机场实习时，上级通报朱德委员长将陪同苏联最高苏维埃主席团主席伏罗希洛夫主席来沈阳访问。当天，东北中心气象台预报，伏罗希洛夫同志的专机从北京飞来沈阳时，沈阳将有雷雨、冰雹，为此，要求飞机中途暂停鞍山，避过雷雨再飞沈阳。但参加气象保障工作的杨斌等学员，用雷达仔细进行云层观测，并用手摇计算机反复进行计算，得出的结果是，有雷雨不错，但所说时间不对，雷雨将在专机抵达沈阳半小时之后才会来到，因此，专机无须在鞍山停留。于是，他们大胆建议：专机可以直飞沈阳，不必转停鞍山。空军司令部领导根据哈军工学员们的分析，指示专机直飞沈阳。当日，当专机到达沈阳机场，伏罗希洛夫主席从容地进入宾馆以后，沈阳突然电光闪闪、雷声滚滚，大雨倾盆而降。事后，空军气象处的领导高兴地对空军工程系副主任戴其萼同志说：“你们哈军工的学员这次真露脸了！你们的毕业学员交出了优秀的答卷！”消息传到哈尔滨的唐铎耳朵里，唐铎满意地笑了。

赵唯刚，1905 年出生，先后留学日本士官学校、苏联炮兵学校和机械化兵学校，是我国当时唯一科班出身的炮兵专家，由周恩来总理亲自举荐。

赵唯刚

赵唯刚是炮兵工程系主任，他先是留学日本士官学校，1927 年在日本加入中国共产党，回国后服务于东北军，在此期间参加了我党东北方面隐蔽战线上的工作。抗日战争期间，他参加苏联远东红旗军，曾被苏联政府送到远东伯力炮兵学校学习炮兵，几次来往于国内外，后于 1941 年回国参加抗日战争。建国初期，陈赓看重赵唯刚在军事技术方面的特长，是我军现代炮兵技术教育方面不可多得的专家。他除了认真地构建了我军第一个炮兵技术教育体系外，还亲历亲为，自己亲自上阵去讲炮兵战术。赵唯刚主任认为，任何一个教专门技术的教员都必须全面了解炮兵的全部知识，包括炮的整体系统知识和炮兵战术知识，否则就是不称职的先生。为了解决这个问题，他专门在系里兴办了助教训练班，使每一个教员都能全面掌握炮兵知识。在管理上他严格执行条令、条例，从严治军。系里开会布置工作，有位教授不记笔记，他就派人到教研室找人来替那位教授作记录，以示惩戒。他布置完工作，要求下属按条令要求复述一遍。赵唯刚的做法是哈军工严谨、严格、严密风气的一个缩影。

黄景文

黄景文，1913 年出生，毕业于黄埔海军学校，参加了抗日战争、解放战争、援越抗法、抗美援朝等战争，曾被越南总高级步校聘为顾问。

黄景文是海军工程系主任，毕业于黄埔海军学校(第 19 期)舰长专业，他是解放战争后期，解放军四兵团进军大西南时纳入陈赓麾下的云南边纵干部。从此，他便追随陈赓从云南出发，赴越南、出朝鲜，征尘未洗又风尘仆仆跟随陈赓回国，来到北国冰城哈尔滨筹建哈军工。由于他是办学的先行者，所以陈赓赋予的任务就特别多。从对教员的礼聘开始，历尽甘苦，尝尽辛酸，为学院选调来许多优秀的人才，为建立哈军工骨干教师队伍做出了突出的贡献。在教学组织、管理和科研工作中，他认真贯彻执行党的教育方针，一贯尊重知识、尊重人才，重视发挥知识分子在革命队伍中的作用。他坚持教学和科研相结合，在有关科研发展的方向性问题上有独到的见解。他十几年如一日，深入教学一线，亲自总结第一线的实践经验，有力地推动了教学。在科研工作中，他注重装备科研的研究，著名的气垫船项目和“901”数字计算机项目，就是在黄景文主任的支持下，由顾懋祥教授和柳克俊教授研制成功的，受到彭德怀元帅和中央军委首长的多次表扬。

徐介藩是装甲兵工程系主任，毕业于黄埔军校（第 3 期）步兵科。黄埔军校毕业后，徐介藩考入广东航空学校第 2 期，学习飞机驾驶技术，期间加入了中国共产党。后远赴苏联列宁格勒红军航空理论学校学习，先后被授予“保卫莫斯科奖章”和“卫国战争纪念章”。在哈军工创院初期，徐介藩以陈赓院长为榜样，拒绝搬进为他准备的哈尔滨斜纹二道街的高档楼房，住进院内徐介潘，1910 年出生，黄埔军校五期学生，留学苏联红军航空理论学校。

徐介潘

两间仅 24 平方米没有供暖设备的背阴平房里，还一个劲儿地说“不能把我当外人！”为了培养装甲兵工程技术干部，徐介藩在装甲兵工程系制定了严格管理、从严治教的方针，提倡理论和实践并重，技术学习和战术学习并重。不久，为了发挥徐介藩在航空方面的特长，中央军委决定调他出任北京航空学院院长，但是此时他已经把全部的精力都投入到了装甲兵工程系的建设工作当中，于是婉言谢绝了组织上的安排。他在工作中兢兢业业，生活上艰苦朴素，业余时间刻苦钻研专业知识，成为哈军工老同志当中“活到老，学到老”的典型。徐介藩在苏联专家的指导下，领导装甲兵工程系的师生、员工发扬我军

唐凯，1916 年出生，曾入延安抗大，参加多次反围剿及长征，参加了解放战争和抗美援朝战争。

唐凯

艰苦奋斗的革命传统，曾研制成功了具有当时世界先进水平的水陆两栖坦克，为我军装备的正规化、现代化做出了重要贡献。

唐凯是工兵工程系主任，是系主任中唯一的一位红军干部，12 岁就当上了儿童团团长，是位年轻的老红军。唐凯在哈军工组建了工兵工程系，全系分 4 个专科：部队工程科，负责培养工程兵部队中的团工兵主任；筑城科，负责培养国防工程设计与施工技术人员；工程机械装备科，负责培养工程机械设计与维护技术人员；电器装备科，负责培养电站设计与维护技术人员。工兵工程系先后成立了筑城、建筑与施工、军事地形与测量、道路桥梁、军用电工、非防御建筑、地爆、建材与工艺、伪装、卫生工程、工程结构、水利水工、工兵战术、工程机械等 14 个教授会。在唐凯的培育下，工兵工程系培养出大批有用人才，谭国玉、钱七虎、周培根、王祖光、王景全、汪大圻、施元龙、李钊、顾金才和张广哲等大批将军、院士都是他的学生。唐凯 1955 年被授予少将军衔，获二级八一勋章、二级独立自由勋章、一级解放勋章、一级红星功勋荣誉章。唐凯身上有 12 处弹伤，去世时臀部仍留着日军的弹片。

哈军工办学 17 年，辉煌办学成绩的取得除了以陈赓为核心的初创者的努力，“三架马车”“五根支柱”的付出，也浸透了学院第二任政委谢有法、第二任院长刘居英以及辅助陈赓主持相关工作的刘有光、张子明、李开湘、卓明等人的心血。

谢有法

谢有法，1917 年出生，江西省兴国县人。1936 年加入中国共产党。参加了土地革命、长征、抗日战争、解放战争。新中国成立后，任中国人民志愿军第九兵团政治部主任，中国人民解放军总政治部组织部副部长，于 1958 年至 1966 年间任哈军工政委，后任中共中央基本建设政治部主任，沈阳军区副政治委员，政治学院政治委员、顾问。1955 年被授予中将军衔。

1958年1月，谢有法同志调任哈军工任政治委员、党委第二书记，1961年任党委书记。作为学院政治上的掌舵人，谢有法政委带领哈军工党委，坚持陈赓的办学思想和“又红又专”的学员培养目标，坚持以教学科研为中心，依靠“两老办院”，从严治校，为国防现代化建设培养了一大批优秀人才。面对哈军工分建、新建的严峻任务，谢有法在院党委扩大会议上强调：“在艰巨的任务和困难面前，各级党委要相信群众，依靠群众，上下拧成一股绳，把自力更生精神贯彻到各个方面，抓重点，抓难点，争时间，争主动。事在人为，没有克服不了的困难。”在庆祝建院7周年大会上，作了《迎接新任务，争取新胜利》的报告，鼓励全院师生自力更生。1960年，中苏关系破裂，学院的苏联顾问于1960年8月全部撤离。谢有法政委遵照中央“坚持原则、坚持团结、多做工作”的指示，对顾问热情相送。在哈军工改建新建的困难面前，他充分发挥党的思想政治工作优势，凝聚了人心，鼓舞了士气。

哈军工办学17年里取得的成绩没有陈赓是不可能的，同时也浸透了在学院主持常务工作的刘居英副院长（1961年陈赓逝世后任院长）的心血。从1954年到1970年，刘居英在军工大院整整工作了16年，他将自己一生中最宝贵的时光奉献给了朝气蓬勃的哈军工。刘居英将军早年曾以数学100分的成绩考取了北京大学，在校期间，参加了著名的“一二·九”运

刘居英，1917年出生，吉林长春市人。北京大学肄业。1936年加入中国共产党，曾任中共豫西特派员。1937年在莱芜地区组织抗日武装。次年与徂徕山起义部队会合，任团政委。后任中共中央山东分局社会部部长、山东省民主政府秘书长兼公安总局局长。1945年后，任长春市市长兼卫戍司令部政委，东北民主联军支队政委，吉林省人民政府秘书长，哈尔滨铁路局、沈阳铁路局局长，东北铁路总局第一副局长。建国后，任中长铁路管理局局长。1950年参加抗美援朝，任中朝联合前方铁道运输司令部司令员兼政委，兼军管局（辖高原分局、平壤分局、新成川分局、定州分局、熙川分局）局长。回国后，历任哈军工副院长、院长，海军政治部主任，铁道兵副司令员。1955年被授予少将军衔。

刘居英

动，后来弃学从军，是新中国早期我军为数不多的有大学经历的将军之一。1954 年抗美援朝结束后，刘居英由周恩来总理亲自推荐，出任哈军工第一副院长，主持日常的教学和科研等工作。刘居英忠诚、正确地执行了陈赓办学的一系列思想并加以创造性地发展，在哈军工做出了突出贡献。他明确了教学与科研的关系，为我国军事技术教育及军事科研工作的开展进行了意义重大的探索。他不失时机地把科研工作提到了议事日程，成为了学院抓科研的核心人物。20 世纪 50 年代末，科学研究也成为学院的工作重心，形成了建院后“搞科研、攻尖端”的热潮。1958 年 2 月到 7 月，全院共取得科研成果 321 项，从 7 月到 10 月又取得成果 381 项，还产生了填补我国材料空白的铁淦氧磁体材料、我国第一艘水翼试验快艇等一系列令人瞩目的成果，这些“共和国第一”奠定了哈军工在中国高等军事技术教育史上的重要地位，同时也记录了刘居英在科研工作中对哈军工做出的决策性贡献。此外，他推动了新学科的建设、尖端专业的发展。1958 年后，哈军工相继组建了原子工程、导弹工程、无线电技术等专业。建设新专业是在陈赓的指导下进行的，刘居英是一线指挥员。关于办计算机专业的愿望，陈赓在世时由于种种原因没有看到结果，但到了 1966 年学院退出部队序列前三个月，刘居英还是把计算机系办起来了，实现了陈赓的夙愿。后来，哈军工的计算机系发展成为今天国防科大的王牌专业，

刘有光

刘有光，1914 年出生，河北省景县人。1936 年加入中国共产党。曾任云南军区政治部主任兼中共滇南工委书记、中国人民志愿军第三兵团政治部主任，参加了滇南战役和抗美援朝战争。从朝鲜回国后，历任哈军工副政委、国防部第五研究院政治委员、第七机械工业部副部长、国防科委副政委兼第七机械工业部副部长、国防科委政委、国防科工委政治委员兼政治部主任等职。1955 年被授予少将军衔。

张子明，1918 年出生，山西离石人。1935 年加入中国共产党。先后任中国人民解放军师政治委员兼中共云南省丽江地委书记，中国人民志愿军第三兵团政治部组织部部长，哈军工科教部副部长，教育长，副政治委员，昆明军区副政治委员，铁道兵副政治委员。1961 年被授予少将军衔。

张子明

李开湘

李开湘，1910 年出生，四川苍溪人。1933 年加入中国共产党。同年参加中国工农红军。1935 年参加长征。1950 年后，任军政大学川东分校副政委。1951 年参加抗美援朝，任中国人民志愿军十二军政治部主任、兵团干部部副部长。回国后，历任哈军工干部部副部长、部长、副政委，国防科委三十一训练基地司令员、政治委员，总后勤部顾问。1955 年被授予少将军衔。

卓明，1912 年出生，辽宁北票人。1938 年加入中国共产党。1950 年参加抗美援朝，任志愿军政治部宣传部部长。1957 年调任哈军工政治部宣传部部长，1962 年任哈军工政治部副主任。1955 年被授大校军衔。1970 年起，历任哈船院筹建领导小组副组长、党的核心小组副组长、领导小组（行政）组长、党委书记。

卓明

诞生了银河亿次计算机、银河全数字仿真计算机等科研成果，填补了我国计算机领域空白，将我国的计算机事业推向现代化。

在历史的长河中，总是有些人能够随着时间的推移、空间的变换而永远铭刻在人们的记忆里、沉淀在我们的心上。这些哈军工的创建者为这所学校的创建做出了永远值得赞颂的历史性贡献，他们众志成城创建的哈军工的画面也勾勒出了哈军工人忠诚坚韧的群体肖像，成为哈军工人精神的宝贵源泉。为哈军工的建设、发展奉献的前辈何止这些。在此，我们对前辈们的功绩仅能做出选择性的概括描述，他们在哈军工后继者心中的高度是语言所无法企及的。面对这些众志成城，为哈军工的创建、发展奉献了青春、智慧和和汗水的前辈，面对这所学校承前启后的发展，工程大学人作为哈军工的后继者之一，为了不负前辈之望、国家之托，也为了不愧于后人的审视，在新的历史时期，不惮劳苦、继往开来，正在将前辈和后继者共同关注并倾尽心血的事业，不断推向新的境界。

大师引领　教书教人

华东军区司令部军事科学研究室成员合影【档案号 SW.JNG.1952.12】

这是时任华东军区司令员的陈毅送给筹建中的哈军工的一个“聚宝盆”。对于求贤若渴的哈军工来说，这个“聚宝盆”成为了学院一个重要的人才库。照片中从左起分别是后来哈军工著名的教授沈正功、周祖同、马明德、何乃民、张述祖、金家骏、鲍廷钰、任新民、岳劼毅等等。毛泽东讲：办学校，一是选好校长，二是选好教师。校长是办校的关键，好校长才能选好教师、用好教师；教师是办校的基础，好教师才能教出名人、办出名校。虽然时过境迁，但哈军工在全国“网罗”人才的过往依然是一段佳话。

照片中的张述祖是华东军区司令部军事科学研究室主持科研工作的副主任，在哈军工筹委会中主要负责教授聘请工作。他提出一个拟从全国各高校聘请的教授、专家名单，共62人，报请周恩来总理审批。周恩来批示“请邓（小平）副总理办理。”在科技人才匮乏的建国初期，这些知名教授、专家都被各单位视若瑰宝。即使在今天，知名度高的教授、专家也都是所在单位的宝贝。要把他们从多年从事的工作岗位和习惯了的生活环境中抽出来，调到远在北方高寒地区新建的学校去，谈何容易！在周恩来总理的亲切关怀和高教部的大力支持下，到1953年初，哈军工从全国各地调进78名教授、专家，又从部队抽调了232名大学毕业生来校任助教，初步汇聚了自己的师资队伍。

这是哈军工点对点地拿着名单请调师资的过程中，筹委会赵子立和黄景云给筹委会写的一封信，汇报请调情况。从这封信不难看出，哈军工请调教授的工作是何等困难。即使有了总理的批示，请调工作还是要费一番周折。请调浙江大学数学教授卢庆骏即是一例。因为要保密，学院的人不便于向他详细解释工作性质，结果就吃了闭门羹。卢庆骏的导师，中国数学界、教育界泰斗苏步青教授在上海一次民主党派会议上提意见说：“军工是挖工事的，指名要卢庆骏干啥！”陈毅立即将上述情况转告陈赓。陈赓马上派徐立行专程拜访苏步青，向他解释军工是培养我军研制和维修海、陆、空武器装备的高级工程技术人才的，迫切需要基础课教授。苏步青说：“啊，这才清楚了，我以为‘军工’是挖工事的。既然这样，就调给你们吧！”

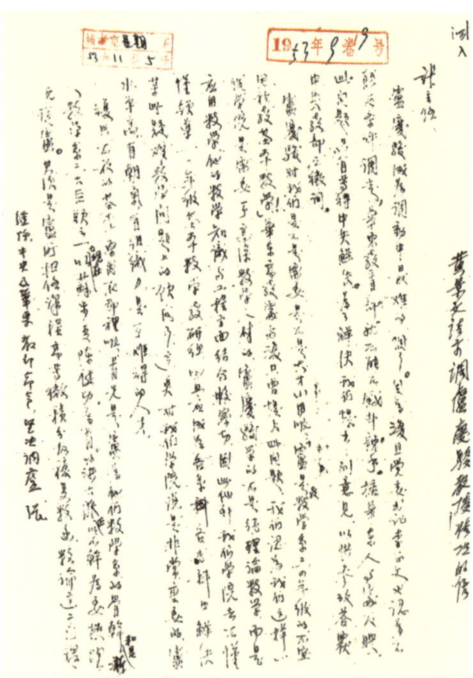

就卢庆骏的请调工作给学院筹委会写的一封信

【档案号 SW.JNG.1952.11】

只要有才华，尽量挖过来；只要有能力，尽量发挥作用。陈赓院长求贤若渴，甚至不惜“刀下抢人才”。请调教授专家的名单中有一位国内有名的弹道专家沈毅，在调来哈军工前因为贪污被判死刑，缓期两年执行。陈赓求贤心切，为此找到当时负责“三反、五反”运动的主要领导薄一波和最高人民法院院长董必武商量可否让此人到军工戴罪立功。薄一波打趣说：“你老陈真是爱惜人才，死刑犯都敢要！你敢要我就敢给。”在建国初期人才稀缺的年代，陈赓爱才心切，敢于救下一个死囚，为军工的教学科研服务，这件事成为军工重视、珍惜人才的一个脍炙人口的故事，流传至今。

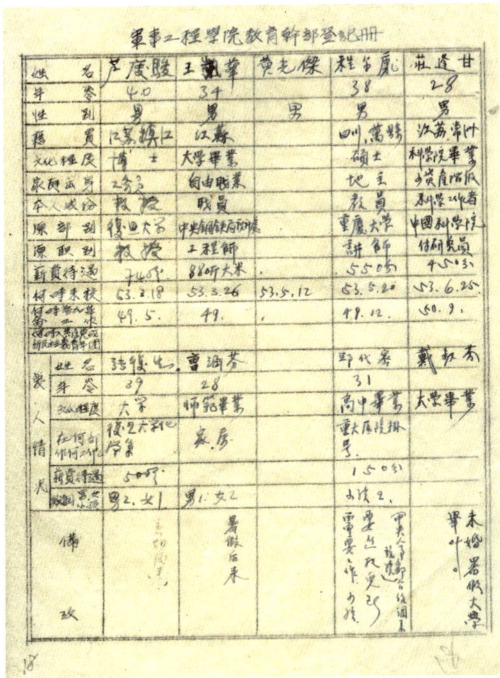

軍事工程學院教育幹部登記冊

姓名	卢庆骏	王[illegible]華	黄先傑	程[illegible]	莊逢甘
年龄	40	34		38	28
性别	男	男	男	男	男
籍貫	江蘇鎮江	江蘇		四川[illegible]	江蘇常州
文化程度	博士	大學畢業		碩士	科學院畢業
家庭出身	[illegible]	自由職業		地主	小資産階級
本人成份	教授	職員		教員	科學工作者
原部别	復旦大學	[illegible]		重慶大學	中國科學院
原職别	教授	工程師		講師	付研究員
薪資待遇	[illegible]	880斤大米		550分	450分
何時來校	53.3.18	53.3.26	53.5.12	53.5.20	53.6.25
何時参加革命工作	49.5.	49.		49.12.	50.9.
何時入黨[illegible]					
家人情况 姓名	[illegible]	曹[illegible]		[illegible]	戴[illegible]
年龄	39	28		31	
文化程度	大學	師範畢業		高中畢業	大學畢業
在何處作何工作	復旦大學化學系	家務		[illegible]	
薪資待遇	500分			150分	
子女	男2女1	男1女2		小孩2	
備考	[illegible]	暑假后來		[illegible]	未畢業 暑假[illegible]大學

建院初期来院教授、讲师、助教的报道登记表

【档案号 SW.JNG.1952.12】

哈军工在全国“网罗”人才已成为一段佳话。哈军工“网罗”来的这些专家、教授堪称集学贯中西的饱学之士，纳大江南北的学术精英。他们分别在英、苏、美、法、德、意、日、荷等多个东西方国家留过学，被戏称为“八国联军”。这些从全国一个一个请来的教授、专家到达学院后，院领导都一个一个登门拜访，促膝谈心，帮助教授们解决在北方的新环境工作生活的困难。这些在各自学术领域可以称之为大师的教授们，在哈军工的办学，尤其是人才培养工作中发挥了重要作用。

这是对于哈军工师资队伍建设中具有特殊意义，自己本身也是一位大师的哈军工科学教育部部长张述祖的博士毕业证书。这张证书记录了他在国外求学期间艰苦卓绝的努力过程和坚实奋斗的足迹。张述祖先生一生怀报“科学救国”之志，留德期间，一心想学兵器技术和弹道学，以实现自己富国强兵的梦想。然而德国人封锁与军事技术有关的学科，不许外国人染指。无奈之下

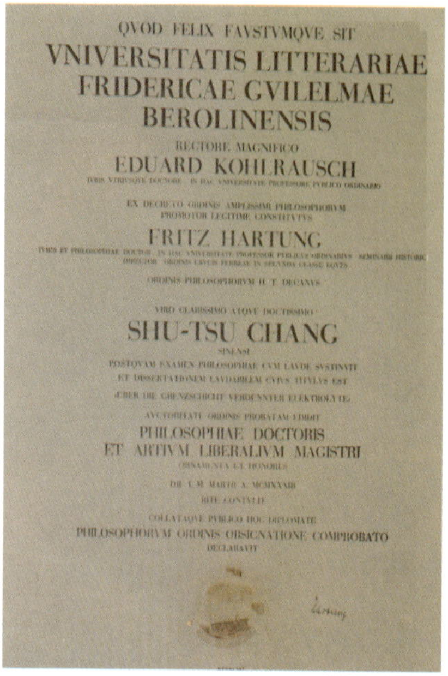

QVOD FELIX FAVSTVMQVE SIT

VNIVERSITATIS LITTERARIAE FRIDERICAE GVILELMAE BEROLINENSIS

RECTORE MAGNIFICO

EDUARD KOHLRAUSCH

EX DECRETO ORDINIS AMPLISSIMI PHILOSOPHORVM PROMOTOR LEGITIME CONSTITVTVS

FRITZ HARTUNG

ORDINIS PHILOSOPHORVM H. T. DECANVS

VIRO CLARISSIMO ATQVE DOCTISSIMO

SHU-TSU CHANG

SINENSI

POSTQVAM EXAMEN PHILOSOPHIAE CVM LAVDE SVSTINVIT

ET DISSERTATIONEM LAVDABILEM CVIVS TITVLVS EST

»ÜBER DIE GRENZSCHICHT VERDÜNNTER ELEKTROLYTE«

AVCTORITATE ORDINIS PROBATAM EDIDIT

PHILOSOPHIAE DOCTORIS ET ARTIVM LIBERALIVM MAGISTRI

ORNAMENTA ET HONORES

DIE I. M. MARTII A. MCMXXXIII

RITE CONTVLIT

COLLATAQVE PVBLICO HOC DIPLOMATE

PHILOSOPHORVM ORDINIS OBSIGNATIONE COMPROBATO

DECLARAVIT

张述祖的博士毕业证【档案号 SW.JNG.1932.1】

他只能在柏林大学物理研究所研究由现代量子力学家普朗克提出的“电压下不同浓度电解质”的课题，导师是著名物理学家、诺贝尔奖得主纳恩斯特先生。张述祖苦读三年，获得物理学博士学位。然而他仍坚持“科学救国”的梦想，几经努力终于进入柏林工业大学工程物理研究所，跟著名弹道学家克朗兹教授研究弹道学。工作之余，张述祖曾跑到德国兵工厂去解决若干生产技术问题，为自己的理论寻找实践的机会。在克朗兹的指导下，张述祖在内外弹道理论方面的研究有所突破，他的博士论文《几个重要外弹道解法计算精度的研究比较》顺利通过答辩，并受到了很高的评价，论文被收入到克朗兹的专著《弹道学（补充本）》之中，张述祖在德国终于又获得了弹道学博士学位。1937 年 7 月 7 日，卢沟桥边的炮声响了，日本法西斯大举侵略中国，张述祖无心留学读书，报国心切的他中断了研究课题，为了防止德国法西斯迫害，以去英国参观飞机发动机厂的名义，经法国、意大利，由威尼斯乘船漂洋过海抵达香港，再转广州，终于回到了祖国。张述祖不仅是当时国内为数不多的军事工程方面的弹道专家、双料的理学、工学博士，而且更可贵的，他是一位有先进教育思想并有教育实践经验的教育家，曾担任过吴淞兵工学校教学负责人。他是陈赓院长办学中倚仗的科学教育与专业技术顾问。张述祖不仅带来了工科大学的管理经验，还带来了华东军事科学研究室的一大批工程技术专家；他还鼎力为陈赓推荐了大批国内知名学者，经过周总理亲自下令，大部分都调来学院供职；他推荐重用任新民等人才，建立了一整套教学规章、制度，制定了教学计划和各科教学大纲，为哈军工的教学奠定了基础。张述祖的拳拳爱国情在哈军工得到了充分的释放，他的智慧和才能闪出了耀眼的光芒。他是哈军工建院的功臣，更是哈军工大师中的突出代表。他以自己的学识和智慧以及一腔爱国情凝聚团结了一批哈军工的教授们，在军工大院里默默耕耘、甘为人梯。

哈军工还有一位大师，以严出名，给哈军工学员们留下了深刻的印象，他就是哈军工数学教授会主任卢庆骏。高等数学和大学物理被称为工科里的“霸王课”，尤其是高等数学，是学员们最为害怕、花费精力最多的功课。

卢庆骏（左二）和教师研讨教学工作

哈军工数学教授会主任卢庆骏自然也就成为了学员和助教们心中敬畏有加的名师。卢庆骏有二个特点：一是学术造诣高，教课好；二是严，有三个词是他的标准：严谨、严密、严格。1953 年 3 月，卢庆骏到哈军工报到，他主动要求给空军工程系的新生授课，引导刚入大学校门的新生掌握学习方法，端正学习态度。在“起立”声中，上百名学员和坐在后面的助教们立正，向卢教授行注目礼。卢教授一身蓝色中山装，表情从容，步子沉稳地走进来，站在讲台上，听值日班长报告完，瘦削的脸庞露出微笑，答道：“同志们请坐。”学员们突然瞪大眼睛，他们发现卢教授是空着手进来的。瞬时间，一股无形的威严由卢教授拿着粉笔、面对黑板写字的背影中投射过来，笼罩着肃穆的大教室。卢庆骏在黑板左上角写上了题目，开始讲课。卢庆骏的普通话略带江南口音，但是清晰明快，讲解定理层次分明、深入浅出，语言铿锵有力、抑扬顿挫。他一边讲一边提纲挈领地写出重点和重要公式，步步推导，层层演算，板书笔迹苍劲有力，布局合理。整整一堂课，卢教授使用了两支粉笔，没有动一下黑板擦，抬眼望去，板书就像印刷好的教科书一样工整清晰。学员们细心记录下来的笔记，就是一本完美的高等数学教学大纲。当卢教授打住话尾，把剩余的粉笔头轻轻放在讲台上时，下课的军号声随之响起，学员们再看卢教授，话音刚落的他，面带微笑，步态从容地走出教室。有人仔细观察，上课时，面前的这位卢教授竟没有看过一次手表。凡是听过卢教授讲课的人，都佩服他有一种吸引学生排除杂念的神奇力量。他没有一句话是可以省略的，严密的逻辑推理和由浅入深的排难解惑，使学生的理解力达到最佳状态。数学教授会在 1953 年秋开设甲、乙两个助教培训班。培训班中年轻助教们均来自国内名校，是助教中的佼佼者，然而一见到卢庆骏方知学海无涯。为了让拔尖的青年教师进一步深造，卢庆骏决定办讨论班，按苏联副博士的标准，引导他们攻读高层次的数学专著。他让大家先自学，然后一个月轮流做一次读书报告，在讨论班上当众报告学习情况。卢庆骏对报告要求甚严，他边听边问，讲到定理要证明，讲到基本概念要回答为什么。回答对了继续讲，回答错了，他轻声说："不讲了，回去重新准备，下次再讲。"所以青年教师们丝毫不敢懈怠，准备读书报告遇到困难去请教卢教授时，他不立即回答，而是启发他们自己去思考。他要求大家脚踏实地、追求真理，要锲而不舍求学，不要心存侥幸过关。他常对大家说："假如你认为这个猜想正确，即使你已经 99 次证明都失败了，你还应该证明第 100 次。"

严师才能出高徒。这所学校就是这样，老教师对自己、对学员在学习工作上的要求都尽显一个严字。严谨、严密、严格六个字说起来简单，做起来却需要丰厚的积累和沉淀，需要有大家的风范和气度，需要有坚持的态度和职业操守。

哈军工第二届教学方法研讨会

1955 年，哈军工召开第二届教学方法研讨会，教育长徐立行在总结讲话中首次对教师提出了"教书教人”的要求，即教师不仅要向学员传授科学技术知识，还要培养学员的革命品质；不仅在课堂上传授马克思主义的立场、观点、方法，还要在实践中成为学员的表率。哈军工的教师对学员全面负责，既管教，又管学，既向学员传授知识，又帮助学员把知识真正学到手。1953 年元旦刚过，文庙街上的积雪被打扫得干干净净，王字楼门前挂上了“欢迎第一期学员和助教来院”的红布横幅。自从全军上千名学员和助教陆续抵达哈军工后，校园里一直洋溢着热烈欢快的气氛。第一期学员的文化水平参差不齐，有的只相当于初中文化。学院为新生安排了文化补习。教材是参考苏联十年制中学教材临时编写的，讲课的都是学富五车、名牌大学毕业的教授和副教授：孙本旺讲平面几何，沈正功和黄明慎讲投影几何，陈百屏讲代数，罗时均讲数学解析，刘绍棠讲物理，金家骏讲化学。教务处组织试讲评教会，名牌大学来的名教授屈尊讲中学课程，还要再试讲一次，让大家提意见，这可以说是中国高教界的罕见之举。可是为了保证教学的质量，哈军工的老教师们不讲面子，放下架子，高高兴兴夹着书本来到文庙东配殿的会议室。已是不惑之年的孙本旺是国内数学界有名的才子，向同事和晚辈们试讲他已经讲了 10 多年的几何学，备课仍然十分认真。有全国调来的名师，在教学质量上就有了根本保障。教师在教学实践中的积极性和创造性非常高。在开课前，教师会先摸清学员的基础，在备课时他们会兼顾学员的基础程度。教师不仅让学员“懂”知识，更要“懂”知识的来龙去脉和获得知识的方法。

既教书，又教人，在向学员传授知识的同时，向学员灌输解放军光荣传统，引导学员走又红又专的道路，这是哈军工“教书教人”育人理念的突出表现。1956 年哈军工第一届党代会做出决议：“教师应通过各个教学环节和

哈军工第一次党代会开幕式

学员各项活动，指导学员掌握独立工作方法，进行品德教养，以树立教师对学员全面负责的观念。”首席顾问奥列霍夫经常说：“教师不仅是知识的传授者，还是学员的教养者，不仅讲课内容与叙述方式对学员有影响，就是在教室里的一举一动和仪表，也会影响学员。”哈军工第二任院长刘居英曾经这样比喻：“作风好比土壤和气候，学员好比青苗。有什么样的土壤和气候，就长什么样的庄稼。”哈军工重视用优良的教风去影响学员的学风，学院要求每个担任教学工作的同志，必须系统地了解学员，和学员交朋友。教授们除了讲大课外，还和助教们一样，在学员自习时到辅导室进行辅导，和蔼可亲地听学员提问题，耐心细致地启发诱导，指点迷津，还找学员班长商讨改进学习方法和帮助有困难的同学的办法。

讲课是教学过程的最基本环节。哈军工的教师对于讲课的重视和认真负责的态度，可以说是当时所有学校中的佼佼者。他们不仅根据教学大纲规定的教学目的、教学内容、教学重点系统地组织材料，深刻地揭示知识的本质，而且了解学员的学业基础和接受能力；既要满足多数学员的要求，也要照顾少数“尖子”和“困难户”；不仅要让学员听得懂，还要让学员学得会；不仅给学员讲课，还要深入学员中进行思想教育。哈军工的教学过程中，极为重视绪论课的讲解，认为这是培养宏观能力的重要环节。哈军工学员在完成预科教育，本科教育开始后，所有开课的教授会和教师，都首先以高度负责的精神，热情地向学员详细介绍所开课程对培养军事工程师的重要意义，指出这门课程与中学课程的联系和区别，说明课程的特点、重点、难点和学习方法，并且介绍所用教材的优越性，以增强学员学习的兴趣和学好的信心。哈军工的教师们，把人民解放军全心全意为人民服务的宗旨，具体地落实到了全心全意为学员服务上面。只要有利于学员学习的事，再辛苦、再琐碎也愿意做。化学教授会发现有的学员认为“化学容易学”，就立即发出对化学课不能掉以轻心的警告，说明不认真、不努力就难以学到真本领；投影几何教授会发现有的学员制图不认真，马上强调准确制图对军事工程师的重要性；高等数学教授会要求学员下工夫弄通概念；物理教授会要求学员努力打好力学基础；合同战术教授会强调技术不能离开战术。

空气动力学专家罗时钧教授讲课，不以一般地说明概念、定义、定理为满足，还要揭示概念、定义、定理的精神实质及其相互间的内在联系，一一列举事例，表明它们的真实含义。为使学员印象深刻，讲了正面又讲反面；为使学员不感到一条定理、一个公式的突如其来，还要详细交代它们是怎样从社会实践中总结出来的，又在社会实践中如何具体运用；为使学员认清定义、定理的科学性和准确性，对表述定义、定理的语言逐字逐句进行剖析，指出少了一个字将如何，换一个词会如何，不这样表述又如何。

罗时钧给学员答疑

海军工程系海道测量教授会主任刘恩兰教授，是我国第一位获得英国牛津大学自然地理学博士学位的女科学家，也是我国历史上第一个环球考察北美及欧亚社会地理、自然环境、风土人情的女学者。她以极其负责的态度从事教学工作，把培养高质量的军事工程师视为最神圣的事业。她从不以名教授自居，而认为自己缺乏军事、战术知识，讲专业课难以结合战术，不利于学员的成长，便老老实实跟着学员去听战术课，认真学习战术知识，根据海军战术的要求改写自己的讲义。科学教育部受到她的

刘恩兰和学员们探讨问题

张凤岗在上课

行动的启发，指示各系普遍为专业教师开设军兵种战术知识讲座。

机械工艺教授会主任张凤岗教授不满足于讲好自己所开的课程，还考虑与各有关教授会协作、配合，共同培养学员。开课之前，他主动到其他教授会去，为相关课程的任课教师介绍机械工艺学教学大纲的内容，和他们探讨各门课程之间的协调配合问题，避免教学内容的脱节或相互重复。

大师引领、教书育人，是哈军工办学的奉典之一，也是哈军工后继者一贯的追求，也是我们党对人民教师的一贯要求。“教书教人”这几个字今天我们听起来还是那样亲切，这充分体现了哈军工正确的教育思想和我们前辈的远见卓识，是哈军工的光荣传统之一。

“国中有玉” 自强不息

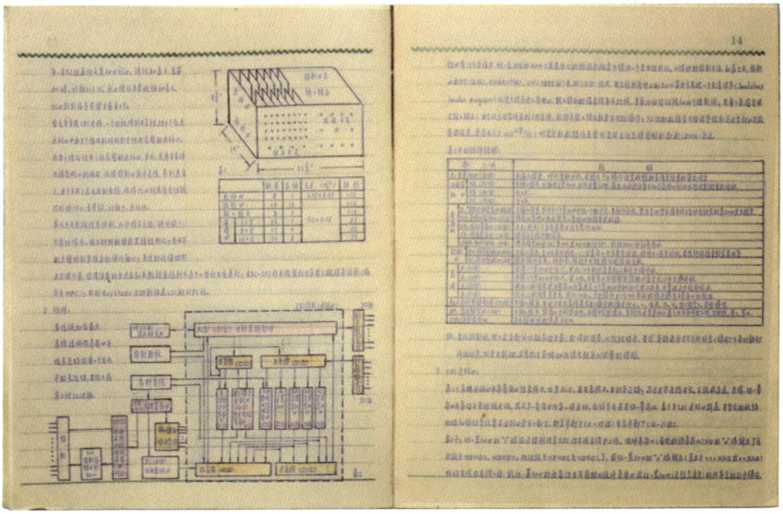

哈军工学员屈大壮的学习笔记【档案号 SW.JNG.1967.1】

这是哈军工学员屈大壮的学习笔记。2013 年学校哈军工纪念馆开馆前，老人家将这些珍贵的保存了半个多世纪的笔记捐赠给纪念馆，以示后人。每位参观纪念馆的人，尤其是青年学生和家长都会在这份笔记前驻留很久，他们用凝望的眼睛向众多的像屈大壮一样的哈军工学员行注目礼。哈军工当时课程门数多、教材难度大，对学员要求高、上课进度快，学员负担普遍较重。然而，学员在“大师”的表率作用和严格要求下，学习的自觉性都很高。哈军工的学员只有成绩高低之分，没有用功不用功之别。学员对时间的珍惜到了无以复加的程度，大部分学员每天平均学习的时间都在 10 个小时以上。中午不休息是普遍现象，周末和节假日都被学生当作难得的学习机会。学院的领导不是担心学员不用功，而是担心学员身体搞垮；不是督促学员好好学习，而是督促学员好好休息。有时候系领导不得不采取强制措施，每到课外活动时间就把学员统统赶出教室。有的学员从入学到毕业，不知道斯大林公园在哪里，不知道中央大街是什么样。哈军工的学员们说：“在困难面前，或者战而胜之，或者举手投降，没有第三条路可以走，而革命者是从不向困难低头的。”

哈军工学员谭国玉留学苏联获得的副博士证书【档案号 SW.JNG.1964.1】

哈军工的历史上不仅有著名的大师，还有名人学员。工兵工程系一期学员谭国玉就是哈军工历史上的名人，他的有名是因为在他身上集中体现了军工学子的精神，那就是以天下为己任的刻苦学习精神和自强不息的拼搏精神。正因为这样，他的故事成为了哈军工传奇的一个组成部分，令人敬佩，引人深思。谭国玉是江苏省徐州人，他很小就参加了革命，是个年轻的老兵。哈军工初建时被部队保送，来到了这个改变他一生命运，让他永生难忘的地方。

初到哈军工这个高等学府，对只有初中一年级文化程度的谭国玉来说可谓是一个极大的挑战，忽然接触这么多既陌生又深奥的理论知识很让他吃不消。1953 年学校对新生大队进行文化补习，当时的他对所补习的高中数理化课程一窍不通。结果头两个月的测验，居然没有一门功课及格，5 门功课一共只得了 7 分（当时实行的是 5 分制）。苏联顾问对学院招收这样的学员也颇有意见：“这是国家最高的学府，怎么能招收只有初中一年级文化程度的学生？”谭国玉的自尊心受到强烈挫伤，他觉得自己根本不是学习的料，还不如回到部队里去练习战术呢，于是他向学院申请要求退学。了解到谭国玉 7 岁时就给地下党送信，17 岁时参加东北抗日联军，解放战争中参加过辽沈战役，并且从东北一直打到了广东，曾多次立功，是第四野战军某部队“老虎连”的指导员，一心为了学生的陈赓院长决定亲自和他谈谈。一天，陈赓院长把谭国玉请到自己家里，边吃饭边对他进行批评教育：“国玉啊，你口口声声喊‘人在阵地在’，实际呢？啥也不在！学校给你创造了这么好的条件，你不好好学习，还要求走，遇到一点困难就逃避，你对得起人民、对得起国家吗？”陈院长的话说到了谭国玉的心里，从此以后，他便立下了坚持学到底的决心，果断地表示“死也要死在这里”。

谭国玉以“人在阵地在”的劲头攻文化堡垒。白天，他和全班同学一起系统地补习初高中数理化知识，晚上熄灯了，他就一个人溜出集体宿舍，站在走廊、过道、锅炉房等有灯的地方学。在谭国玉心里，时间就是一切！哪怕侵占一分一秒都是割他的肉，要他的命，他恨不得一天能有 25 个小时来供自己支配。吃饭、睡觉，只要是能挤出来用于学习的时间他都不浪费。由于经常整夜不睡觉，谭国玉的身体扛不住了，经常昏倒。谭国玉刻苦学习不惜身体，使学院领导、任课教师和同学们非常感动，大家都尽自己所能帮助他。老师为他补课辅导，领导给他精神鼓励，创造学习条件，同学们在生活上对他也是照顾有加。面对这么多人的关心，谭国玉更加充满了信心，虽然瘦成了皮包骨头，但最终在文化补习后期的测验中，考取了入学以来的第一个 3 分。

毕竟文化底子太薄弱了，五个月的刻苦努力，谭国玉虽然收获了不少，但与一名合格的大学生还有很大差距。在补习班结业考试中，他只有数学考了及格。第二次的失败给了他不小的失落感，也使他再一次面临退学的危险。这时，陈赓院长再次把谭国玉叫到家中鼓励他，并告诉他院党委决定允许他破格试读。虽知前面的路充满艰辛，但谭国玉勇敢地接受了，他决心要为党的事业、攀登科技高峰做出自己的贡献。

在以后的日子里，谭国玉不但一如既往地刻苦努力，而且更加注意改进自己的学习方法。第一学期期末，谭国玉只有个别功课不及格，第二学期功课全部及格，同时由试读生转为了正式生。接下来，他在第三学期上学期消灭了 3 分，下学期考试所有功课都得了 5 分，而且从此以后再也没有出现过 4 分。老师们看到谭国玉的进步都非常高兴，但又有些不放心，因此每到考试，系、科首长都到现场对他观察检查，看他得了 5 分就再抽一张试题卡让他答，结果次次都是 5 分。还有一次，系主任唐凯、科主任林铁峰都到考场去作陪，还给他送来了面包。面对大家的关心，谭国玉胸有成竹地说："请首长放心吧，这次我准能考 5 分。"果不其然，他又得了个 5 分。最后，甚至连那些曾经怀疑谭国玉学习成绩的苏联顾问在铁的事实面前也对他刮目相看，竖起大拇指表扬中国青年人的毅力："在谭国玉身上，我们看到了中国人民解放军的战无不胜！"

谭国玉毕业后请求到工程兵部队参加实际工作，在实践中再次接受所学科学知识是否能够应用的考验。他接受的第一次任务，是担任工程指挥所工程技术保障组的组长，指挥部队在湍急的黄河上架桥。这项架桥任务重要而又艰险，周恩来总理曾亲临现场检查督促。水上作业所用的苏制 90 型艇，一驶入急流就因发动机发热、螺旋桨转不动而打转翻船。在分析原因时，苏联专家断言不是艇的问题，而是驾驶技术问题。谭国玉则断言不是驾驶技术问题，而是黄河漂浮物太多，堵死了冷却器，河水进不去，致使发动机发热。螺旋桨被漂浮物越缠越紧，转不动了，致使艇身打转而倾翻。苏联专家建议调来更先进的苏制 150 型艇，说这种艇在世界上任何险恶的河流中都能安全行驶。谭国玉说："世界上只有中国有黄河，150 型艇在黄河上行驶也不行。"两人针锋相对，形成僵局。当 150 型艇调来时，苏联专家硬要谭国玉驾驶，到急流中航行。谭国玉说，漂浮物的问题不解决，硬要我驾艇，不明明是要我去送死吗？苏联专家批评说：像你这样的人，什么任务也完不成。谭国玉无奈，只好驾艇驶入急流。未绕一圈，螺旋桨就转动不灵，艇体打转，很快就翻了。谭国玉死里逃生，耳部软骨撞断。在苏联专家束手无策时，谭国玉创造了一种新的方法，使河水在发动机里面循环，实现降温；又在螺旋桨上加罩，避免漂浮物缠绕。从此，艇在急流中行动自如，不再打转倾翻了。工程兵领导当场给谭国玉记了三等功。黄河桥不久就顺利架成。工程兵科研部部长唐哲民自豪地重复着谭国玉在同苏联专家争论时说的话：“世界上只有中国有黄河！”谭国玉毕业后，从技术员干起，最后升至工程兵副司令员，少将军衔。

这是在工程大学启航中心剧场上演的由工程学子倾情演绎的自编自导的话剧《奔流》，真实再现了哈军工时期的谭国玉忘我的学习经历。演出结束后在场观众自发起立报以长时间的热烈掌声。谭国玉的成功是哈军工历史上的一抹金黄。今天，在我们的大学里已经不可能再遇到像谭国玉面临的特殊困难，但他的精神却激励着一代又一代的青年学子们“以天下为己任”刻苦学习，自强不息、奋勇拼搏。正是靠这种精神，哈军工学子为学院的盛名与光环添上了浓墨重彩的一笔，他们的成材本身是国家的财富，而这种精神更是值得继承并世代相传的宝贵财富。

话剧《奔流》演出现场

李慧芬是哈军工 58–411 班学员。她原是清华大学建筑系学生，1960 年因为国防建设需要，作为好学生被抽调到哈军工电子工程系三年级插班学习。她在一、二年级的课程全没有学过、很多一道来的同学因学习跟不上而返回清华大学的情况下，坚持试读。为了把没有学过的课程补上，她没睡过一次午觉，没看过一场电影，没上过一次街。除了吃饭睡觉，将所有时间都用来学习。经过努力，李慧芬的学习情况由被动转为主动，成绩节节上升，后来

哈军工学员李慧芬和同学交流学习经验

居上，成为班里面门门功课都是 5 分的优秀学员。李慧芬说：“毛主席讲，对待主要之敌是以三倍于敌的兵力去歼灭它，我对待学习上的敌人，也是用三倍于别人的力量去攻破它。”

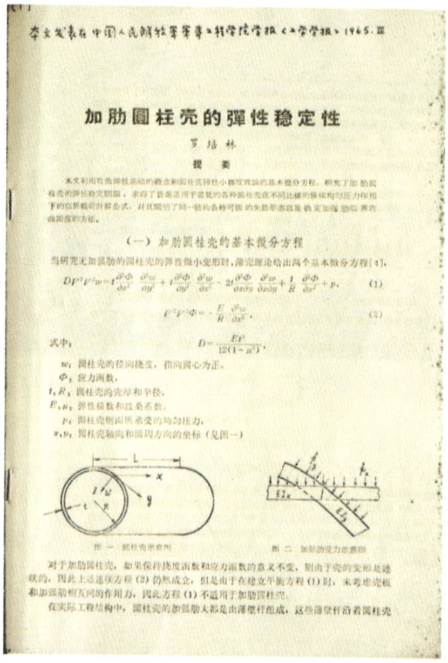

本文发表在中国人民解放军军事工程学院学报《工学学报》1965.Ⅲ

加肋圆柱壳的弹性稳定性

罗培林

提要

[illegible]

（一）加肋圆柱壳的基本微分方程

当研究无加强肋的圆柱壳的弹性微小变形时，薄壳理论给出两个基本微分方程[4]，

$$D\nabla^2\nabla^2 w = t\frac{\partial^2\Phi}{\partial x^2}\frac{\partial^2 w}{\partial y^2} + t\frac{\partial^2\Phi}{\partial y^2}\frac{\partial^2 w}{\partial x^2} - 2t\frac{\partial^2\Phi}{\partial x\partial y}\frac{\partial^2 w}{\partial x\partial y} + \frac{t}{R}\frac{\partial^2\Phi}{\partial x^2} + p, \quad (1)$$

$$\nabla^2\nabla^2\Phi = -\frac{E}{R}\frac{\partial^2 w}{\partial x^2}, \quad (2)$$

式中：

$$D = \frac{Et^3}{12(1-\mu^2)},$$

w：圆柱壳的径向挠度，指向圆心为正，

Φ：应力函数，

t, R：圆柱壳的壳厚和半径，

E, μ：弹性模数和泊桑系数，

p：圆柱壳侧面所承受的均匀压力，

x, y：圆柱壳轴向和圆周方向的坐标（见图一）

对于加肋圆柱壳，如果保持挠度函数和应力函数的意义不变，则由于壳的变形是连续的，因此上述连续方程（2）仍然成立，但是由于在建立平衡方程（1）时，未考虑壳板和加强肋相互间的作用力，因此方程（1）不适用于加肋圆柱壳。

在实际工程结构中，圆柱壳的加强肋大都是由薄壁杆组成，这些薄壁杆沿着圆柱壳

哈军工学员罗培林发表在《工学学报》的论文《加肋圆柱壳的弹性稳定性》【档案号 SW.JNG.1965.1】

罗培林是哈军工一期学员，具有很好的文化基础，但是对学习仍然一丝不苟。到第三学期结束时，罗培林除了物理是上等(4 分)外，其余课程都是优等(5 分)。其专科主任冯捷动员罗培林参加物理补考，要求罗培林作为班长，又是支部书记，应该争取全优，为同志们做个高标准、严要求的榜样。从小学到大学从来都是成绩不及格的学生补考，罗培林却成了因为成绩不是优等而参加补考的人。经过一个假期的复习，罗培林参加补考考试，取得了优等（5 分）的成绩。补考事件给罗培林留下了深刻印象，在今后的学习中，都自觉地树立起一个精益求精的标杆，最后他以优秀学员身份成为哈军工第一批留苏研究生。

哈军工的学员，一入学就要学习毛主席对哈军工的训词和教育计划中的培养目标。通过学习，学员们产生了强烈的光荣感和使命感，大家认为“学习是毛主席交给自己的任务，是党和人民对自己的信任和委托”，大家纷纷表示“要为祖国学习，为人民学习”“学不好对不起党和毛主席，无法向祖国和人民交待”。无论是预科学员，还是本科学员，学习的自觉性都很高，都有一种以天下为己任的学习精神，自强不息。哈军工的学员在完成了教育计划规定的全部课程后，会进入实习和毕业设计阶段。他们凭借着自己的真才实学，在毕业设计阶段就崭露头角，得到了实习单位及军委首长的高度评价，解决了部队急需解决的技术问题。

哈军工第一期学员应该在 1957 年毕业，而他们的毕业设计课题早在 1956

年就由各教授会与苏联专家拟制出来，并分别征求了各军兵种的意见。毕业设计的694个课题中很多是一些部队急需解决的技术课题，是一次真刀真枪的“战斗”。各系都召开了庄重的毕业设计课题分发大会，由系首长亲手把课题逐个交给学员，系首长充满信任和期待的目光使得每个学员信心倍增。毕业设计是学员完成规定的课程学习之后，第一次独立开展工作，是对学员独立工作能力和综合运用所学知识能力的一次检验。在毕业设计中，各系都及时组织检查，据统计，独立工作能力比较强的学员约占40%，独立工作能力较差的学员约占7%。哈军工成立了第一期学员毕业答辩委员会，从军内外22个单位邀请了55位专家、学者来院参加毕业设计答辩。经过毕业答辩的检验，在参加答辩的654名学员中，有214名取得优等成绩，有277名取得上等成绩，占答辩人数的74.9%。还有7个设计被评为优秀设计。

哈军工工兵工程系毕业设计课题分发大会

1953年3月，哈军工在制定的第一期学员文化补习教育计划中就提出要“发挥学员独立思考能力”，突出创新的学风和动手能力训练的育人理念。哈军工院报《工学报》在第一学期还发表了数十篇指导学员独立思考、独立作业的文章。1954年和1955年的寒假，学院连续两年召开教学方法研讨会，均以如何培养学员独立工作能力为中心议题。院系领导和广大教师在教学实践中从讲课辅导、学员自学、教学的组织管理等五个方面对培养学员的独立工作能力进行了探索。在这样的育人理念指导下，哈军工学子在教学实习中就凸现出了创新的精神与极强的动手能力，面对问题能独立思考，遇到困难能切实分析并提出具体解决方案，受到了实习单位的广泛好评。

一次，在北京南苑机场实习的空军工程系气象专业学员李士彤观测到了天气图上不易看到的冷风切面，便建议指挥员放飞二次后停飞。指挥员听取了她的意见，不久果然来了大风。回想过去曾因气象预报不准发生的机毁人亡事故，指挥员对李士彤非常感激。飞行员们激动地说："有这样一些军事工程师到我们这里来工作，真是我们的幸福。"

在空军某部实习的学员孙英华，担任坑道施工副队长，当时施工爆破留底问题严重，既浪费炸药，又完不成定额，工地领导推广苏联先进经验——使用空心堆炸药也无济于事。面对这个问题，虽然没有经过专业爆破知识的学习，但孙英华凭借自己在学校里掌握的深厚基础知识、练就的实际动手能力，经过 10 天的反复试验，终于找到了解决爆破留底问题的办法，而且编制出了一套新的爆破施工法。之后工地上广泛将此技术通报推广，还请孙英华到各工段介绍经验。正是由于这项成果的问世，整个工区每日定额由完不成变为大大超过，而且节约了大量炸药。军委首长高兴地说："哈军工的学员已经能够用战术原则独立工作了，真是不简单！"

诸如此类，哈军工学子"学以致用"的例子多得不胜枚举。海军工程系海道测量专业的毕业班学生，由教师带领，在毕业实习中承担了国家下达的测量海岸线地形、水深的任务，经过 4 个月的辛勤劳动，完成了万分之一比例尺的水深测量报告，质量优良；在 618 厂实习的装甲兵工程系毕业班学员刘尚清提出的"束机焊条焊接"、郭忠提出的"多孔镀铬"、孔耀清提出的"气缸体冷焊"、莫侯提出的"振动接触焊"、梁又新做的"后桥负荷试验"、夏启振设计的"喷漆室"等，都直接帮助工厂解决了长期未解决的技术难题……回首一个个从哈军工走出去的优秀学子们，你会感受到一种沸腾的力量。哈军工的声名远扬是这些优秀学子独立思考、勇于创新的结果，他们是"国中之玉"，他们是国防科技事业的先锋。

尖端集中　常规分散

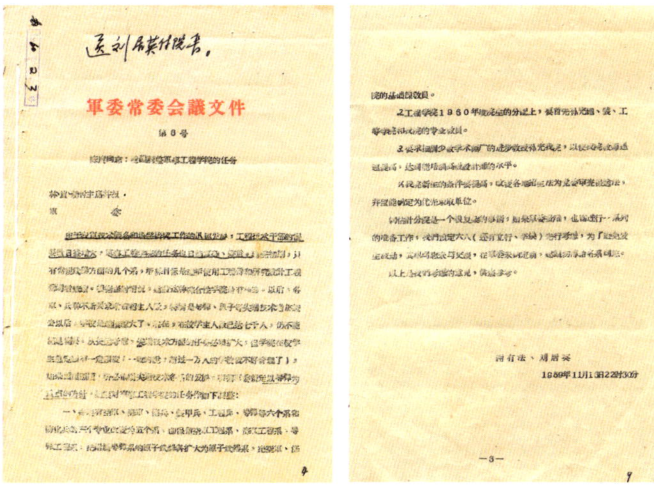
军委常委会議文件

军委常委会文件第六号【档案号 SW.JNG.1959.3】

这是1959年中央军委第十五次办公会议针对哈军工的分建、改建建议作出的决定，并将其作为军委常委会议文件第六号下发。前文已经说过，哈军工在自己发展的鼎盛时期，选择了“尖端集中、常规分散”的分建、改建道路，启动了我国军事技术院校的一次重大调整，也标志着我国国防科技事业迈上了一个新的台阶。尖端集中的结果是，哈军工将高精尖的专业留了下来，再进一步结合国家需要和国防需求，新建了一批尖端专业，真正成为了我国高等军事技术教育的最高层次人才培养的摇篮，最高水平科研成果的发源地。常规分散的结果是，哈军工分出去一些成熟的常规专业，分出去一批学生和老师，扶持了一批军事技术学校的发展和建设，支撑起我军培养技术干部的三级体制：中级技术学校，培养一般技术干部；新建的军兵种工程学院，培养维护、使用工程师；哈军工专门培养研究、设计、制造工程师。

在常规分散之前，哈军工人满怀忠诚之心，时刻牵挂国家军事技术之急需，尖端集中的脚步就已经紧锣密鼓了。1958 年 3 月，哈军工在空军工程系设第 7 科（导弹原子科），系主任唐铎兼任 7 科主任，主持专业的筹建工作。本年秋，学院开始招收第一批导弹专业学员。这些学员后来成为我国第一批投身“两弹一星”事业的科技工作者。为配合导弹原子科的教学科研工作，我国从苏联引进的第一枚弹道导弹 1059 被运送到哈军工，成为一枚教学导弹，为了放置这枚导弹，当年学院还抢建了一个放置导弹的楼。

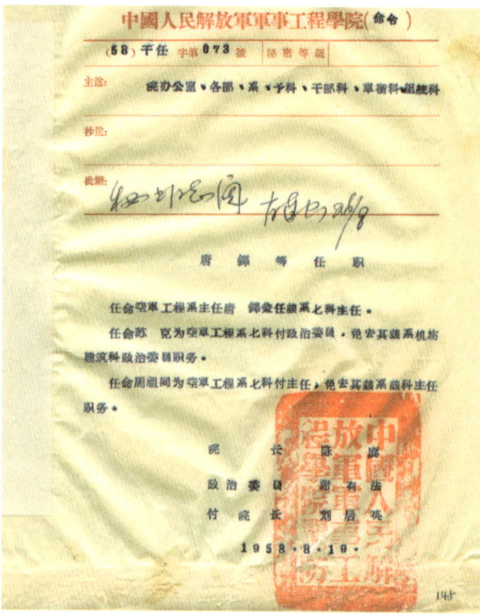
中國人民解放軍軍事工程學院（命令）
（58）干任字第 073 號 秘密等級
主送：院办公室、各部、系、予科、干部科、軍衛科、组織科
抄送：
批辦：
唐鐸等任职
任命空軍工程系主任唐鐸兼任該系七科主任。
任命苏克为空軍工程系七科付政治委員，免去其該系机场建筑科政治委員职务。
任命周祖同为空軍工程系七科付主任，免去其該系該科主任职务。
院长 陈赓
政治委員 谢有法
付院长 刘居英
1958·8·19·

任命哈军工导弹原子科主任的文件
【档案号 SW.JNG.1958.2】

哈军工导弹工程系成立大会会场

在导弹原子科的基础上，经过 1 年的发展和建设，到 1959 年 2 月，中央军委批准哈军工以空军工程系第 7 科（导弹原子科）为基础，并入炮兵工程系的火箭专业，成立导弹工程系。这是中国第一个导弹工程系，下设弹体发动机、自动控制、无线电遥控遥测、飞行力学和射击原理、特种武器 5 个专业。次年 6 月，在炮兵工程系迁出后留下的三个防化兵专业的基础上，哈军工又成立了防化兵工程系，设化学战剂、化学兵器、化学防护、剂量探测、原子防护 5 个专科。1961 年 8 月，哈军工又成立了原子工程系和电子工程系。原子工程系以导弹工程系中的原子科为基础，合并了海军工程系的核动力专业。电子工程系由空军、海军、炮兵三个工程系中的雷达、无线电专业集中而成。

1960 年 4 月 11 日，国防部第五研究院（导弹研究院）院长钱学森致信国防科委秘书长安东，针对哈军工调整后专业设置的问题建议：在原计划设的五个系之外，再设一个“技术数学”（或名“工程数学”）系。这个系设置两个专业：其中计算数学专业为国防科学技术培养使用电子计算机的程序设计人员，也培养战术计算机械化的人员；运筹学专业为国防科学技术培养武器使用理论、战术计算理论、后勤物资调度理论的人员。钱学森在信的最后写道“能不能本年秋天即开始招生”，足见我国的导弹事业对这方面人才的迫切需求。时任学院院长兼国防科委副主任的陈赓批示道：“这样的专业，对军事科学是不可缺少的。我意：在五个系外另成立一个工程数学系，请刘（刘居英）、谢（谢有法）考虑，着手准备。因为这门专业你们已有基础。”同年 10 月，哈军工海军工程系指挥仪与电子计算机科组建。

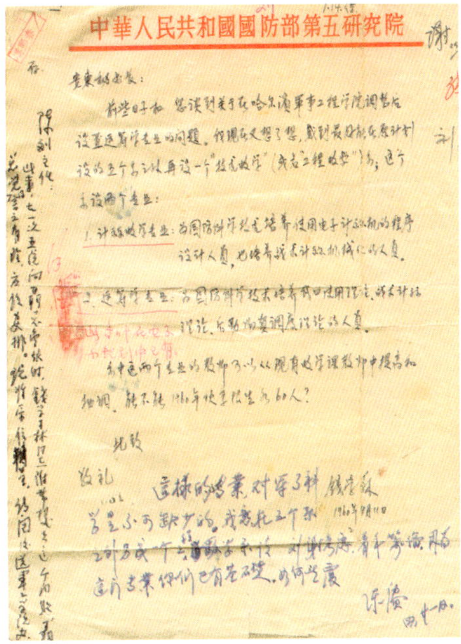
中華人民共和國國防部第五研究院

钱学森同志建议哈军工建设工程数学系的信
【档案号 SW.JNG.1960.4】

由上述这些档案与史实不难看出，哈军工当时很多专业科目都是 20 世纪 60 年代的尖端专业。那时核武器问世才十几年，中国还没有原子弹，哈军工却已敢为天下先地成立了原子工程系，设置了核爆炸、核动力等专科。1960 年 11 月，中国第一枚仿制短程导弹“东风一号”刚刚发射成功，次年学院的火箭工程系已经设置了火箭发动机、导弹自动控制等专科。学院教师王孝先编写的《核物理》、陆埮编写的《核武器杀伤破坏因素》成为我国早期核武器试验时必读的参考书；张若琪编写的《内爆力学讲义》，欧阳昌宇编写的《原子核反应堆理论纲要》，成为我国原子专业的第一批专业教材。

尖端集中，瞄准世界先进军事工程技术，哈军工为我国“两弹一星”事业培养了大批人才，成为了我国军事技术高端人才培养的摇篮。邓小平同志曾经说过，“如果（20 世纪）60 年代以来中国没有原子弹、氢弹，没有发射卫星，中国就不能叫有重要影响的大国，就没有现在这样的国际地位。这些东西反映一个民族的能力，也是一个民族、一个国家兴旺发达的标志。”钱学森曾说过：“我回国后，第一个跟我说导弹的就是陈赓大将。”“五院（导弹研究院）与哈军工是两个翅膀，有了这两个翅膀，中国的导弹要飞了。”哈军工和哈军工人与我国的“两弹一星”事业渊源颇深，这些渊源在点点滴滴的历史中都可以追溯得到。

哈军工不仅有钱学森在加州理工学院的学生罗时钧和庄逢甘，还有陈赓院长等哈军工人助飞我国导弹事业的热情和决心。这幅油画再现的是 1955 年 12 月，刚刚回国的钱学森在陈赓院长陪同下参观哈军工时的一个场景。多年后，两位“两弹一星”元勋回想起在哈军工 21 号教学大楼里的会面，仍感慨万千。炮兵工程系固体火箭点火试车试验引起了钱学森极大的兴趣，火箭教授会教授任新民就固体火箭燃料配方问题与钱学森讨论起来。钱学森对陈赓说：“任教授是火箭专家，我今天有幸认识了他！”陈赓说：“任教授这几年一直在搞火箭方面的研究和教学。钱先生，您看，我们能不能自己搞出火箭来呢？”钱学森不假思索、脱口回答：“有什么不能？外国人能造出来的，我们中国人同样能造出来，难道中国人比外国人矮一截不成？”陈赓眉峰一扬，紧紧握住钱学森的双手，说：“我要的就是您这句话”。陈赓表态，为了搞中国自己的火箭，哈军工要人出人，要物出物。

陈列在哈军工纪念馆中的油画《经典问答》

参观结束后钱学森感慨地说，“在我国现有的条件下，这么短的时间内，办起这样一所完整的、综合性的军事技术学院，在世界上也是奇迹。”参观结束后，又举行了热烈的座谈会和晚宴。

钱学森离开学院的第二天，哈军工任新民、周曼殊、金家骏三位教员就给国防部写了一封信，提出研制我国火箭的建议。次年元月，哈军工三位教员的建议书已经摆在了彭德怀的办公桌上，引起了中央军委领导的高度重视。这份建议书表达了以陈赓为首的哈军工人准备把导弹科研项目推上马的坚定决心。钱学森的这次哈军工之行，成为了我国航天事业的誓师会。

1956 年，五院成立，哈军工先后抽调一批骨干教师赴五院，成为中国火箭和导弹技术的开山元勋。后来哈军工还把从德国订购的跨音速风洞让给五院使用，在物质设备上大力支持五院的导弹研究工作。

1959 年 1 月 23 日，国防部五院院长，著名科学家钱学森第二次来到哈军工，主要是为了哈军工导弹工程系成立后同五院的合作问题与学院领导交换意见。当日下午，钱学森以《火箭技术的发展》为题，给哈军工的领导以及空军工程系 7 科干部、教员和学员们作了一场学术报告。

哈军工在“尖端集中、常规分散”的办学方略指引下，新建了导弹、原子、电子、计算机等“尖端”系及专业，培养了一大批国防科技事业发展急需的专业人才，为我国“两弹一星”事业的起步准备好了人才库。哈军工前三期毕业生中有 29% 分配到五院（导弹研究院），第四到第八期毕业生中有 63% 分配到五院、六院（航空研究院）、九院（原子能科学研究院）、十院（雷达电子技术研究院）工作。从五院到十院，从东风基地到马兰基地，哈军工人成为我国“两弹一星”

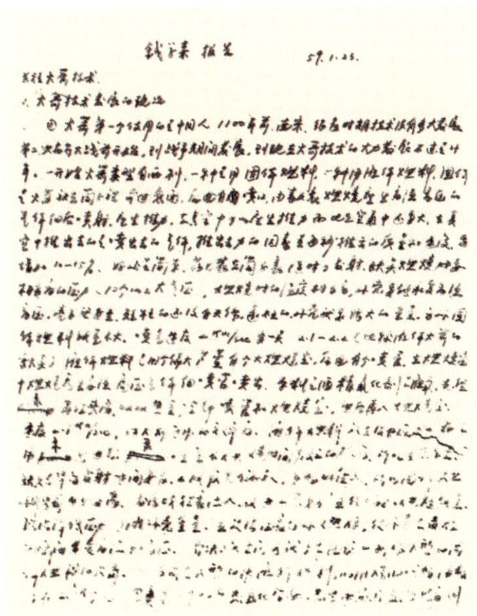

《火箭技术的发展》报告的记录
【档案号 SW.JNG.1959.4】

事业的先行者、亲历者和见证者。

中国航天第一港——酒泉卫星发射中心

1958 年 10 月，国家在大西北的巴丹吉林沙漠中建设了我国第一个导弹发射靶场，后定名酒泉卫星发射中心。这是中国地图上找不到的一块神秘地方，人们也叫它“东风”。哈军工学员是东风基地的第一代拓荒者，一期学员彭凤绍等40余人，二期学员李如璋等 100 多人，成为 20 世纪 60 年代东风基地最早的一批技术干部。哈军工六期学员张其彬，是我国第一次导弹核武器试验控制室唯一的技术负责人。他 29 岁来到东风基地，参加、指挥过包括我国第一颗人造地球卫星、第一颗试验通信卫星在内的 49 次运载火箭和卫星发射试验工作，为祖国的国防现代化和航天事业作出了重大贡献。哈军工一期学员杨桓，曾任东风基地副司令员，“东方红一号”发射总指挥。他和他的家人把自己的大半辈子都献给了东风基地。哈军工十期学员李凤洲，曾任东风基地司令员。他走进东风基地，从负责基地计控中心的计算机维护开始，设计了基地第一台靶场监视设备，后又开始研制信息通道监视器，后半生开始为中国载人飞船“神舟号”的发射忙碌着。哈军工二期学员胡文全，一位兢兢业业的技术骨干，一年四季在戈壁滩上进行火焰衰减试验，为我国新型导弹的安全系统提供重要数据。他在戈壁滩上超负荷工作了 29 年，直到 1987 年，生命的最后一息。哈军工一期学员莫仓圻，东风基地总工程师，献身基地 40 年，在基地辛劳工作，用生命谱写了一曲大漠之歌。哈军工一期学员刘德普，东风基地总工程师，1959 年来到东风，1997 年猝然倒在工作岗位上，把自己的一生奉献给了大漠。东风基地有个东风革命烈士陵园，陵园的纪念碑下安葬着 590 名逝者的遗体或骨灰。哈军工毕业的优秀科技专家胡文全、莫仓圻、刘德普等人就安葬在这里。他们静静地去了，埋在茫茫戈壁，守护着奉献一生的导弹事业。

成立于 1958 年的中国工程物理研究院，也叫九院（后迁到绵阳科学城），位于青海高原大草原金银滩，是中国第一颗原子弹诞生的地方。哈军工原子工程系第一批学员还没有毕业，因国家急需，全部提前毕业，分配到九院。当不少人因为条件的艰苦陆续离开了这片草原的时候，哈军工人却一直坚守在这块阵地上，成为中国核事业的中坚力量。唐惠荣、赵彦山、力光伦、刘光祚、亓瑞云等一大批哈军工人，都是在草原和山沟中奋斗了一生的无名英雄。1963 年，哈军工原子工程系 58 级两批学员毕业，参加到原子弹试验的青海大会战中，第一批 45 人，第二批 100 多人。哈军工学员邵乃林，1964 年来到九院，废寝忘食、披星戴月地工作。1993 年 1 月 11 日，中国工程物理研究院举行科技攻关两项重大突破庆功大会，邵乃林凭借他在我国新型核武器技术发展上的突出贡献荣获一等功。

聂荣臻元帅在北京接见哈军工原子工程系六期毕业学员合影

在新疆塔克拉玛干大沙漠深处，有一个被时任国防科委主任张爱萍命名为“马兰”的地方，这就是中国核武器试验基地，即 21 基地。离马兰 35 千米的红山是基地研究机关——核武器研究所所在地。1963 年，刚组建不久的 21 基地急需科研人员，哈军工原子工程系核爆炸杀伤因素测试分析专业 38 名学员提前毕业，被分配到 21 基地研究所。红山上千名大学生中，哈军工学员就占了三分之一。他们在红山脚下落地生根，成为 21 基地最重要的一支科研骨干力量。

1964 年 8 月，我国第一次核武器实验进入倒计时状态。主控室里只有三名技术人员，其中负责主控台的操作手将负责按下引爆原子弹的最后一个按钮。现场总指挥张爱萍将军选中了哈军工的毕业生韩云梯作为主控台起爆手。紧急刹车按钮是为了起爆前 10 秒内出现异常，中断试验使用的。针对紧急刹车预演中有时出现误动作的现象，韩云梯提出了一个将紧急刹车按钮由主控台移到监视台上的方案，被采纳。韩云梯成为第一次核爆炸中在主控室中的哈军工人。在中国国防现代化发展的历程中，哈军工人光荣地参加了从第一次核爆炸起的所有核武器试验。

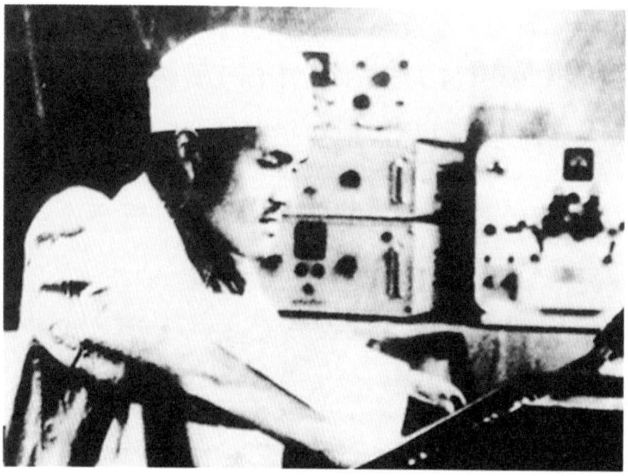

我国第一次核武器试验主控室场景，
哈军工学员韩云梯按下起爆按钮瞬间

1964 年 10 月 16 日，当我国第一颗原子弹爆炸的时候，哈军工有三位教员目睹了红色蘑菇云升上蓝天的庄严时刻。他们是承担研制测量原子弹爆炸后光辐射和冲击波效应仪器的赵伊君、花栅、傅信礼。哈军工因研制出光辐射测量仪、冲击波电测仪、冲击波机测仪，获集体二等功。赵伊君、花栅、傅信礼三个哈军工人获个人三等功。第一颗原子弹在罗布泊爆炸成功，试验现场有三个单位获得集体一等功。由哈军工人王锡仁带队参与的伽马有线遥测站，在爆后半个小时最先测得了放射性污染的数据，成为获奖单位之一。这个团队成员王锡仁、沈元信、曾祥云、徐百顺、齐玉简、钱建复、邱永廷、蒋新义等都是哈军工的学员。

在我国的导弹、火箭及卫星事业中，哈军工人堪当重任。哈军工炮兵工程系教授任新民是“东风一号”“东风二号”“东风三号”导弹的副总设计师，“东风一号”导弹的发动机总设计师，“东风二号”导弹的新一代发动机研制负责人，“长征一号”运载火箭的技术总负责人，是“风云一号”气象卫星工程总设计师。其中，“东风一号”导弹的研制成功是我国军事装备史上的一个重要转折点。“长征一号”运载火箭成功把我国第一颗人造卫星“东方红一号”送入太空，使我国成为世界上第五个能够发射人造地球卫星的国家。哈军工炮兵工程系一期学员邢球痕是“红旗—2号”“巨浪—1号”导弹的发动机总设计师。其中,“巨浪—1号”采用的两级发动机，是我国固体火箭技术的一个重大突破，使我国运载火箭技术进入到一个新的时代。哈军工空军工程系一期学员钟山是“红旗—7号”“海红旗—7号”导弹的总设计师，是北京奥运会安保科技系统总指挥。其中“红旗—7号”导弹赴酒泉试验，取得了中国防空导弹史上四项重大突破。哈军工导弹工程系五期学员王兴治是“红箭—8”的总设计师，何平伟、陈洪印、戴福民、高树桐四位哈军工学员是“红箭—8”的副总设计师。“红箭—8”使我国跻身世界反坦克导弹的前列。哈军工空军工程系教授梁守槃是“鹰击—8”的总设计师。它是世界上第一个具有超音速飞行特性的反舰导弹，被誉为中国飞鱼。哈军工还有一大批教员、学员参加我国地空导弹兵器研制和地空导弹部队建设，粟戎生等人就是我国第一批组建地空导弹营的先锋队。在我国卫星事业中，还有空间技术研究院卫星总指挥兼总设计师彭守成，空间技术研究院副院长、卫星总指挥马世俊，空间技术研究院卫星总指挥兼总设计师唐伯昶，空间技术研究院卫星设计师郝修来等哈军工人为推进我国空间技术的发展而奋斗着。

哈军工人在自己发展的鼎盛时期做出的“尖端集中、常规分散”战略决策，体现的是一种“先天下之忧而忧、后天下之乐而乐”的胸怀，是一种“舍我其谁”的担当。在“常规分散”的过程中，哈军工迁出17个专科，541名教员，约占原有教员、专业的45%。哈军工人没有“割肉之痛”，只有“再建新功之勇”，凭借着一腔忠诚报国之心，翻开了我国高等军事技术教育和国防科技事业崭新的一页。这段历史，后人会永远铭记。

桃李天下　光耀神州

哈军工一到十三期学员毕业证【档案号 SW.JNG.1970.1】

哈军工办学17年，培养了十三期学员，毕业生10867名，这是一到十三期学员的毕业证。这每一张毕业证背后折射的都是在哈军工优秀的人才培养理念中孕育培养出来的我国第一批高等军事技术人才。可以说，哈军工的盛名是靠教学、科研两条腿走出来的，是靠出色的人才与过硬的科研成果建立起来的。20世纪90年代，江泽民主席写下了“哈军工桃李满天下”。这句赞誉对哈军工来说当之无愧。哈军工培养的学员中，有的长期在解放军各总部、各军兵种领导机关参与军队建设的决策工作；有的在军事科学技术研究机关、尖端武器装备研制部门和试验基地担任领导职务或高级工程师、设计师；有的在各级、各类国防技术院校主持工作或任教，在培养一代军事科学技术人才的同时，从事科技理论研究和应用开发研究；有的在人民解放军作战部队担任重要的指挥员……无论他们在什么岗位，做何种工作，都表现出强烈的事业心和高度的使命感，富有开拓创新精神，成为事业的支柱、岗位的骨干。

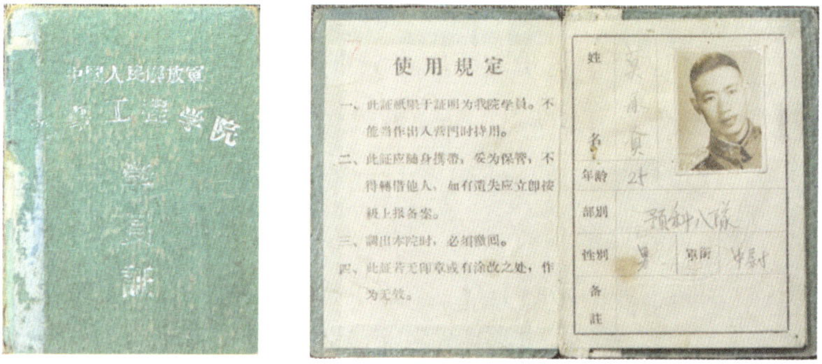

哈军工学员证【档案号 SW.JNG.1959.6】

从第一批走出哈军工的学子起，哈军工毕业生就不断地在国家建设的各领域创造着业绩，赢得了广泛的赞誉。20 世纪 80 年代末 90 年代初，海军某实验基地，哈军工毕业生在基地和场区两级领导干部中占 1/4，在处、所两级领导干部中占 1/2。基地司令员和三个场区的司令员以及一、二场区的副司令员都是哈军工毕业生。航空航天部某研究所在 1980 年前，60—70% 的研究室主任以上的干部是哈军工毕业生。哈军工海军工程系毕业的周兴铭、金士尧、王振青、张德芳、李思昆、史庆余都是我国“银河”巨型计算机的主要设计师，在研制“银河”巨型计算机的技术骨干中，70% 是哈军工毕业生。哈军工的毕业生，从 20 世纪 70 年代起，为创建我国航天城和导弹发射基地，成批地奔赴杳无人烟、飞沙走石的边陲、戈壁之地，不计名利，建立了不朽的功勋。在“神舟”飞船飞天成功的庆功会上，哈军工学子中多人因在“神舟”上的突出贡献受到了时任军委主席江泽民的接见。哈军工的毕业生就是以这种忘我报国、自强不息、无私奉献、科学务实、敢为人先的精神，几十年来在各个领域为哈军工增添着光彩。他们在各行业发挥的巨大作用、努力奋斗所取得的成绩，是哈军工至今仍有着巨大影响，以至人们谈起军工都肃然起敬的重要原因之一。

据不完全统计：哈军工毕业生中任省、部级领导者近百人，将军 238 人，两院院士24名，著名学者、专家、研究院所负责人200余人，大学负责人40余人，当选为历届中央委员、中纪委委员的37人，大企业集团领导人近30人。人们都说哈军工是一所和将军有着深厚渊源的学校。哈军工创建时就汇聚了一批为新中国的创立抛头颅、洒热血的将军们，发展时也得到了九位元帅和众多将军的厚爱和关怀，这份与将军难分难解的渊源一直延续到学校的人才培养工作中，学校为我国军队、国防事业输送了大批将才。浏览哈军工学子的名单会发现：这里将星云集！他们当中大部分是高科技工作者，形成了“将军院士”“将军教授”的独特景观，另一部分则是国家党、政、军各重要部门的负责人，国防事业的中坚力量。

唐天标——上将，哈军工电子工程系8期学员。曾任解放军总政部副主任。

彭小枫——上将，哈军工导弹工程系11期学员。曾任第二炮兵部队政委。

黄献中——上将，哈军工导弹工程系12期学员。曾任沈阳军区政委。

迟万春——上将，哈军工空军工程系13期学员。曾任解放军总装备部政委。

李安东——上将，哈军工空军工程系13期学员。曾任解放军总装备部副部长。

谢　光——中将，哈军工空军工程系1期学员。曾任国防科工委副主任。

杨　桓——中将，哈军工海军工程系1期学员。曾任第二炮兵副司令员。

沈椿年——中将，哈军工装甲兵工程系2期学员。曾任国防科工委副主任、中国航天基金会会长。

郭桂蓉——中将，哈军工导弹工程系2期学员。历任国防科技大学校长、总装科技委主任。中国工程院院士。

陈达植——中将，哈军工导弹工程系4期学员。曾任国防科工委副主任、总装备部副部长。

粟前明——中将，哈军工导弹工程系4期学员。曾任第二炮兵副司令员。

罗东进——中将，哈军工导弹工程系7期学员。曾任第二炮兵副政委。

臧　穗——中将，哈军工导弹工程系7期学员。曾任兰州军区空军政委。

金　矛——中将，哈军工海军工程系8期学员。曾任解放军海军副司令员。

周友良——中将，哈军工工兵工程系 8 期学员。曾任解放军总后勤部副部长。

张　翔——中将，哈军工炮兵工程系 9 期学员。曾任第二炮兵副司令员。

粟戎生——中将，哈军工导弹工程系 9 期学员。曾任北京军区副司令员。

李凤洲——中将，哈军工计算机系 10 期学员。曾任解放军总装某基地司令，总装科技委副主任。

张建启——中将，哈军工原子工程系 12 期学员。曾任酒泉基地司令员、解放军总装备部副部长。

卢锡城——中将，哈军工计算机系 13 期学员。历任国防科技大学副校长、总装科技委副主任。中国工程院院士。

……

哈军工还培养出了三位女将军，她们是：杨俊生少将，邓先群少将，霍玲少将。她们是共和国的将星中璀璨闪亮的巾帼英雄。

将军院士是众多将星中厚重深沉的科研先驱，他们以自己深厚的专业积淀为我国国防事业默默奉献着，为我国国防现代化提供了强有力的支撑。如：防护及地下工程专家、工程院院士钱七虎少将，“银河－II”总设计师兼工程指挥、科学院院士周兴铭少将，防护工程专家、工程院院士顾金才少将，炮兵装备与技术专家、工程院院士刘怡昕少将，地震爆破专家、工程院院士李钊少将等等。

将军教授是将军中的科技、教育专家，他们站在各自研究领域的前沿，是我国国防科教事业中最忠诚的群体之一。

这些从哈军工走出去的将军仅仅是哈军工无数优秀人才的缩影，他们不断在国防建设的各个领域里创造佳绩，赢得赞誉。在此不能将他们的名字一一列出，但这一串长长的名单是对军工大院人才培养工作的最佳褒奖。

看到将星闪烁，自然会回首将星产生的过程，回望将星生长的园地。我们会不自觉的感慨、深思，探求所有可能的答案。作为新中国第一所高等军事技术院校，学校在培养军事工程技术工程师方面负有义不容辞的责任。在这样一所肩负着培养高级军事工程技术人才使命的大学里，诞生出了这么多位共和国的将才，这似乎不只是基于学校性质而自然天成的结果，他们必定是得益于学校优秀而独特的人才培养理念，得益于积淀深厚的大学文化与大学精神。

钟山院士在哈军工读书期间参加口试

除了前文提到的7位将军院士以外，哈军工还培养出制导系统工程专家、工程院院士钟山，飞机总体设计专家、工程院院士宋文骢，飞机自动化专家、工程院院士李明，飞机总体设计专家、工程院院士杨凤田，固体火箭发动机专家、科学院院士邢球痕，含能材料专家、工程院院士王泽山，弹道专家、工程院院士李鸿志，水声工程专家、工程院院士马远良，水声工程专家、工程院院士宫先仪，智能水下机器人专家、工程院院士徐玉如，坦克车辆设计专家、工程院院士王哲荣，桥梁工程专家、工程院院士王景全，制导技术专家、工程院院士王兴治，飞航技术专家、工程院院士黄瑞松，飞航导弹武器系统技术专家、工程院院士刘永才，原子核物理学专家、工程院院士彭先觉，加速器物理及应用专家、工程院院士丁伯南等17位院士。这些哈军工培养出来的共和国的科技先驱们推动着祖国的科技事业不断迈向前进，尤其在我国科教兴国战略中具有开端意义的“两弹一星”事业中，发挥了不可替代的作用。他们与为我国“两弹一星”事业潜心研究、忠诚奉献的科技工作者们一道，在非常艰苦、没有外援的环境下所创造出来的成果成为“爱国主义”“集体主义”“社会主义”与“科学精神”的象征。

说完了哈军工的人才成果，再来细数哈军工的科研成果。哈军工最早的科研尝试于学院成立一年后。1954 年 9 月，院党委提出“紧密结合教学，适当解决国防工业生产中的技术问题”的科研方针，制订了研究计划，开始了科研尝试。起步当年就产生了一些很有价值的成果：如炮兵工程系 203 教授会代主任鲍廷钰副教授，找到了无后座力炮内弹道学主要问题的解法和简求膛内最大压力的计算方法；助教卢景楷在备课中用数学解析法找到了计算弹丸膛内运动时间的简便方法；副主任浦发副教授和助教张松研究出《炮兵在各种气象条件下的射表》，经国家靶场试验后被炮兵司令部采用；他们编写出的外弹道教材，解决了苏联教材没有解决的问题。教学工作进一步步入正轨之后，1956 年 2 月，哈军工召开第一届科学技术研究会议。会议明确提出了学院科研工作的基本任务和方向，同时要求各教授会制订科研工作的长远规划，通过科研活动和学术论文，提高教师的学术水平。同时，要求组织学员参加科研活动。

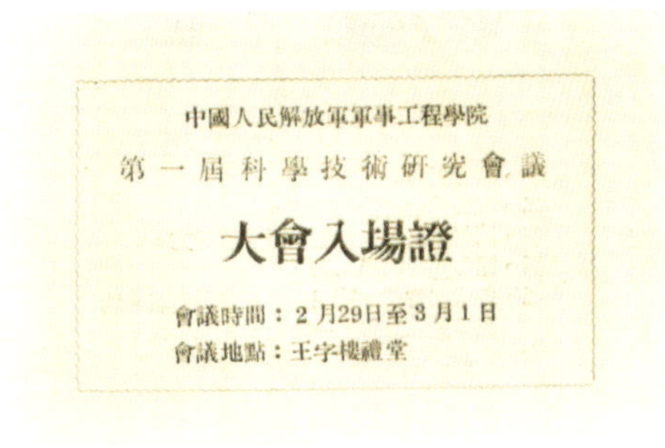
中國人民解放軍軍事工程學院
第一屆科學技術研究會議
大會入場證
會議時間：2 月29日至 3 月 1 日
會議地點：王字樓禮堂

哈军工第一届科学技术研究会议入场证
【档案号 SW.JNG.1956.1】

到了 1958 年，由于同部队改进武器装备的实际需要紧密结合，科研工作有了强大的推动力，因而能够继续迅猛发展，形成了建院以后空前活跃的“大搞科研、猛攻尖端”的热潮。学院党委因势利导，提出“面向部队搞科研”、“科研为部队服务”的方针和“迎头赶上国际先进水平”的口号，这一年完成的项目达 700 多项。包括某型袖珍潜艇、水翼艇、气垫船和鱼雷攻击射击指挥仪、某型舰炮、适合我国海域的某鱼雷快艇雷达、某双平面自导非触发鱼雷、潜艇推进电机以及水声设备——某型声速梯度仪等项目的研究。

同年，学院36项技术革新和技术革命成果汇报展览在北京展出。在京养病的院长陈赓无比高兴，他不顾病体，反复到展览室观看，并把当时在京的党中央和中央军委的领导人周恩来、刘少奇、朱德、陈云、邓小平、林伯渠、彭德怀、刘伯承、叶剑英、陈毅、粟裕、黄克诚以及军委各总部、各军兵种的负责人都请去观看。同年11月，海军工程系在北京公主坟海军大院俱乐

中央领导同志接见哈军工参展代表团（前排左起：林伯渠、朱德、刘少奇、邓小平、彭德怀、叶剑英）

周恩来总理参观哈军工的科研成果双级火箭

部单独办了一个科研成果展。陈赓院长又请周恩来和贺龙、陈毅、徐向前、罗荣桓元帅等前往观看。

20世纪60年代，哈军工完成了800多项科研成果，仅1963年就达243项，其中国防建设重点科研项目122项。哈军工办学17年，学院共完成了1700多项科研成果，其中国家下达的科研任务595项。学院积蓄了雄厚的技术力量与科研经验，当时部队遇到了技术上解决不了的问题，都很自然地要到学院来协作、求援，学院成为了全军科学技术的研究中心之一。

战火催生的哈军工，从诞生伊始就肩负着强国安邦的使命。面向国防需要，哈军工科研工作经历了一个从无到有的过程。在哈军工诞生的科研成果前面人们常常会看到这样的定语："填补国内空白""国内首创""首次""第一"……这些"共和国第一"是开天辟地的。教员和学员在科研工作中得到了充分的锻炼，使他们在走出军工大院以后，在各自的工作岗位上，依然创造出众多骄人的业绩。纵观当代中国最新的国防科技成果，从"东风113"到歼—10战机，从水翼艇到辽宁号，从第一颗原子弹到第一颗氢弹，从长征一号运载火箭到载人航天的神舟试验飞船，从第一台机载计算机到银河巨型计算机，从第一辆水陆两栖坦克到第三代主战坦克，从禁止化学武器到和平利用原子能，无不渗透着哈军工人的心血。哈军工人用这些科研成果为共和国筑起一道巍峨的屏障，坚不可摧！哈军工的科研中创造了诸多的国家"第一"，这些成绩是在异常艰苦的条件下、克服了难以想象的困难取得的。为此，后人应该记住那些凝聚着一代人心血的果实和为这些果实呕心沥血的人们。

风洞实验被誉为现代飞机、导弹、火箭等研制定型和生产的"绿色通道"。哈军工风洞群的建设是空军工程系空气动力学教授会立足我国航空工业发展实际做出的大胆实践。在无经验可循、技术人员缺乏、资金物资保障有限的条件下，历时近10年，建成了从低速、跨音速到超音速，整体配套的8座风洞，形成了当时国内第一个大型风洞群，初教—5、歼教—1、初教—6、歼—6等均在这里吹风助飞。哈军工风洞群为我国航空工业现代化、为中国新型飞机研制作出了历史性的贡献。1963年，哈军工建成回流式的大型低速风洞，即8号风洞，这是全国最大的低速风洞，被称为功勋风洞。多少年过去了，现

这是 1959 年哈军工建成的大型超音速风洞，也被哈军工人称之为 6 号风洞，是我国第一座吹气式超音速风洞。

存于中国航空工业空气动力研究院哈尔滨院区的 8 号风洞还在使用，并且是我国飞行器研制的主力低速风洞。哈军工九期学员李洪毅及他的同窗陈昌林、阮仲良等手中诞生的歼轰—7“飞豹”是我国 20 世纪 70 年代开始自行设计研制的全天候多用途歼击轰炸机。哈军工六期学员沙伯南是歼—7E 的副总设计师，歼—7E 战斗机是对歼—7H 的一种改进型，是对米格—21 系列机动性改进的重大尝试。哈军工六期学员李明是歼—8 总设计师，歼—8 开辟了我国航空武器自主研制的新纪元。哈军工七期学员杨凤田是我国第一代受油机歼 8—D 副总设计师、我国第一型发射自主截获目标制导导弹飞机歼 8—F 的总设计师。哈军工三期学员宋文骢是歼—10 的总设计师，1998 年 6 月歼—10 上天，这是我国航空事业里程碑式的跨越。2005 年歼—10 正式装备部队，并在很短的时间内成建制、系统地形成了战斗力。从国家第一个风洞群到我国航空事业的里程碑歼—10 战机，哈军工为了我国鹰击长空的梦想，培养了大批人才，做出了重要贡献。

我国300多万平方公里的蓝色国土，是哈军工人魂牵梦绕的地方。在水池做船模试验，不仅是舰艇研制的必备步骤，更是进行舰艇试验的先决条件，对舰艇研制至关重要。哈军工船模水池的建造就是为了进行舰艇水动力性能试验研究，曾为我国第一艘水翼艇、第一艘气垫船和第一艘小型常规动力试验潜艇的开发、研制提供了相关实验数据和技术支持，见证了这些“共和国第一”的诞生，承载了我国设计、建造现代化舰艇的梦想。从用于船模试验的水池到今天的辽宁号，哈军工人在这片蔚蓝色的国土上劈波斩浪，从未停止自己前行的脚步。

哈军工气垫船船模水池试验

我国第一艘水翼试验快艇——1958年，哈军工海军工程系顾懋祥教授与舰船科同事们研制成功的我国第一艘水翼试验快艇，在哈尔滨呼兰河首次试验获得成功。1965年该艇正式定型、批量生产，装备海军。

我国第一艘气垫船“33号艇”——哈军工海军工程系的恽良是33号艇的主要研制者。气垫船于1958年8月在呼兰河试航成功，彭德怀元帅、谭政大将曾亲临观看。1959年7月12日，该艇在旅顺基地进行长航试验取得成功，并成功抢滩登陆，使我国成为世界上第一个气垫船在海上长航试验成功的国家。

我国第一艘小型水动力试验潜艇“032”——1959 年，以哈军工海军工程系副教授邓三瑞为总设计师，主持研制的我国第一艘小型水动力试验潜艇在旅顺基地海试获得成功。其后，长约 15 米的试验艇出厂。这是我国历史上第一次自己设计制造的潜艇。邓三瑞是我国第一位常规潜艇总设计师。

我国第一艘核潜艇“长征一号”——哈军工海军工程系副教授邓三瑞还是我国核潜艇工程、代号 09 的总体顾问，哈军工海军工程系副教授雷渊超是导航分系统技术顾问。哈军工人最早参加了 09 工程的科研工作，在 09 工 程设计组里，哈军工人占 30%。哈军工物理教研室主任朱起鹤教授带领舰船核动力全体教员 20 多人及学员参加了核潜艇方案的制订；哈军工海军工程系教授慈云桂、海军工程系副教授杨士莪都为 09 工程承担了一定的科研任务。哈军工的诸多学员，如周圣洋、王大绪、董金荣、刘聚奎等将青春年华贡献给中国的核潜艇，成长为中国核潜艇工程的优秀专家。1970 年 12 月 26 日，中国自行研制的第一艘核动力攻击型潜艇下水，后被中央军委命名为“长征一号”，舷号 401。

我国第一艘航空母舰“辽宁号”——上世纪 90 年代，我国即开始了航母的预研工作。2004 年 8 月，中央军委即开始航母的立项，工程名为“048 工程”。哈军工导弹工程系十三期学员高学敏曾任“048 工程”建设指挥部政委。哈军工人参与了航母工程的预研立项、论证、改造、设计等各个环节的工作。从顶层设计到宏观管理，再到工程审图，哈军工人都是 048 的骨干力量。2012 年 9 月 25 日，中国首艘航空母舰“辽宁号”正式交接入列，交付海军。

计算机作为20世纪人类最伟大的发明，经历了从电子管到晶体管再到集成电路的发展过程。“天河一号”我国首台千万亿次超级计算机的诞生，标志着我国超级计算机研制能力实现了从百万亿次到千万亿次的重大跨越，成为继美国之后第二个能研制千万亿次超级计算机系统的国家。在中国计算机事业发展的过程中，哈军工人站在关键的岗位上，发挥了推动、引领我国计算机技术向前发展的关键作用。天河人是在银河团队高端协作的历练中成长起来的，银河人是在哈军工真刀真枪的磨练中成长起来的。

哈军工空军工程系副教授康继昌等人研制的
我国第一台机载电子模拟计算机

中国的计算机事业不会忘记哈军工，不会忘记哈军工那些银河战士。哈军工海军工程系教授慈云桂是我国第一台晶体管电子数字通用计算机441-B的总负责人，哈军工学员康鹏是441-B的技术负责人。以哈军工海军工程系教授慈云桂为总责任人，哈军工学员陈福接、胡守仁等共同研制成功我国第一台百万次集成电路计算机系统——151，用于我国首次洲际导弹试验中，安装于远望号上，圆满完成了导弹全程试验落点测量、导弹水下发射的落区测量任务。

我国第一台军用电子数字计算机“331”——哈军工海军工程系副教授柳克俊是我国第一台军用电子数字计算机“331”、我国第一台半导体舰载电子数字计算机“901”的主要研制者。

我国第一台亿次计算机系统“银河—Ⅰ”——哈军工海军工程系教授慈云桂是“银河—Ⅰ”总负责人，哈军工海军工程系五期学员周兴铭是“银河—Ⅰ”主机系统研制负责人。“银河—Ⅰ”的研制成功填补了国内巨型计算机的空白，标志着我国进入世界研制巨型机的行列。哈军工海军工程系五期学员周兴铭是我国第一台全数字仿真计算机系统“银河仿真—Ⅰ”的项目总负责人，“银河仿真—Ⅰ”的研制成功填补了我国全数字仿真机的空白。

我国第一台通用十亿次并行巨型机“银河—Ⅱ”——哈军工海军工程系五期学员周兴铭是“银河—Ⅱ”的总设计师，哈军工计算机系十三期学员卢锡城为“银河—Ⅱ”副总设计师。“银河—Ⅱ”的研制成功进一步缩小了我国与国际先进水平的技术差距，又一次打破了国外在巨型机技术上对我国的封锁，使我国巨型计算机的研制水平达到新的高度。

综合技术达到国际先进水平的并行巨型计算机“银河—Ⅲ”——哈军工计算机系十三期学员卢锡城是“银河—Ⅲ”的总设计师。该机综合技术达到当前国际先进水平，为我军现代化、科学研究和国民经济建设发挥了重要作用。

迫击炮是步兵作战的一种有效的压制兵器，是步兵极为重要的常规兵器。如今，已诞生百年的迫击炮，被人们称为“步兵利器”，占据着陆军装备的一席之地。与火炮相关的，哈军工建院伊始就汇聚了一批著名的弹道学专家张述祖、潘景安、鲍廷钰、浦发等，他们又悉心培养了一批新世纪的弹道专家李鸿志、邱凤昌、曲作家、郭治等，在理论和实践上指导了中国火炮武器的设计、使用和改进。

哈军工三期学员唐治、马万祺研制的
我国第一门大口径迫击炮“中式 120 迫击炮”

坦克是一种用履带行走的装甲战斗车辆，它集火力、保护性和机动性于一身，是陆战的主角。人们常常用“铁甲雄风”来形容坦克在战争中的威力。哈军工从建院之初便成立装甲兵工程系。学员在先进的课程体系中得到了很好的历练，不仅懂技术，而且懂战术，培养出了以我国第三代主战坦克副总师王哲荣，发明提高坦克装甲车辆持续作战能力离子喷涂技术的徐滨士，研究提高坦克炮瞄准精度、缩短瞄准时间的炮塔 PWM 控制系统的臧克茂等为代表的一大批装甲兵技术专家。

我国第一代水陆两栖坦克——63 式水陆两栖坦克是哈军工装甲兵工程系二期毕业班的毕业设计任务，在哈军工教员张克劝、杨楚泉的指导下，由哈军工学员完成的。1959 年 6 月，坦克样车完成，按照军委指示运往北京十三陵水库表演。军委首长朱德、贺龙、陈毅、罗荣桓、叶剑英、许光达和陈赓院长都亲临观看，对该成果给予极大肯定。该成果使我国步入了自主研制水陆两栖坦克的国家之列。

第三代主战坦克——哈军工炮兵工程系副主任祝榆生是我国第三代主战坦克总设计师。1999 年 10 月 1 日，在中华人民共和国成立 50 周年国庆阅兵式上，我国自行研制、首次公开露面的第三代主战坦克气势恢宏地驶过天安门广场，接受了党和国家领导人以及全国人民的检阅。该型坦克具有优异的防弹外型，其炮塔和车体均采用复合装甲，抗弹能力成倍提高，成为我国陆军装甲师和机步师的主要突击力量，也被人们称为“陆战之王”。

工程兵是担负军事工程保障任务的专业兵种。虽然不冲锋在前，但是哪里有战争哪里就有工程兵的身影。和平年代，工程兵的爆破、舟桥等专业技术则在更为广阔的空间发挥着作用。哈军工培养了郭立本、施元龙、汪大圻、刘光寰、周培根等一批工程技术方面的人才。哈军工工兵工程系四期学员王景全成功解决了黄河大流速条件下架设舟桥安全锚定的问题，后又研制出新一代浮箱器材，推进了军事交通保障器材的军民一体化建设进程。哈军工工兵工程系四期学员王述俊组织完成了 816 工程主体洞室（为生产原子弹服务的重庆 816 地下核工厂，“世界第一人工洞体”）、天津国际机场场道工程、221 库工程，成功处理了南京俞山大滑坡工程。

珠海机场鸟瞰图——1992 年 12 月 28 日 13 时 50 分，在我国南疆珠海炮台山，进行了一次非核大爆破，该项目总负责人为哈军工工兵工程系三期学员钱七虎。相当于半颗广岛原子弹能量的 1.116 9 万吨炸药，将炮台山轻轻托起，举向海面。1085.2 万立方米土石在爆破声中，有 51.83%（大约 500 万立方米）被抛入大海。

天安门广场上的毛主席纪念堂俯瞰图—— 要在天安门广场建立“毛主席纪念堂”，距毛主席纪念堂主体工程近在咫尺的北京邮政大楼必须拆除。起初，采取机械拆除，但大楼坚固异常，机械拆除进展缓慢。为了保证工期，决定以爆破的方式解决。哈军工教员林学圣是该项目总负责人。大楼周边是国家重要建筑人民英雄纪念碑、历史博物馆等，爆破精准度要求极为苛刻，难度非常之大。1977 年 2 月 4 日，北京邮政大楼爆破拆除工程正式实施，按照爆破方案， 南楼、北楼和西楼依次爆破，矗立了 58 年的北京邮政大楼神话般倒塌在指定位置，毛主席纪念堂主体工程、人民英雄纪念碑、历史博物馆及稍远些的人民大会堂纤毫未损，花岗石碎片飞出最远者仅仅 20 米，完全控制在了设计的安全警戒范围之内。

1993 年 1 月 13 日，中国时任外长钱其琛代表中国政府在巴黎签署了《禁止化学武器公约》。《公约》1997 年 4 月 29 日生效，目前有 184 个缔约国。《公约》是第一个全面禁止、彻底销毁一整类大规模杀伤性武器并具有严格核查机制的国际军控条约，对维护国际和平与安全具有重要意义。在禁止化学武器、保卫人类和平方面，哈军工培养出了一大批专家。哈军工防化兵工程系教员钟玉征是军事分析化学学科带头人，知名的分析化学家。1990 年、1991 年两次领导专家组代表中国参加联合国裁军委员会化学武器特设委员会组织的“国际化学武器裁军核查对比实验”，均获第一，为我国在禁止化学武器缔约国中争取到了技术上的发言权。自从我国政府发表了关于停止核试验的声明，全面停止核武器的试验后，我国就开始了和平利用核能的探索。秦山核电站是中国和平利用核能的范例。哈军工学员缪鸿兴是核电站副总设计师，哈军工学员童鼎昌是反应堆设计室主任兼主任工程师，此外还有热工部门的沈寅辉，物理设计部门的梁明义等，这些哈军工人为建立我国第一座核电站立下了头功。哈军工四期学员陈海平是我国军事环境学知名专家、国家处理日本遗弃在华化学武器首席专家、国际禁止化学武器公约“指称使用”专家。曾主要负责对日化学武器的谈判，尽量减少日本当年留在中国的化学武器对我们的不利影响。

哈军工研制或设计了建国后我军第一批武器装备，这些成为了国防现代化的重要基石，仅列出其中创造了“共和国第一”的名单就是长长的一串。这些科研成果的取得，奠定了哈军工在我国军事高科技领域不可替代的重要地位，为我国的国防科技事业及其现代化做出了重要贡献。哈军工培养出来的人和哈军工创造的科研成果，满足了特定历史时期国家国防科技事业发展之需，更加坚定了新中国强国安邦的底气，捍卫了祖国和平发展的环境。这些人和成果身上凝聚了满满的哈军工的忠诚之心和情怀，并被哈军工的后人们传承至今。

第二篇

船院春秋　静水深流担使命

（1971–1993）

忠不辞艰　落地生根

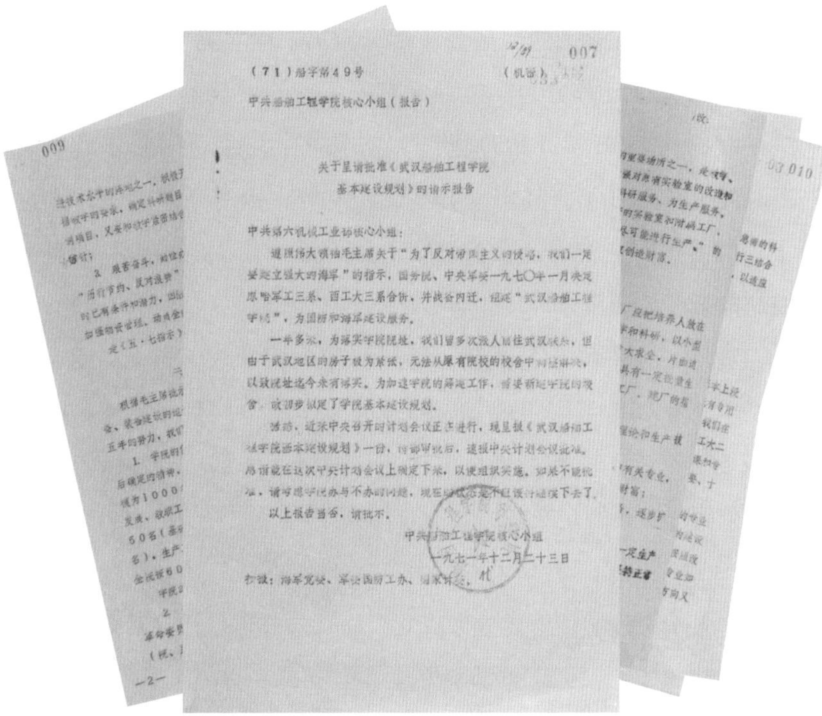

(71)船字第49号　　(机密)

007

中共船舶工程学院核心小组(报告)

关于呈请批准《武汉船舶工程学院基本建设规划》的请示报告

中共第六机械工业部核心小组:

遵照伟大领袖毛主席关于"为了反对帝国主义的侵略,我们一定要建立强大的海军"的指示,国务院、中央军委一九七〇年一月决定原哈军工三系、西工大三系合併,并战备内迁,组建"武汉船舶工程学院",为国防和海军建设服务。

一年多来,为落实学院院址,我们曾多次派人前往武汉[illegible],但由于武汉地区的房子极为紧张,无法从原有院校的校舍中[illegible],以致院址迄今未有落实。为加速学院的筹建工作,需要新建学院的校舍,故初步拟定了学院基本建设规划。

[illegible],近来中央召开的计划会议正在进行,现呈报《武汉船舶工程学院基本建设规划》一份,[illegible]后,速报中央计划会议批准。[illegible]在这次中央计划会议上确定下来,以便组织实施。如果不能批准,请考虑学院办与不办的问题,现在[illegible]下去了。

以上报告当否,请批示。

中共[illegible]工程学院核心小组

一九七一年十二月二十三日

抄送:海军党委、军委国防工办、国家计委。

《武汉船舶工程学院基本建设规划》【档案号 71C.2】

这是1971年学院上报六机部的建设规划，也是筹建阶段上报的第一份建院具体规划，规划对学院的建设任务、编制体制、建设规模、专业设置和校办工厂建设等各个方面进行了详细的说明，推进了学院筹建的进程。然而，这份规划所用的校名为什么是“武汉船舶工程学院”？学校后来又为何正式定名“哈尔滨船舶工程学院”呢？在这段岁月里，学院的筹建走过了怎样的艰辛历程？就让我们从档案中去追寻往昔的岁月吧。

1969 年 3 月，“珍宝岛事件”发生后，基于对中苏两国紧张局势的判断，中央军委决定“哈军工内迁，到三线去办学……这是国家的需要。”“学院的一系（空军工程系）、三系（海军工程系），分别划归空、海军，其余各系和四海厂，组成为国防尖端服务的‘三结合’的学院，迁往内地。”

次年 3 月，国防科委调查组进驻学院，主持哈尔滨工程学院（哈军工退出部队序列后的全称）的搬迁和分建工作。6 月，经军委办事组批准，哈尔滨工程学院海军工程系和西北工业大学水中兵器系合并组建船舶工程学院，准备内迁湖北武汉，因此学院暂定名为“武汉船舶工程学院”。

哈军工的主体南迁和分建，也预示着一所新的大学筹建的开始，但让人未曾想到的是，从 1970 年开始筹建到 1975 年正式定名为“哈尔滨船舶工程学院”，时间竟长达 5 年，其历程更是艰难曲折。40 多年过去，许多过往已经走出了人们的视野，唯有泛黄的档案记载着第一代“船院人”迎难而上、落地生根的艰苦建校历程。

1970 年 8 月 31 日至 9 月 12 日，筹建船舶工程学院座谈会在北京召开，确定由卓明、王松如等五人组成学院筹建领导小组。档案《筹建船舶工程学院座谈会纪要》记载了学院的性质、任务、规模、体制、专业设置以及人才培养的有关内容：学员暂定 2000 名，学制二至三年（普通班）和一年左右（进修班），在 1972 年全面招生，尽快为海军、科研部门、造船工业战线输送人才。11 月，“船舶工程学院筹建处”成立，临时办公地点设在哈尔滨文庙街。办事机构筹建处的成立，标志着学院筹建工作正式启动。

尽管分建后的学院无论在建制上还是从专业上都已与原哈军工大相径庭，但广大教职工工作热情不减当年，一边抢抓科研，一边积极筹建。《关于筹建学院、贯彻＜纪要＞的情况汇报》记述了当年的情况：学院仍承担了 8 个国防战略急需项目，与兄弟单位协作开展了 9 项科研攻关；校办工厂苦战十几天，生产了 24 台车床，建成了可以生产射流原件的射流车间；广大教工干劲十足，“想海军之所想，急海军之所急”，“不搞等、靠、要，要搞抢、闯、干”，尽快把学院建设搞上去。

虽然全校教职工有着昂扬的斗志，“排除万难”的决心，但许多更为实际的困难也摆在他们面前。当时，大家把这些问题概括为“一个薄弱，四个不定。”即：基础薄弱，领导班子不定、专业不定、归属不定、校址不定。然而，哈船院人并没有被困难吓倒，上靠海军和六机部，下靠广大群众，逐步解决了这些棘手的问题。

基础薄弱，最薄之处是师资。哈军工分建之后，哈尔滨余部专业教师仅剩200余人，中级职称以上不足百人，远不足以开展正常的教学和科研活动。在那个人才稀缺的年代，凭当时学院的等级和定位，如果仅仅依靠上级主管部门解决师资调配问题，所花时间和所费周折可想而知。学院当机立断，从哈军工因“政治原因”导致“降级分配”和“滞留当地”的毕业生中选调、招收了一大批学业优秀的同志，迅速充实壮大了教师队伍。又通过落实干部和知识分子政策，起用了一批管理人才并进一步充实了教师队伍。经过一番努力，原有专业充实了力量，新建专业搭起了架子，建院有了足实的人才基础。

领导班子不定，“火车头”就跑不起来，加上各级组织不健全，筹建工作推进就愈发步履维艰。1971年10月，七机部三院院长林毅少将调任学院党的核心小组第一副组长，全面主持学院的筹建工作，大大增强了学院的领导力量。11月，学院在机关、系和工厂建立了党的核心小组，在基层单位建立

哈船院筹建初期的老领导。左起：冯捷，卓明，林毅，王松如，亓琪【档案号1983.SX11.1】

了党支部，任命了各级党政干部。学院经逐步调整、充实各级领导班子，建立和健全了各级组织，战斗力和凝聚力迅速增强。

专业不定，说到底是因为哈尔滨工程学院分建后，舰船工程系归属不定。1969 年底，舰船工程系独立建院时最初确定划归海军领导。1970 年，船舶工程学院归六机部领导，当时六机部受国务院和海军双重领导，其专业仍主要根据海军需要而设置。1971 年 9 月，六机部与海军脱钩，次年 4 月，六机部指示船舶工程学院要实行“三个转向”，即：由搞总体转向搞部件，搞研究设计转向搞工艺制造，由面向部队转向面向工厂。船舶工程学院原来确定的重点专业，如导弹工程系的相关专业缓建，舰炮设计与制造专业停办，机械制造工艺设备、金属材料及热处理等通用专业要新建。这个几乎 180 度的大转弯，激起了教师们很大的思想波澜，后来船舶工程学院多次申请回归海军领导，但愿望最终也未能实现。1973 年 4 月底，院党的核心领导小组最终决策：“接受、服从和尊重省委和六机部的领导，服从革命需要，立足现实，做好工作。”从领导层面统一了思想，按六机部要求停办、增设了相关专业设置，解决了归属和专业不定的问题。

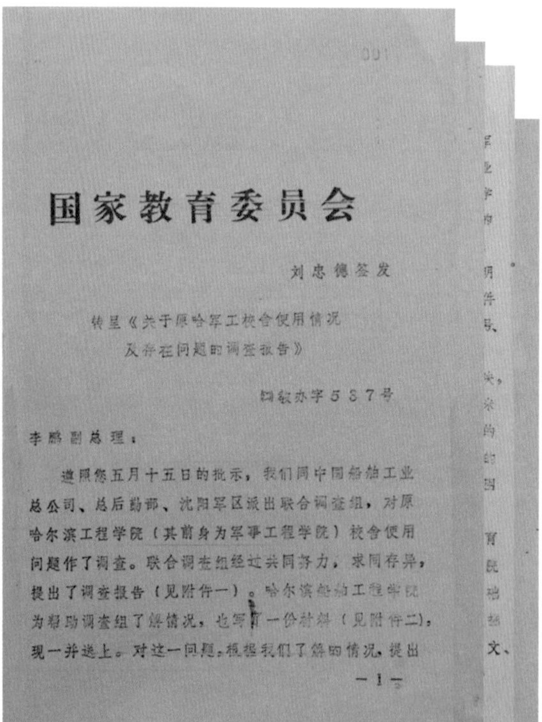
国家教育委员会

刘忠德签发

转呈《关于原哈军工校舍使用情况及存在问题的调查报告》

[illegible]教办字587号

李鹏副总理：

遵照您五月十五日的批示，我们同中国船舶工业总公司、总后勤部、沈阳军区派出联合调查组，对原哈尔滨工程学院（其前身为军事工程学院）校舍使用问题作了调查。联合调查组经过共同努力，求同存异，提出了调查报告（见附件一）。哈尔滨船舶工程学院为帮助调查组了解情况，也写了一份材料（见附件二），现一并送上。对这一问题，根据我们了解的情况，提出

—1—

国家教委呈报李鹏副总理的《关于原哈军工校舍使用情况及存在问题的调查报告》【档案号 86C.6】

校址不定直接影响了学校的发展建设。按最初的方案，船舶工程学院拟迁武汉，但却没有合适的校址；而利用原哈军工校址就地办学，因其已由黑龙江省军区接收代管，已驻入省军区机关、部队和其它单位，向军队要房子会很困难。1972 年，学

院校舍问题经海军党委上报，时任军委副主席叶剑英、国务院副总理李先念作了批示。国务院、中央军委联合发文：“同意从原哈尔滨工程学院校舍中拨 19 万平方米给船舶工程学院。”学院随后与黑龙江省军区达成了房产使用协议，在校址问题上取得了初步进展。

随着学院招生规模的扩大，亦因协议执行问题，到 20 世纪 80 年代初，学院用地严重不足再次成为学院发展的“瓶颈”。1986 年，在全院师生的全力争取下，“军工大院房地使用极不合理”问题的内参报告送到了时任国务院副总理李鹏面前。李鹏指示国务院副秘书长牵头组成联合调查组，调查原由、提出方案，后又召集相关方面，主持专题例会研究解决此问题。1987 年，国务院批准我院增加基地面积“24 万平方米、房产 8.86 万平方米”。自此，除 51 号楼外，原军工 4 座教学楼、军工操场才划为学院用地。时任党委书记黄绍、院长钱秋珊等新老领导和相关部门同志为此做出了艰苦的努力，为哈船院在哈军工原址上有一番新作为开辟了空间。然而由于种种原因，移交工作直至 1999 年才完成，学院与省军区地界划分才最终确认，学院算是突破“包围”，南北两区连成一片，为后来发展打开了地域空间。

在那个充满激情的年代，传承哈军工衣钵的哈船院人作风依然是雷厉风行的。1972 年初，在院址仍然没有落定的情况下，院核心领导小组拍板决定：立足原地办学，当年招生！ 7 月 1 日，学院举行了第一期学员开学典礼，并根据海军要求，为 23 基地举办了电子计算机专业短训班。第一期学员的开学，标志着学院的筹建工作进入了一个新的阶段。

以林毅为组长的院核心领导小组，带领全院教职员工艰苦创业、边建边干。到 1975 年 5 月召开第一次党代会时，学院已基本完成筹建工作，初具一所新建大学的规模：教工队伍已从 351 人发展到 1723 人；招收了 3 期学员，在校生达到 589 人；主办短训班 7 期，培训学生 540 人。今天从数字上看，学院当时的办学规模的确不大，但考虑到当时学院极为有限的筹建条件，再将其成长历程联系到一起考量，其成果已属来之不易。

1975 年 8 月，六机部正式下文：“根据国务院领导同志批示精神，经与黑龙江省商议，一致同意你院校名为‘哈尔滨船舶工程学院’；实行黑龙江

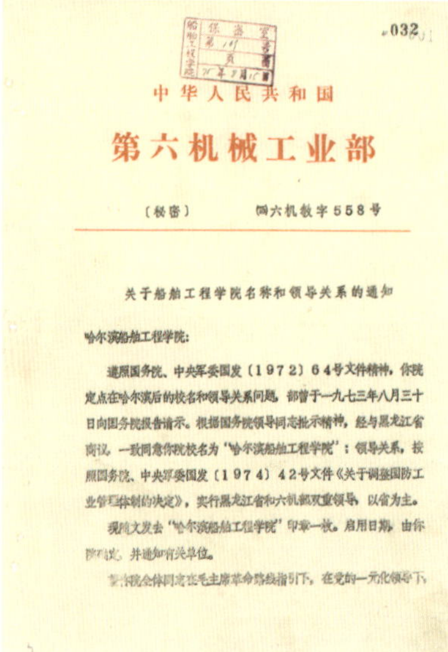

·032

中华人民共和国

第六机械工业部

〔秘密〕　　　(75)六机教字558号

关于船舶工程学院名称和领导关系的通知

哈尔滨船舶工程学院：

遵照国务院、中央军委国发〔1972〕64号文件精神，你院定点在哈尔滨后的校名和领导关系问题，部曾于一九七三年八月三十日向国务院报告请示。根据国务院领导同志批示精神，经与黑龙江省商议，一致同意你院校名为"哈尔滨船舶工程学院"；领导关系，按照国务院、中央军委国发〔1974〕42号文件《关于调整国防工业管理体制的决定》，实行黑龙江省和六机部双重领导，以省为主。

现随文发去"哈尔滨船舶工程学院"印章一枚。启用日期，由你院[illegible]定，并通知有关单位。

[illegible]你院全体同志在毛主席革命路线指引下，在党的一元化领导下，

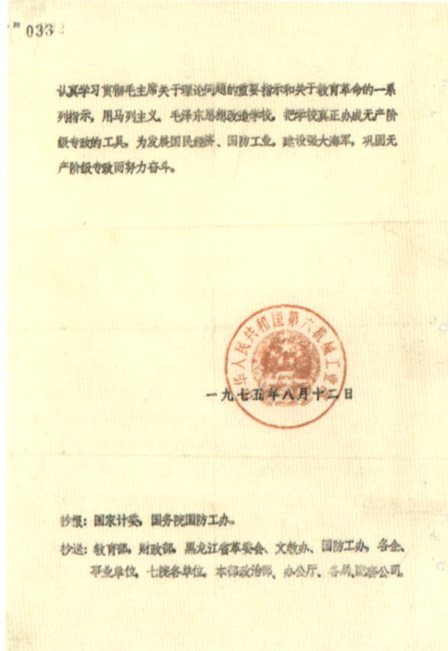

·033

认真学习贯彻毛主席关于理论问题的重要指示和关于教育革命的一系列指示，用马列主义、毛泽东思想改造学校，把学校真正办成无产阶级专政的工具，为发展国民经济、国防工业，建设强大海军，巩固无产阶级专政而努力奋斗。

一九七五年八月十二日

抄报：国家计委、国务院国防工办。

抄送：教育部，财政部，黑龙江省革委会、文教办、国防工办，各企、事业单位，七院各单位，本部政治部、办公厅、各局、[illegible]公司。

《关于船舶工程学院名称和领导关系的通知》【档案号 75A.3】

省和六机部双重领导，以省为主。”且“水中兵器系仍划归西北工业大学”，文件还要求学院为发展我国造船工业和建设强大的海军作出新的贡献。

1977 年，国家恢复高考，学院扩大招生规模，从全国统考中录取了 624 名考生，学制由三年改为四年。1978 年 2 月，国务院转发教育部《关于恢复和办好全国重点高等学校的报告》，确定 88 所高校为重点大学。哈尔滨船舶工程学院被确定为全国重点大学之一。这是卓明，冯捷等学院领导率领全校师生员工奋力开拓进取、抢抓发展机遇的结果，是学校发展史上的一个重要里程碑，对扩大学校的声望和影响，促进学校发展建设产生了深远的影响。

当时中央确定全国重点大学的原则是：从国民经济的实际情况出发，数量不宜增加过多，以便集中力量办好一批重点院校；必须是现有师资、设备、校舍等办学条件较好的学校。按照中央确定重点大学的原则，在当年十分有限的条件下，学院自筹建起仅用八年时间就被确定为全国重点大学，充分说明了领导集体坚强有力，广大师生奋发有为，办学举措卓有成效。

为提高办学层次，培养高级科技人才，学院决定从 1978 年起招收研究生，计划招生 27 人，实际招生 8 人，这也是学院发展史上影响深远的一件大事，

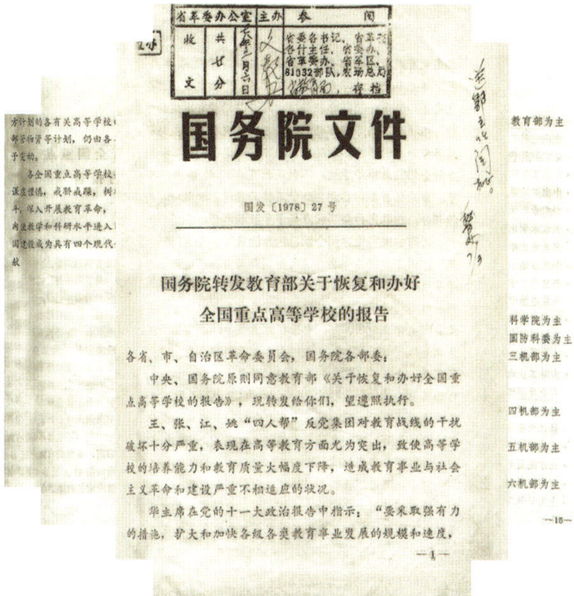

国务院文件

国发〔1978〕27号

国务院转发教育部关于恢复和办好全国重点高等学校的报告

各省、市、自治区革命委员会，国务院各部委：

中央、国务院原则同意教育部《关于恢复和办好全国重点高等学校的报告》，现转发给你们，望遵照执行。

王、张、江、姚“四人帮”反党集团对教育战线的干扰破坏十分严重，表现在高等教育方面尤为突出，致使高等学校的培养能力和教育质量大幅度下降，造成教育事业与社会主义革命和建设严重不相适应的状况。

华主席在党的十一大政治报告中指示：“要采取强有力的措施，扩大和加快各级各类教育事业发展的规模和速度，

—1—

《国务院转发教育部办好重点高等学院的报告》【档案号 G24.1978.1.0007】

对学院在20世纪80年代初成为国务院批准的首批拥有硕士、博士学位授予权的单位有直接的积极影响。

1978年，学院讨论制定了《哈尔滨船舶工程学院发展规划（1978~2000）》，《规划》瞄准国家重点大学应有的规格，强调既要大力加强基础理论教学，培养高水平科技人才，又要建设好教学与科研两个中心，注重科学研究与人才培养的结合；既要发挥长期以来形成的熟悉军用、学科比较配套、熟悉研究设计的优势，明确教学与科研的发展方向，又要根据国家需要调整和改造现有专业，加强基础，向新兴学科方向发展。这是学院的第一个中长期规划，是在学院被确定为全国重点大学后，为使学院的人才培养、科学研究、整体实力步入一流大学行列所作的发展规划。

经历八年建设，学院已经形成了一支实力较强的师资队伍，全校已有16个本科专业和7个硕士学位点。学院共承担大中小型科研任务136项，其中完成86项。某分系统计时装置及转换装置、某型减摇鳍、五个自由度适航性理论、某指挥仪小型化设计、JSZ-200系列数字石英钟、潜艇结构设计规范、300匹马力浅水推轮等七项成果在当年召开的全国科学大会上获奖，还获得了

黑龙江省科学大会奖七项。

1983 年 9 月，学院隆重举办建校 30 周年校庆。军委副主席聂荣臻元帅亲笔为学院题写了院名，军委副主席徐向前元帅勉励学院“建设现代化的学院，培养又红又专的科技人才”，国防部长张爱萍题词：“科学进军，海上扬威。”军委领导的题词，海军和国防科工委的贺信以及省委、船舶总公司领导参加校庆，极大地鼓舞了师生的学习和工作热情。学院开展了一系列以学术交流为主的庆祝、纪念活动，总结办学经验，宣传教学科研成果，扩大学院影响力。“三十而立”，从哈军工到哈船院，这所大学历经了创建、分建、改建、再筹建的曲折历程，一路走来，步履维艰，却终将前行。

1985 年 10 月，国家计委、财政部、教育部选择学院作为使用世界银行贷款加强重点学科建设的第二个大学发展项目的院校之一。至 1990 年 10 月，学院实际利用世界银行贷款 580 万美元，国内配套经费人民币 1298 万元，共采购设备 71 台套，集中建设了计算中心、航模实验水池、工程结构实验室、仿真实验和声学与信息专业实验室等七个实验室（中心），聘请吴耀祖等国际知名学者来院讲学，派出 50 名学者出国进修，购置外文原版图书 2335 册。

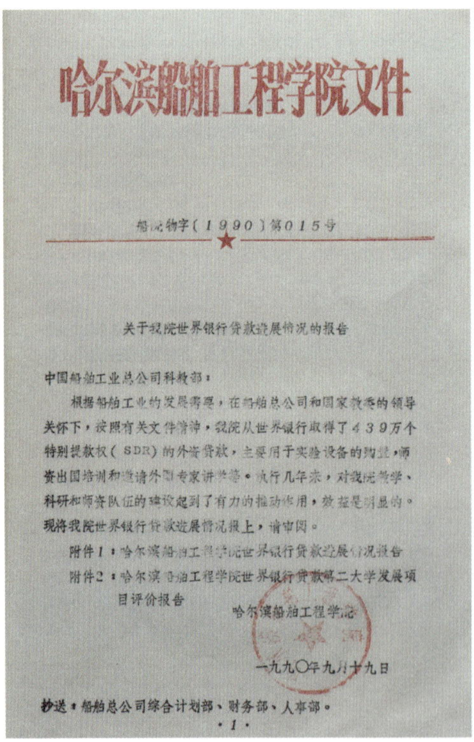
哈尔滨船舶工程学院文件

船院物字（1990）第015号

关于我院世界银行贷款进展情况的报告

中国船舶工业总公司科教部：

根据船舶工业的发展需要，在船舶总公司和国家教委的领导关怀下，按照有关文件精神，我院从世界银行取得了439万个特别提款权（SDR）的外资贷款，主要用于实验设备的购置，师资出国培训和邀请外国专家讲学等。执行几年来，对我院教学、科研和师资队伍的建设起到了有力的推动作用，效益是明显的。现将我院世界银行贷款进展情况报上，请审阅。

附件1：哈尔滨船舶工程学院世界银行贷款进展情况报告

附件2：哈尔滨船舶工程学院世界银行贷款第二大学发展项目评价报告

哈尔滨船舶工程学院

一九九〇年九月十九日

抄送：船舶总公司综合计划部、财务部、人事部。

·1·

学院上报船舶总公司《关于我院世界银行贷款进展情况的报告》【档案号 90A.27】

借助这笔资金，学校办学条件得以明显改善，七个新建的实验室极大地改善了学校的科研条件，在科学研究当中充分发挥了骨干科研平台的作用，为后来我校船海学科的崛起奠定了坚实基础。一大批教师的科研能力得到提高，科研图书资料也得到进一步丰富。

1993 年，为了力争进入“211

工程”，提高服务国防工业建设的能力，学院跻身国防科工委要重点办好的十所国防工业院校之一。9月，学校召开庆祝建院40周年大会，时任院长吴德铭说：“当前我国正着手实施具有重大意义和深远影响的，发展高等教育的‘211工程’，我们要在已经取得的显著成就的基础上，努力使学院成为培养高质量人才和研究高新科学技术的基地，在教育质量、科学研究和管理等方面达到国内先进水平，跻身于一流大学之林。”随后，时任党委书记陈大炎接受了学院校报记者的采访，具体回答了“211工程”的有关问题，要求全院各级干部和职工都来关心这项涉及学院发展的大事，抓住机会，跻身国内一流大学的行列。从此，带着对自身使命与责任的清醒认识，哈船院领导带领全院师生员工开始向“211工程”进军。

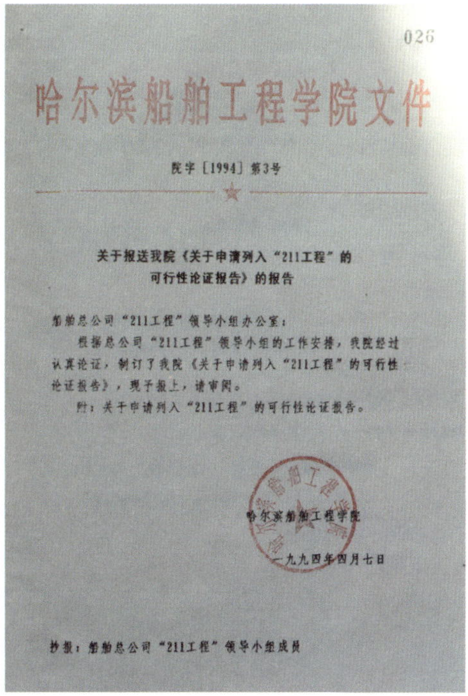

026

哈尔滨船舶工程学院文件

院字〔1994〕第3号

关于报送我院《关于申请列入“211工程”的可行性论证报告》的报告

船舶总公司“211工程”领导小组办公室：

根据总公司“211工程”领导小组的工作安排，我院经过认真论证，制订了我院《关于申请列入“211工程”的可行性论证报告》，现予报上，请审阅。

附：关于申请列入“211工程”的可行性论证报告。

哈尔滨船舶工程学院

一九九四年四月七日

抄报：船舶总公司“211工程”领导小组成员

学院上报的《关于申请进入“211工程”的可行性认证的报告》【档案号1994XZ11.1】

回首那段激情洋溢而又充满着艰难坎坷的岁月，你会发现，唯有忠于国家所托付的使命与责任的人，才能在那样的艰难岁月里，在捉襟见肘的条件下，依然坚守岗位和阵地，依然积极开展教学和科学研究，不计辛苦，不图报酬，全力把科教事业推到新的高度。这忠诚的传承，不但让哈船院度过了难关，也让我们相信，在未来的岁月，学校也一定能克服各种困难，直达海洋梦与强国梦的彼岸。

临危受命　忠定乾坤

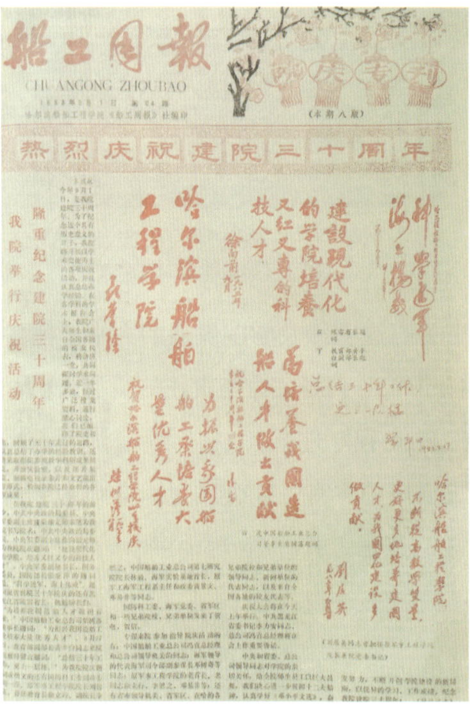
船工周報
CHUANGONG ZHOUBAO
热烈庆祝建院三十周年
我院举行隆重纪念建院三十周年庆祝活动

《船工周报》学院建院 30 周年特刊
【档案号 1983DB.18】

这是一份哈尔滨船舶工程学院时期创刊的校报——《船工周报》，它忠实地记载了自 1982 年以来学院的发展历程。

1983 年 9 月 1 日，学院举行建院 30 周年庆祝活动。已调任中国船舶工业总公司第七研究院院长的林毅老院长特地赶回学院参加庆典并作大会发言，他回顾了学校筹建的峥嵘岁月，对广大师生为学校发展建设所做出的贡献予以深情嘉许，希望学院在新的历史时期取得长足发展与进步，办成高水平大学。广大师生聆听着林毅院长追忆往事，思绪仿佛又回到了学院筹建初期那段难忘的岁月。

1971 年 10 月，时任第七机械工业部第三研究院院长的林毅奉命调任船舶工程学院党的核心小组第一副组长，全面负责学院的筹建工作。

1970 年 12 月，国务院、中央军委将学校命名为武汉船舶工程学院，并林毅，1917 年生，陕西华县人。1938 年加入中国共产党。曾任八路军 115 师晋西独立支队参谋，教导第二旅教育股副股长，鲁南军区作战股股长、第 3 团副参谋长。解放战争时期，历任鲁南军区警备第 8 旅 15 团团长，第一军分区参谋长，华东野战军鲁中南纵队第 47 师参谋长，第三野战军 35 军 103 师参谋长，华东军政大学第 5 总队总队长、训练部处长等职。新中国成立后，林毅先后任华东军区教导总队总队长，空军第 20 轰炸师师长，空军第一师师长，北京军区空军参谋长，国防科学技术委员会第 20 训练基地副司令员，国防部第五研究院三分院副院长，第七机械工业部第三研究院院长，哈尔滨船舶工程学院筹建领导小组组长，第六机械工业部副部长、党组成员兼第七研究院院长，中国船舶总公司第七研究院院长。1964 年晋升为少将军衔。2000 年逝世。

林毅

决定利用武汉通讯学校旧址办学。学校对设备仪器进行了拆卸、包装，做好了搬迁的准备。后经过调研，武汉通讯学校的校园及发展面积远达不到船舶工程学院的办学需要，全校教职员工被滞留原地。

此时学校还没有确定的领导班子，全院上下对学院的去向和建设意愿没有一致的看法，学院到底是“办”“搬”还是“散”，谁也拿不定主意。“办”就是留在哈军工大院继续办学；“搬”就是学院另择校址搬到合适的地方；“散”就是各专业直接与对口工厂结合，学院散伙。还有一种选择就是去江西九江，把多数专业与对应工厂相结合，学院改为科研中心的指挥机关。

哈尔滨船舶工程学院时期校门

学院筹建处随即向六机部及海军党委报告了因选址困难而造成的一系列问题：校址未定，给领导关系、人员思想及教学、科研、生产等许多方面都造成了影响，如果目前院址一时定不下来，暂时不能搬迁，急需在原哈军工的房子中借用一部分，以利筹建工作的正常进行。

正是在这关键时刻，林毅被任命为学院党的核心领导小组第一副组长、筹建领导小组组长，可谓临危受命。为尽快把学院工作引入正轨，林毅迅速搭建了各级领导班子。领导班子落定，干部就有了带头人，开展筹建工作就有了可靠的组织保证。

林毅到任后,即刻视察了原哈军工的校舍,他感叹道,“多好的军工教学楼，全国哪里去找？军工的影响多大，全国有几所大学有这么大影响！”在林毅看来，舰船专业靠海当然好，但不一定非得靠山吃山、靠水吃水，不靠海可以修个大水池搞模拟试验。就地办学还可有效利用哈军工多年积累起来的物质财富和精神财富。

1971 年 12 月，学院向六机部报告学院选址和基本建设规划方案时，就利用原址办学问题，提出：“请六机部审批后，速报中央计划会议批准，以便组织实施。如果不能批准，请考虑学院办与不办的问题，现在的状态不能再继续下去了。”报告展现了林毅院长雷厉风行的作风和当机立断的决心，正是在这久拖不决、悬而未定的关键历史时刻，林毅院长果敢地决定“就地办学”，迈出了筹建工作的关键性一步。

1972 年初，学院党的核心领导小组达成了立足哈尔滨本地办学的共识。在认真做好领导班子成员和群众思想工作的同时，林毅亲自带队向六机部领导汇报，并以六机部名义向海军报告；随后，海军党委向国务院李先念副总理和中央军委副主席叶剑英做了《关于解决船院校舍问题的报告》；8 月，中央军委（72）国发 64 号文件批复：“同意从原哈尔滨军事工程学院校舍中拨 19 万平方米给船舶工程学院”，以林毅院长为首的院党的核心领导小组当机立断的决策，为学校解决了校址、校舍问题。

林毅院长十分关心教师成长。文革中“知识越多越反动”的谬论严重挫伤了教师队伍投身教学、专心科研的积极性。他鼓励大家重燃教学和科研热情:

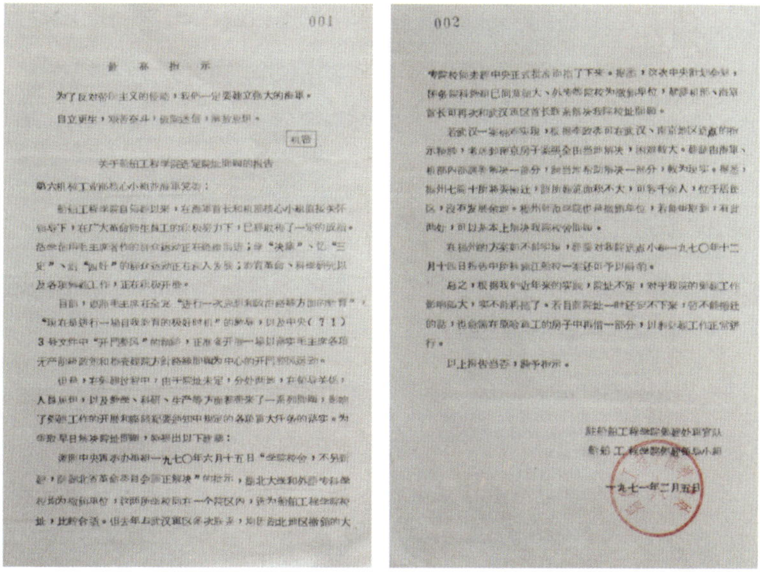
001

机密

002

以上报告当否，请予指示。

一九七一年二月五日

船院上报六机部《关于船舶工程学院选定院址问题的报告》【档案号 71C.2】

“办大学不调动教师的积极性，不提高青年教师的科学文化素质，怎么能行？我们要鼓励教师搞业务进修，从事科学研究，写学术论文，参加学术讨论，坚持下去，不要怕这怕那。哪有那么多‘右倾回潮’！”

林毅院长认为，“师资队伍是办好一所大学的重要基础”。学院筹建之初，基础薄弱、专业不配套、教师队伍数量少，严重缺少基础课和新建专业的教师。在他的领导和有关部门的支持下，学院调入了大批教师。教师选调工作，充分展现了他勇于进取，敢于担当的军人气质。

文革中，林毅院长顶住压力，坚持推进学院建设工作，毅然任用了一批骨干教师组织领导教学和科研工作。海外学成归来，曾任哈军工海军工程系副主任的顾懋祥教授，1968 年被当作“反动学术权威”受到批斗，蹲进了“牛棚”，学院筹建时却被林毅院长任命为学院训练组副组长。面对质疑，林毅院长的回答充满了对人才的关心爱护：“选拔人才不要总盯着一个同志的家庭出身、社会关系、个人历史不放。”

林毅院长尊重知识、尊重人才，敢用人、会用人，打造出了一支推动学院发展的中坚力量。他不仅使一大批在文革中受到批斗的骨干教师振作起来，重燃起为学院贡献心力的热情，还大力培养青年新生力量，为学院的发展建设奠定了坚实的人才基础。林毅院长坚持原则和敢于担当的作风鼓舞了教师队伍的士气，正确的决策有效弥补了师资队伍的空白和断档。

1972 年，国家开始招收工农兵学员进入大学学习。但 1966 年各类学校“停课闹革命”后，高校已经多年未招生，培养能力已不比从前。此时船舶工程学院正处于筹建初期，在院址未定、专业未定、教师缺乏的条件下，是否也参与招生，大家有不同的看法，不少人认为不具备招生条件。而林毅院长力排众议，认为“只有人才培养的过程才能牵动学校的全面发展”“学校不招学生就好比农民不种地、工人不做工一样不能容忍。”

在林毅院长“尽早招生，为国家培养高素质人才”意见的主导下，学院党的核心领导小组作出了“边建边干，立足原地办学，当年开始招生”的决定。这一决策的实施，以“招生、开学、教学”为中心，调动起了广大教职工的工作积极性。3 月，学院派出招生组奔赴全国 14 个省、市、自治区和部队，共招收了 110 名学生。与此同时，各院系、教研室也围绕招生和开学开始了紧锣密鼓的准备工作。7 月 1 日，学院举行第一期工农兵学员开学典礼，再次开学标志着学院进入了一个新的发展阶段。

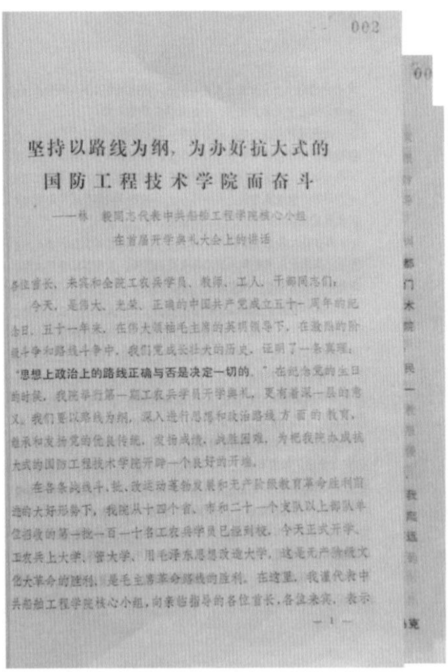
002

坚持以路线为纲，为办好抗大式的
国防工程技术学院而奋斗

——林　毅同志代表中共船舶工程学院核心小组
在首届开学典礼大会上的讲话

各位首长、来宾和全院工农兵学员、教师、工人、干部同志们：

今天，是伟大、光荣、正确的中国共产党成立五十一周年的纪念日。五十一年来，在伟大领袖毛主席的英明领导下，在激烈的阶级斗争和路线斗争中，我们党成长壮大的历史，证明了一条真理：“思想上政治上的路线正确与否是决定一切的。”在纪念党的生日的时候，我院举行第一期工农兵学员开学典礼，更有着深一层的意义。我们要以路线为纲，深入进行思想和政治路线方面的教育，继承和发扬党的优良传统，发扬成绩，战胜困难，为把我院办成抗大式的国防工程技术学院开辟一个良好的开端。

在各条战线斗、批、改运动蓬勃发展和无产阶级教育革命胜利前进的大好形势下，我院从十四个省、市和二十一个支队以上部队单位招收的第一批一百一十名工农兵学员已经到校，今天正式开学。工农兵上大学、管大学、用毛泽东思想改造大学，这是无产阶级文化大革命的胜利，是毛主席革命路线的胜利。在这里，我谨代表中共船舶工程学院核心小组，向亲临指导的各位首长、各位来宾，表示

— 1 —

林毅在首届工农兵学员开学典礼大会上的讲话
【档案号 72A.2】

以招生、开学为驱动力，全面带动教学工作恢复和提升，充分体现了林毅院长对科教事业的深谋远虑和远见卓识。高校的主要任务就是培养人才，着手招生，就紧紧抓住了学院工作的“牛鼻子”，抓住了启动学院中心工作的关键所在，极大地促进了学院整体筹建工作步伐的加快。1972 年的招生与开学，既与哈军工“边建、边教、边学”的优良传统一脉相承，又为加快筹建步伐，为日后跨入全国重点院校行列赢得了发展先机。

林毅院长十分关心学生学习，72 级的工农兵学员到校上课后，他经常早上到各教室看望学生，鼓励学生努力学习，强调上课前早读英语很有效。为解决推荐入学的工农学员文化程度参差不齐问题，学院成立预科，实行分班教学。

面对当时的政治形势，林毅院长秉承实事求是的基本原则，以高超的思想政治工作方法，将全院师生的思想统一到正确方向上来。他提出了要分清一系列界限，包括：刻苦学习与资产阶级名利思想的界限，大胆抓业务与学术挂帅的界限，加强必要的基础理论教学与脱离实际的界限，发挥原有教师队伍作用与资产阶级知识分子统治学校的界限，对学员严格要求与分数挂帅的界限。分清这些界限实际上是对教学工作中极“左”思想的纠正，带有很强的政策性与思想性，为建设高素质的教师队伍、培养高质量的人才起到了重要的导向作用，这在当时“以阶级斗争为纲”“政治挂帅”的大气候下，是极具胆识与魄力的。

学校发展建设的大事，林毅院长挂在心头；群众的切身利益，他也牢牢记在心上。当年，很多外地调来的教职工居住条件比较艰苦，没有适当的住房。林毅院长讲：“没有房子就留不住人才。”他亲自找黑龙江省军区相关领导商谈，找地皮，找施工队，连夜平整土地、挖掘地基，极短时间内就建成了四栋占地两万平方米的宿舍，较好地解决了教职工住房问题。为解决学院部分干部夫妻两地分居的问题，他亲自组织学院相关部门召开会议，专题研讨，寻求解决办法。他还深入基层，了解食堂、托儿所、集体宿舍等与普通群众的生活密切相关的各种问题，认真听取师生意见，从善如流，解决了许多实际困难。

在林毅院长的大力推动下，学校各项工作得到了全面的恢复和发展。到 1975 年，林毅院长调任六机部七院党委书记兼院长时，学院教职工队伍已发展到 1800 多人，新建了一批学科专业，科研项目和经费也有所增长。

虽然林毅院长在哈船院工作了三年多就调任履新，但他所做出的重大历史性贡献，对于学校的存继、建设与日后的发展，起到了决定性的作用。可以说，在那个动荡不安的年代，在学校风雨飘摇之时，如果没有林院长把握方向，带领全校师生自力更生，克服困难，艰苦创业，是否还有当时的哈船院、

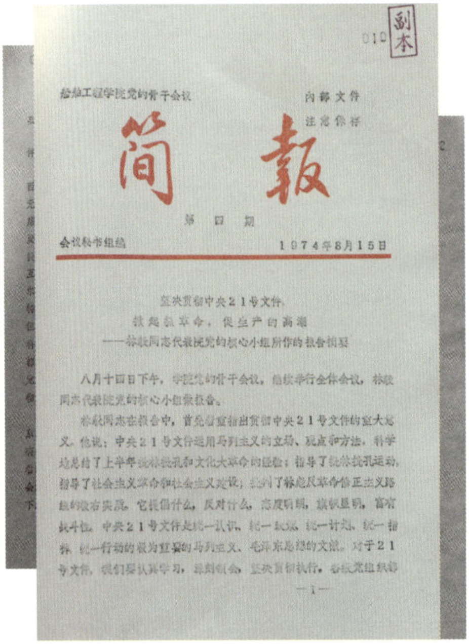

副本 010

船舶工程学院党的骨干会议　　内部文件　注意保存

简報

第四期

会议秘书组编　　1974年8月15日

坚决贯彻中央21号文件
掀起抓革命，促生产的高潮
——林毅同志代表院党的核心小组所作的报告摘要

八月十四日下午，全院党的骨干会议，继续举行全体会议，林毅同志代表院党的核心小组作报告。

林毅同志在报告中，首先着重指出贯彻中央21号文件的重大意义。他说：中央21号文件运用马列主义的立场、观点和方法，科学地总结了上半年批林批孔和文化大革命的经验；指导了批林批孔运动，指导了社会主义革命和社会主义建设；[illegible]了林彪反革命修正主义路线的[illegible]实质。它提倡什么，反对什么，态度明确，旗帜鲜明，富有战斗性。中央21号文件是统一认识、统一政策、统一计划、统一指挥、统一行动的极为重要的马列主义、毛泽东思想的文献。对于21号文件，我们要认真学习，深刻领会，坚决贯彻执行。各级党组织[illegible]

—1—

《林毅同志代表院党的核心领导小组所作的报告摘要》【档案号 74B.2】

今天的工程大学就不得而知了；如果没有他争取办学空间，选定校址收回校舍，今天学校办在哪里就无人知晓了；如果没有他“边建、边教、招生、开学”等远见卓识的正确决策，学校在当时和今天是否能步入国家重点大学行列，也就很难讲了。

2000 年 8 月，已是耄耋之年的林毅老院长仍念念不忘工程大学的建设与发展，就在他去世的前两个月，他又一次回到学校，这也是他最后一次看望他倾注心血、砥砺奋斗、为之魂牵梦绕的学校，留下了最后的期望与嘱托。他与时任校领导长谈，提出了“品牌”战略：“学校的发展要有品牌意识，品牌就是效益，我们的学校在发展的同时要注重宣传，通过多种形式和渠道扩大知名度，树立起具有自己特色与魅力的品牌。”

2008 年，学校在对校园新区道路命名时，将校园中沿马家沟河边的道路命名为“林毅路”，以永远纪念林毅院长为学校发展建设所作出的重大历史性贡献。

林毅路路牌

超常举措　汇聚人才

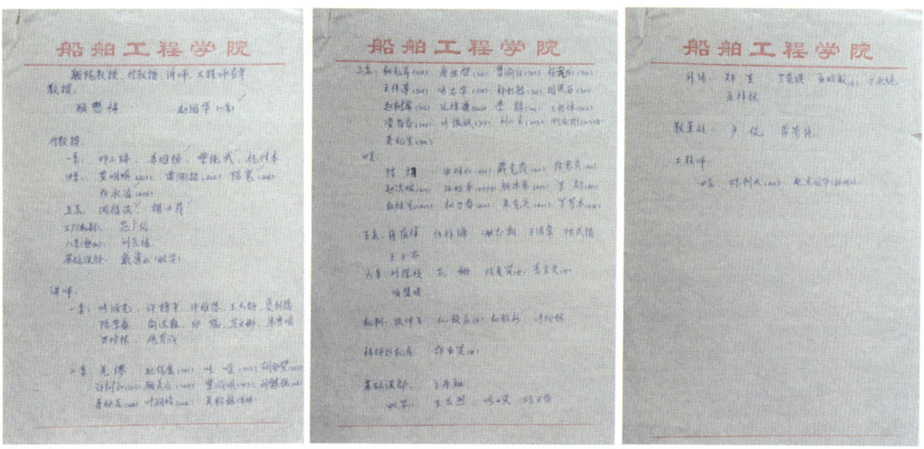

船舶工程学院教授、副教授、讲师和工程师名单的手写稿【档案号 70A.538】

这份档案是学院筹建伊始一份手写的《船院教授、副教授、讲师、工程师名单》，几张薄纸上寥寥不多的名字，就是当时学院的全部师资骨干。名单所统计的全院讲师（工程师）以上的教学、科研人员仅有 96 人，其中教授仅有 2 人，副教授也只有 13 人，师资力量的薄弱程度可见一斑。

学院筹建初期人才紧缺，当时舰船工程系教职工一共只有 350 人，其中专业教师 200 余人，干部 80 余人。这个“家底”就算是办一所规模很小的学院，有限的教师也很难承担起全面的教学、科研、生产任务，干部更不足以搭建完整的组织机构，更不要说在白手起家的背景下，达到上级“将原来‘船’‘机’‘电’十来个专业扩充到 24 个专业和 4 个研究室”

这一要求。

虽然条件异常困难，但只要肯动脑筋，办法总是会有的。以林毅院长为首的核心领导小组创造和运用“超常规的热情、超常规的努力、超常规的举措”克服各种困难，并藉此落实干部政策和知识分子政策，通过多种渠道持续汇集人才，最终构建了高水平的教师队伍和干部队伍。

学院刚筹建，就向原哈军工各部系商调人员，迅速集结了一批学院的办学骨干力量。学院通过六机部向国防科委提出，为独立建院，需要哈军工给学院调整部分教师、管理干部和工人，并明确提出需要数字电子指挥仪和火箭（导弹）专业的教师、实验员以及实验设备。

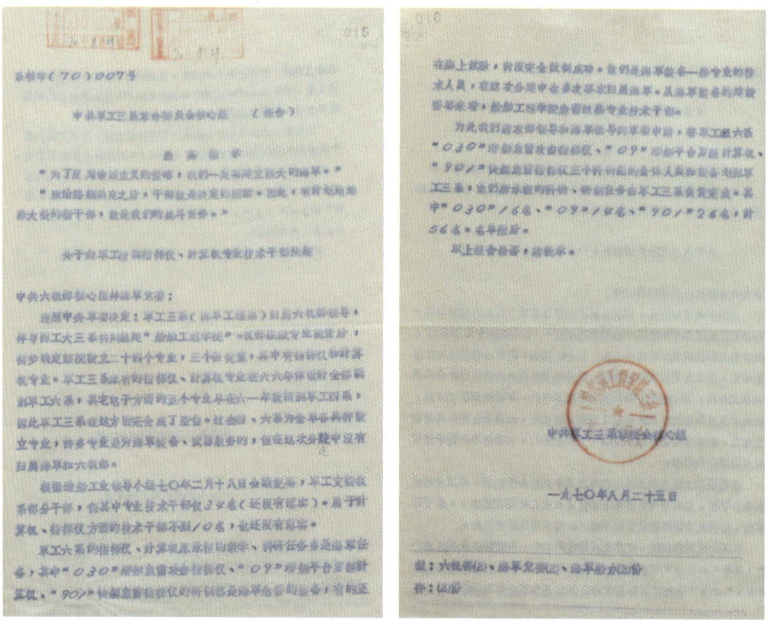

学院上报六机部的《关于向哈军工请调指挥仪、计算机专业技术干部的报告》【档案号 70A.3】

在当时的政治环境下，按照上级有关要求，哈军工南迁长沙的人员是“越少越好，越纯越好”，组织上对教职员工逐个进行审查，上千名干部、教师和工人留在哈尔滨，成立了留守处，等待再分配。这无意中帮了学院筹建处的大忙，留守处中暂时去不了长沙的各部、各系的教员和干部们，听说哈军工“海军工程系”独立建院需要人，纷纷登门报名，要求“上船”，还有一些南迁教师听到了学院筹建的消息，又从长沙回到了哈尔滨。在海军和六机部有关领导的支持下，学院通过与哈军工协调，采取本人申请，组织推荐，筹建处选定的办法，直接选调了干部、教师和工人数百名。至学院开学招生时，原哈军工教师占到了教师总数的 80%。

学院还从哈军工 64 级和 65 级的毕业生中选拔了 75 人，在对他们定位定向后，以进修班的形式集中培训一年，重新“回炉”补学所缺的大学课程。学院组织骨干任课教师对他们进行传帮带，采用启发式、讨论式的教学方法，重点培养他们的自主学习能力、分析能力和研究解决问题的能力。毕业生们的专业水平和学习研究能力得以迅速提高。

学院还争取到地方支持，从“文革”中所谓“降级分配”到省内各地市县的理工科大学毕业生中选调了部分优秀人才充实到青年教师队伍当中。这些所谓的“可以教育好的子女”，或在运动中“站错了队”的各高校毕业生因种种政治原因，都被“降级分配”后散布在黑龙江省各地、市、县。招收他们到学院担任专业教师，在当时是需要承担政治风险的，学院党的核心领导小组以科教兴国为第一使命，果断决策，报请省革命委员会同意，选调了部分学院建设所急需的优秀人才，共调进哈军工、哈工大和清华大学等高校的历届大学毕业生 200 多人，极大地充实了学院的师资队伍，通过在职进修，打造了一大批教学科研的中坚骨干。

学院同时通过以解决职工夫妻两地分居问题为切入点，进一步壮大了教职工队伍。教职工夫妻两地分居是长期悬而未决的问题，影响人心安定。学院筹建领导小组经六机部和省、市的同意，从本省除哈尔滨市以外的各地及其他省、市调进了一批教职工家属，使相当一部分职工夫妻长期两地分居的问题得到了解决，并将其中一些具有大学或大专文化程度的人员充实到师资和干部队伍中，将部分家属充实到后勤等管理岗位上。到 1975 年底，学院的教职工总数已达 1867 人，教学科研、行政管理、后勤保障等各方面机构搭建完毕，人员基本配齐，为学院的稳步发展奠定了基础。

学院筹建完成，步入正常发展的轨道后，学院对师资队伍建设从战略与战术两个层面进行了总体规划。1978 年，学院制定了哈尔滨船舶工程学院发展规划，第一次将师资队伍建设提升到了战略高度。《规划》提出了加强师资队伍建设的三点措施：一是抓好研究生和师资班工作。学院安排较强的教学力量培养研究生和师资班，着重培养学科基础课教师，优秀毕业生可试行五年兼修制（兼修完大学与研究生课程），毕业后作为研究生留校任教，这项超常举措短平快地充实了师资力量。二是充分挖掘教师潜力，迅速提高教学科研业务能力。学院通过进行“三定”（定方向、定岗位、定任务），安排饱满的工作量，让教师在紧张的教学、科研任务中锻炼提高；通过广泛开展进修活动，大力开展院内外学术交流，派遣教师出国考察进修，聘请国内外的专家来院讲学，让教师在进修学习中提高；通过进一步建立健全教师进修考核晋级制度，调动广大教师的工作积极性。三是招贤纳才，积极引进和调入科教人才。向国家分配机关说明学院建院现状，争取更多教师分配名额。

在规划出台之前，教师的职称评定已经中断了十多年。规划实施后的三年间，学院按照国务院要求，重新恢复“确定与提升教师职称”工作，共有 858 名教师确定或晋升了职称。其中教授 7 人、副教授 79 人、高级工程师 2 人，讲师 497 人，工程师 54 人。职称的评定和晋升，极大地鼓舞了教师的士气，对于他们刻苦进修、钻研教学、开展科学研究、活跃学术氛围起到了很大的推动作用。

学院还举办了线性代数、概率与统计、测试论、离散分析、弹性力学、塑性力学、计算机网络及微处理机计算机原理和应用等几个专题进修班，举办英语、日语等不同层次的外语培训班，共培训教师 500 多人次。通过培训，三分之二的教师达到第一外语过关的水平，在全国教师出国考试中，学院参加考试的教师成绩在黑龙江省和六机部系统都名列前茅。学校还选送 28 名教师出国进修，170 多名教师到国内其他高校和科研院（所）等单位进修。绝大部分中青年教师已逐步能胜任教学工作，担当了教学科研的生力军。

1982 年，学院实施了一项战术层面上的师资培养计划：以青年教师为重点，坚持在职提高为主、离职进修为辅，加强学术带头人的选拔和培养；出国、校外进修优先安排学术带头人、学科骨干和优秀中青年教师；把教师队伍建设和教学科研结合起来，把教书育人与师资培养结合起来；改革教学工作考评办法，根据教师个人钻研业务情况、教师课堂教学与管理、教研室教学研究活动、教研室学术活动情况、教案及作业展览、辅导答疑等 10 个单项工作落实情况，对各教学单位予以考评排队，激发各教学单位的集体荣誉感，促使他们重视教学科研和教师管理，藉此促进教师教学科研水平提高。

学院先后派遣 30 多人出国考察，20 余人参加各类国际学术会议。一些教授、副教授先后被聘请出国合作讲学。这些留学人员归国后，许多成为了院系领导、学科带头人，成为了支撑学院发展的中坚力量。到 1985 年，学院已基本建成了以学术造诣较高的教授、副教授为学术带头人，以业务水平高、有所建树的中青年教师为学术骨干的、结构较为合理的教师梯队。

1985 年，学院制定了七年发展规划，明确了师资队伍建设的具体目标和措施：在各学科领域造就 30 名居国内领先地位的学术带头人，其中 10 名成为国际上有一定影响的学者；全校教师正副教授占比达 38%，绝大多数教师做到既能讲课，又能独立开展科学研究。

学院想方设法发动一切力量，利用一切渠道，创造了尽可能的条件打造优秀师资队伍。学院重视培养新生力量，选拔了 120 名研究生补充到教师队伍当中，并将其中超过 1/3 的新教员送到其它院校交流学习，以打破“近亲繁殖”的面局。学院多方拓宽渠道派遣教师出国进修，鼓励攻读博士学位；每年定额输送教师到国内著名大学进修；积极开展各种国内学术交流，合作研究活动；有计划地聘请国外兼职教授，引进国外智力；结合学院科研工作，试行教学科研工作交叉进行；配套完善实验、图书、情报、医疗、管理人员队伍；加快各项改革，实行人才流动，

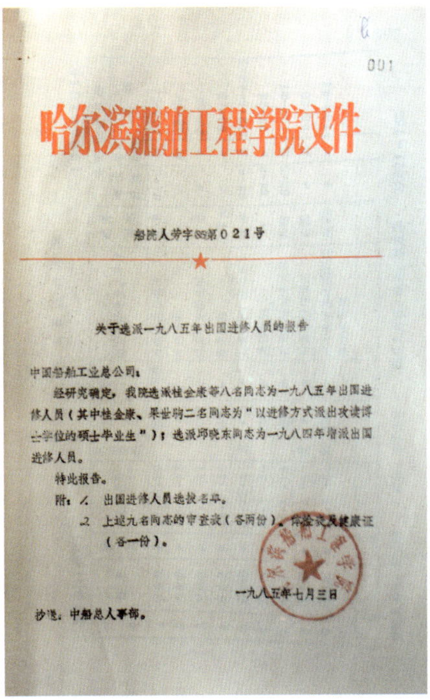

001

哈尔滨船舶工程学院文件

船院人劳字85第０２１号

关于选派一九八五年出国进修人员的报告

中国船舶工业总公司：

经研究确定，我院选派桂金康等八名同志为一九八五年出国进修人员（其中桂金康、栗世驹二名同志为“以进修方式派出攻读博士学位的硕士毕业生”）；选派邱晓东同志为一九八四年增派出国进修人员。

特此报告。

附：1. 出国进修人员选拔名单。

2. 上述九名同志的审查表（各两份）、体检表及健康证（各一份）。

一九八五年七月三日

抄送：中船总人事部。

学院上报船舶总公司关于选派出国进修人员的报告【档案号 85B.12】

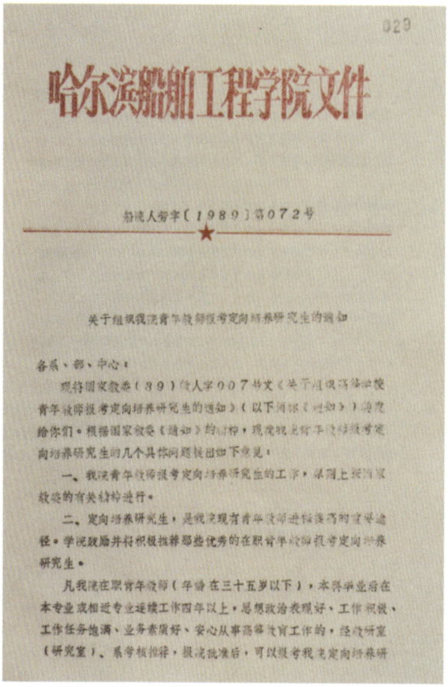

029

哈尔滨船舶工程学院文件

船院人劳字〔1989〕第072号

关于组织我院青年教师报考定向培养研究生的通知

各系、部、中心：

现将国家教委（89）教人字007号文《关于组织高等学校青年教师报考定向培养研究生的通知》（以下简称《通知》）转发给你们。根据国家教委《通知》的精神，现就我院青年教师报考定向培养研究生的几个具体问题提出如下意见：

一、我院青年教师报考定向培养研究生的工作，原则上按国家教委的有关精神进行。

二、定向培养研究生，是提高现有青年教师业务水平的重要途径。学院鼓励并将积极推荐那些优秀的在职青年教师报考定向培养研究生。

凡我院在职青年教师（年龄在三十五岁以下），本科毕业后在本专业或相近专业连续工作四年以上，思想政治表现好、工作积极、工作任务饱满、业务素质好、安心从事高等教育工作的，经教研室（研究室）、系等推荐，报院批准后，可以报考我院定向培养研

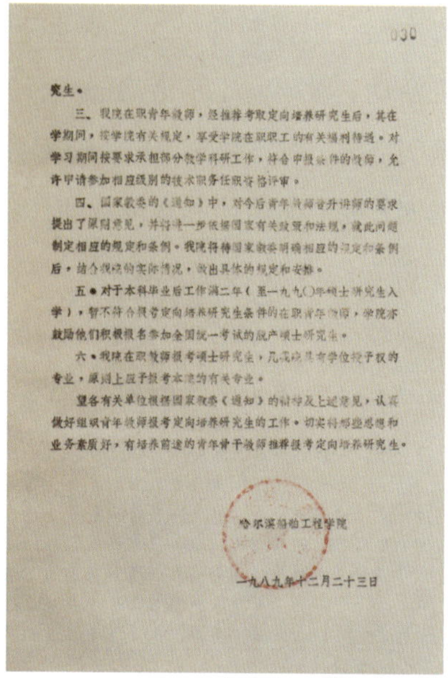

030

究生。

三、我院在职青年教师，经推荐考取定向培养研究生后，其在学期间，按学院有关规定，享受学院在职职工的有关福利待遇。对学习期间按要求承担部分教学科研工作，符合申报条件的教师，允许申请参加相应级别的技术职务任职资格评审。

四、国家教委的《通知》中，对今后青年教师晋升讲师的要求提出了原则意见，并将进一步依据国家有关政策和法规，就此问题制定相应的规定和条例。我院将待国家教委明确相应的规定和条例后，结合我院的实际情况，做出具体的规定和安排。

五、对于本科毕业后工作满二年（至一九九〇年硕士研究生入学），暂不符合报考定向培养研究生条件的在职青年教师，学院亦鼓励他们积极报名参加全国统一考试的脱产硕士研究生。

六、我院在职教师报考硕士研究生，凡我院具有学位授予权的专业，原则上应予报考本院的有关专业。

望各有关单位根据国家教委《通知》的精神及上述意见，认真做好组织青年教师报考定向培养研究生的工作。切实将那些思想和业务素质好，有培养前途的青年骨干教师推荐报考定向培养研究生。

哈尔滨船舶工程学院

一九八九年十二月二十三日

《关于组织我院青年教师报考定向培养研究生的通知》【档案号 89B.14】

并在流动中优化；加强管理，完善各种管理制度，尤其是“岗位责任制”。

当年，为了大规模地培养学术带头人和骨干教师，国家决定在部分师资较强、实验设备和图书资料条件较好的高校举办教师研讨班、接受国内访问学者。学院因师资队伍建设卓有成效，具备了较优的师资培养条件，也成为首批接受国内访问学者的45所高校之一、首批举办教师研讨班的41个高校之一，共有3个专业、6个研究方向接受国内访问学者前来交流学习。

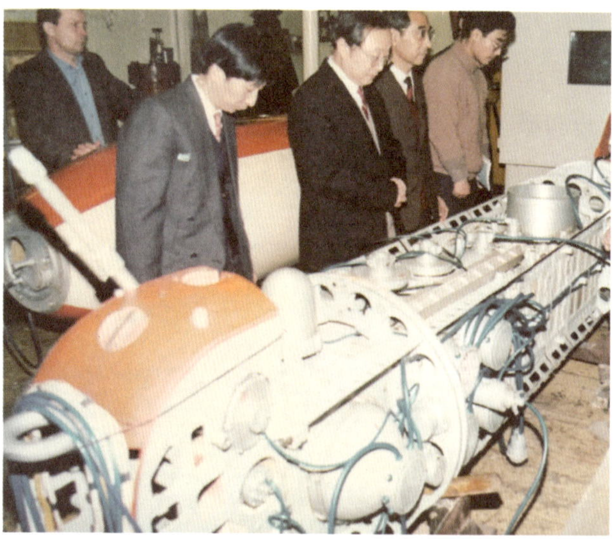

学院代表团在俄罗斯科学院远东分院海洋技术问题研究所参观考察【档案号 1992.SX11.1】

学院还先后邀请日本、美国、加拿大、

意大利、西德、瑞典等国家近百名学者、教授来院进行学术交流和讲学。学院先后与日本长崎综合科技大学、西德汉堡大学造船学院以及美国东南路易斯安娜大学建立了校际协作关系，进一步提升了学院师资队伍的整体水平。

20 世纪 90 年代初，学院开始实施新的“人才工程”，其中包括加大优秀青年人才吸引力度，加速开展博士生教育，提高留校人员博士比例，积极扩大博士后研究工作等。对来院工作的教师，学院贯彻“来去自由”的方针，在住房分配、科研经费、科研项目审批、实验设备等方面都给予最优惠的政策。学院积极加强研究生导师队伍建设。从具有教授和副教授职称的人员中遴选研究生导师，要求导师应在一个学科、专业内稳定地招收、培养研究生，不得随意转换专业，同时必须承担科研项目和掌握科研经费，以保证研究生能够顺利完成学位论文。

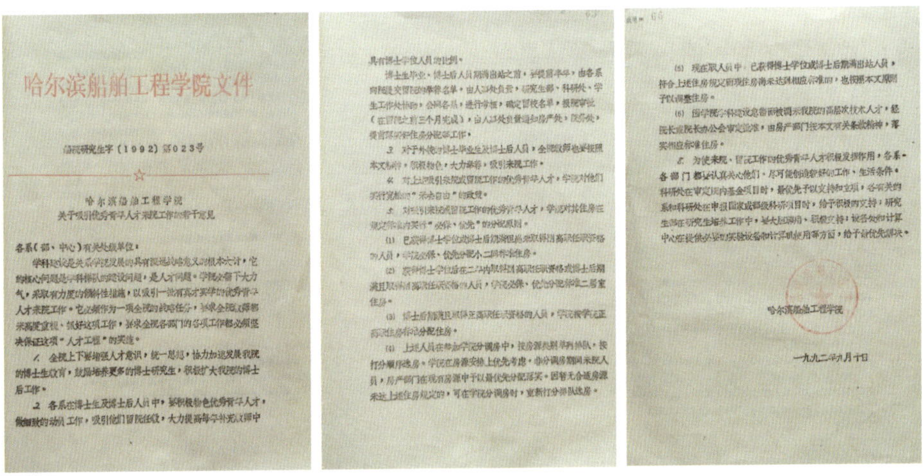
哈尔滨船舶工程学院文件

（1992）第023号

哈尔滨船舶工程学院

关于吸引优秀青年人才来院工作的若干意见

一九九二年九月十日

哈尔滨船舶工程学院

《哈尔滨船舶工程学院关于吸引优秀青年人才来院工作的若干意见》【档案号 G25.1992.2】

学院注重学科带头人的选拔与培养，在若干个重点学科锻炼出了一批在国内本学科水平较高、影响力较强的学科带头人；同时加强对青年教师的培养和锻炼，打造出了年龄层次、水平结构合理的教师梯队。学院设立青年教师培养基金，建立健全青年教师岗位培训制度，举办青年教师外语提高班和数学读书班，建立青年教师导师制度，认真贯彻国家教委关于青年教师必须参加社会实践锻炼一年的措施，职务评审要划出一定比例作为优秀青年教师专用。1991 年 11 月，学院举行第一次青年教师破格晋升副高级职称评审会，13 名教师破格晋升，他们后来大都成长为学院各学科的骨干教师和学术带头人，当年破格晋升的杨德森教授于 2015 年当选为中国工程院院士。

到哈船院时期结束时，学院专任教师已达 800 多人，建起了 7 个博士点、26 个硕士点和 31 个本科专业，创造了一大批科研成果，为后来学校的成长与发展奠定了坚实的人才与学科基础。

人才培养是大学的第一使命，而培养树己树人的教师，则是完成这一使命的根本前提。在当年动荡的局势下，极为有限的条件下，哈船院超越常规、多途并举，恢复建立完整的师资队伍的宏图壮举，在兄弟院校师资队伍建设中也堪称经典案例。这是院党委正确领导的结果，是教职工们努力拼搏的结果，更是全院同志忠于党的领导，忠于国家需要，忠于教育事业的奋斗成果。推动哈船院师资队伍筹建与发展的卓越理念与超常举措，是哈船院留给后人的一笔宝贵财富，值得后继者认真学习与借鉴。

忠于使命　调整定位

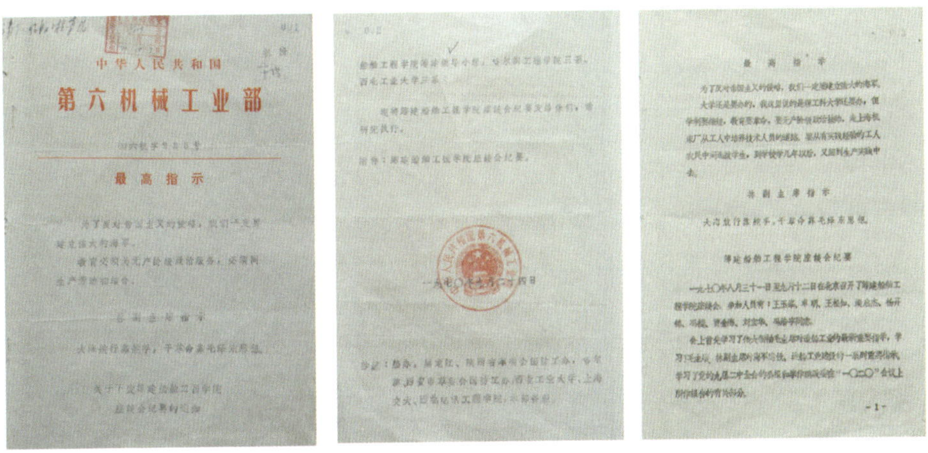

《筹建船舶工程学院座谈会纪要》【档案号 70A.1】

《筹建船舶工程学院座谈会纪要》是学院筹建最重要的档案资料之一。1970 年 8 月 31 日至 9 月 12 日，根据军委批示和海军、六机部的指示，相关单位在北京召开了筹建船舶工程学院座谈会，明确了学院的规模、体制、专业设置及当前安排等重要事项，对学院的性质和任务作了定位：“船舶工程学院是为无产阶级政治服务，为国防建设服务，为海军建设服务，为造船工业服务的理工科学院。担负培养有社会主义觉悟的、有科学理论又有实践经验的、为社会主义事业服务的劳动者。”《纪要》是学院筹建初期建院的主要依据，第一次确定了学院建设的历史使命。

哈军工的海军工程系是组建船舶学院的主要力量，一直以来，为海军的现代化建设服务，为海军培养高技术人才和研制、改进武器装备就是该系的主要任务，因此，学院每个人心中都有着深深的海军情结。早在 1968 年，哈军工就曾向国防科委提交了《关于建议将军事工程学院原海军工程系转交海军充实加强海军技术力量的报告》，建议将海军工程系的人员、设备转回海军，充实和加强海军的技术力量。在调整隶属第六机械工业部后，学院又曾为归属海军做出了长久的努力。在上个世纪 70 年代，学院多次向中央军委、国务院、海军党委和六机部等上级单位建议学院归属海军领导。

1970 年初哈军工搬迁时，学院隶属关系还没有正式明确，海军工程系在认真总结了 17 年的办学经验基础上，向海军党委提出了创办一所海军技术学院的基本思路，提出了两个办学方案：一是以海军工程系为基础办一所“小而全”的海军技术学院，专业设置包括“船、机、电、电子装备与兵器等”，做到基本配套；二是将海军工程系并入武汉海军工程学院，办一所二部制的海军技术学院，为海军培养研究试制方面的技术人员。此后，学院为归属海军先后又有 4 份报告不断送达国务院、中央军委及海军。1972 年 8 月，学院向海军及中央军委建议将船舶工程学院划归海军领导。1973 年 2 月，学院又向叶剑英副主席及中央军委提出《关于重建军事工程学院的建议》，建议提

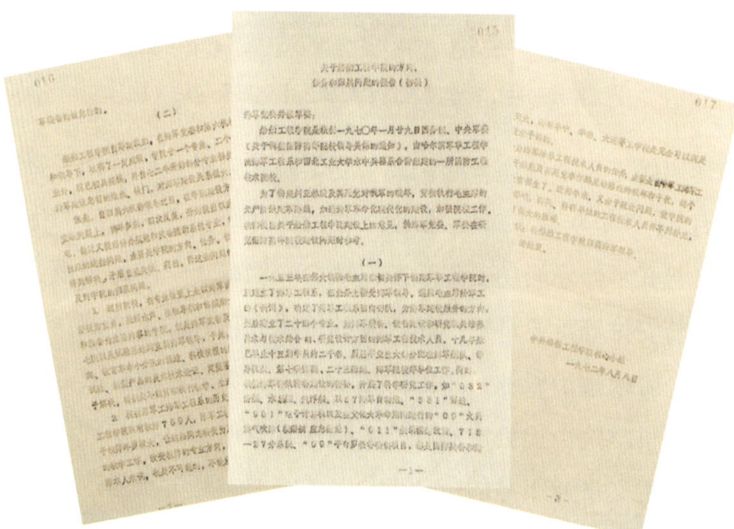

学院上报海军党委和中央军委的《关于船舶工程学院的方向、任务和归属问题》报告【档案号 72C.2】

出了两个办学方案：方案一是利用哈尔滨原校址，以原军事工程学院为基础，建立一所经过改造和提高的综合性军事工程技术学院，面向全军，为国防现代化服务，为加强海军建设，重建时应把船舶工程学院包括在内；方案二是以船舶工程学院为基础，在哈尔滨建立一所海军军事工程技术学院，为海军建设和造船工业服务。1977 年 11 月，学院向国务院、中央军委呈送了关于恢复海军对船舶工程学院领导体制的请示报告，报告回顾了海军工程系服务海军建设的发展历程，分析了现有归属体制的弊端，认为“恢复海军对学院领导的体制，办一所海军科技学校是可行的。”1978 年 12 月海军党委向叶剑英、邓小平副主席、王震副总理报告，请示将哈船院归海军管理。

哈军工时期，海军工程系设什么专业，培养什么人，是按照海军建设发展的需要确定的。该系在 17 年的办学历程中，为海军培养了一大批使用、维护、修理武器装备的技术人员和研究设计海军新式武器装备的技术干部；进行了气垫船、水翼艇、鱼雷、舰炮、鱼雷射击指挥仪等一系列海军新式武器装备的研究和试制；锻炼了一支既有技术理论基础又能研制海军武器装备，既有军事素养又懂海军战术知识的教师队伍。船舶学院筹建时，师资力量大多数来自哈军工，在助教以上教学技术人员中，哈军工的教师和毕业生占比 74%，这些教师熟悉海军的需要，了解海军武器装备技术现状与发展方向，对海军有着深厚的思想感情。筹建期间，学院仍承担了海军的一些重点科研项目，如 718 工程的水声测量系统、惯性导航系统、海鹰二号导弹射击指挥仪、小型空对舰导弹的预研项目、62 型消摇鳍等等。因此，学院认为，考虑到历史服务面向，学院归属海军可以继续发挥教师专长，迅速健全海军工程技术人员的培训体系，承担海军技术装备的科研任务，进而加速海军现代化建设的进程。

同时，学院还认为，学院归属六机部与归属海军，在专业设置和人才培养方向上两者之间存在较大的差异。六机部要搞舰船生产制造，这就需要改造学院为造船工业，特别是为制造工艺服务；而学院一直以来是从现代化作战角度，从海军对武器装备的战术和技术要求去考虑专业的建设与发展，主要是将新的科学技术成果应用于海军武器装备的中、远期预研，并对武器装备性能进行评定，且广泛使用电子计算机系统于作战指挥。如果按照六机部要求侧重于生产制造工艺的教学和科研，那么海军武备的相关科研工作就难于开展。如果按服务造船工业的需要，学院就得改变建设方向，人才培养就要从面向海军部队、机关、研究单位改为面向工厂，原来基础好的潜艇、水声工程等重点专业不能办或不能发展，而未曾办过的锻造、铸造和热处理等专业需要新办。专业方向的转变，对学院和教学技术人员来说是弃其所长，就其所短，非常不利于学院建设与海军现代化事业进步。

并且，学院还认为，学院最初专业设置的重点是海军武备（导弹）和核动力潜艇，其对口研究机关三院、七院以及实验基地均直属海军领导，重点专业学生的来源和去向、科技情报的来源、海军各种新型装备的实验、新型产品的战术技术论证、定性鉴定等工作，都因学院的归属关系问题难以得到有效的解决。正是因为学院历史服务面向、海军的实际需求以及专业调整上的现实困难，使得学院一直在作归属海军的努力。

学院力争归属海军虽然得到了海军党委的一贯支持，但最终经国务院国防工办再三研究，并报中央军委审定，决定学院归属关系不变，仍隶属于第六机械工业部。学院历经 8 年努力，最终仍未姓“军”。但全院师生这份深深的海军情结，服务海军现代化建设的执着愿望，与哈军工时期面向海军服务的办学历程，哈船院为船为海为国防的使命担当，都沉淀在了这所大学的办学实践中。

虽然学院最终未能归属海军，但在学院的建设中，其始终坚持的“为国防、为海军、为造船工业服务”的目标未曾改变，学院结合自身“船海”的潜力与优势，根据形势变化，不断创新发展、调整完善，最终逐步建设成为了我国船海领域最大的人才培养基地和重要的科学研究基地。

1971 年底，六机部《关于上海交大、西电、船工规模、专业设置等的通知》要求：船舶工程学院在专业重点和规模上应重点培养海军武备、核动力潜艇，兼顾培养船、机、电、水声等方面又红又专的工人阶级技术人员，在校学员规模为2500–3000人，设置21个专业和2个研究室，学制3年。

筹建初期，六机部对学院办学任务和专业设置的调整，在学院的专业教师中曾带来了较大的思想波动，专业大调整与配套条件不到位也给筹建工作带来了许多困难。为解决这些问题，学院结合当前形势、办学任务及专业优势，向六机部提出了专业设置的合理化建议。学院认为，从战备需要出发，为加强海军建设和发展造船工业着想，应该开办水面舰船专业或将其调出，充实有关科研、生产、教学单位，开办燃气轮机、反应堆和反应堆控制专业使之与核动力控制专业配套，停办船舶电器设备专业以加强自动控制专业。同时学院也表示：“一定从大局出发，坚决服从领导决定。”

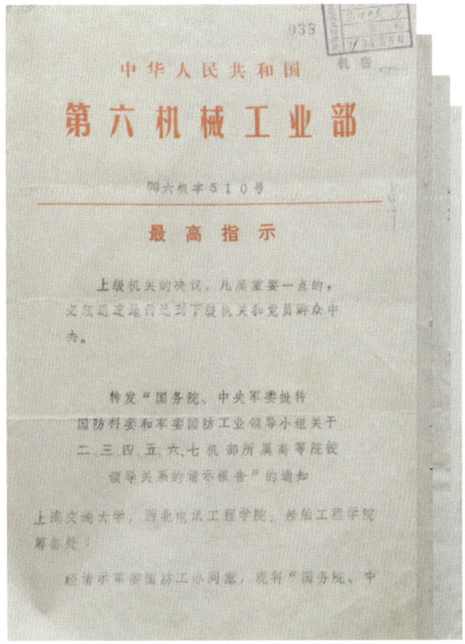
033

中华人民共和国

第六机械工业部

(70)六机字510号

最高指示

上级机关的决议，凡属重要一点的，必须迅速地传达到下级机关和党员群众中去。

转发“国务院、中央军委批转国防科委和军委国防工业领导小组关于二、三、四、五、六、七机部所属高等院校领导关系的请示报告”的通知

上海交通大学，西北电讯工程学院，船舶工程学院筹备处：

经请示军委国防工办同意，现将“国务院、中

学院归属六机部的有关文件【档案号 70A.1】

对外，学院主动向主管单位建议优化专业设置；对内，学院没有忘记深入基层，疏导结合做好教师的思想工作。学院这样开导教师：要辩证地看待专业调整问题，专业设置是需要在实践中不断完善的，专业设置的重点、兼顾、一般、待定、停办等情况，之间是相互转化的，为重点让路，其他的也不能认为无足轻重或自贬地位。积极主动的思想工作，解开了不少教师的思想疙瘩。为了更加适应地方高校的建设与发展，第一次党代会之后，学院调整了组织机构设置，改变了原来按照部队设置的三部三级制，分别设立了党委系统和行政系统两套机构，执政能力进一步得到优化。

学院虽然完善了组织机构、统一了思想，但在人才培养方面仍然存在个别专业师资力量不足、部分专业基础薄弱和学员培养后的出口较窄等问题。从筹建期间的招生专业及招生数量可以看出当时的情况：学院的重点系——

导弹工程系（专业归属八机部）共设置了四个专业，但从 1972 年到 1977 年的 5 年间，仅在首次招生时招收了 20 名导弹发动机专业学生，而潜艇、导航、水声等学院原基础雄厚的专业，则每年都进行了招生。由此可以看出，学院在招生的专业和数量上仍受到自身条件的限制和六机部计划指导的影响。

为了解决问题、打开局面、促进发展，学院曾向六机部核心小组、海军党委、国务院及中央军委呈送报告，认为学院所设专业具有更大的适应性，建议扩增专业内容，扩大对口范围，除与六机部工厂对口外，还应与海军、国防科委、三院（导弹研究院）、七院（舰艇研究院）等使用和研究部门对口。这是学院基于自身基础条件的实际情况，以发展为导向，对办学困境的主动突破，对后来的专业调整、学科发展和教学科研产生了积极影响。

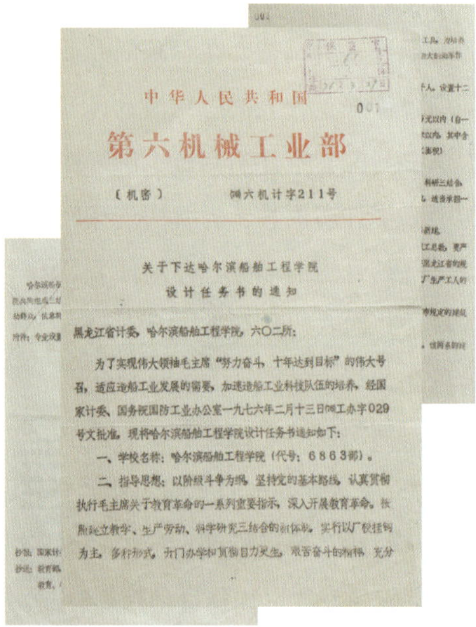
中华人民共和国
第六机械工业部
（机密）　(76)六机计字211号
关于下达哈尔滨船舶工程学院
设计任务书的通知
黑龙江省计委，哈尔滨船舶工程学院，六〇二所：
为了实现伟大领袖毛主席“努力奋斗，十年达到目标”的伟大号召，适应造船工业发展的需要，加速造船工业科技队伍的培养，经国家计委、国务院国防工业办公室一九七六年二月十三日(76)工办字029号文批准，现将哈尔滨船舶工程学院设计任务书通知如下：
一、学校名称：哈尔滨船舶工程学院（代号：6863部）。
二、指导思想：以阶级斗争为纲，坚持党的基本路线，认真贯彻执行毛主席关于教育革命的一系列重要指示，深入开展教育革命。按照建立教学、生产劳动、科学研究三结合的新体制，实行以厂校挂钩为主，多种形式，开门办学和自力更生、艰苦奋斗的精神，充分

六机部给学院下达的设计任务书【档案号 76A.3】

1978 年 5 月，中央召开了第二次全国教育工作会议。邓小平同志在会上作了重要讲话，指出了新的历史时期教育工作的地位和作用，总结了教育工作正反两个方面的经验，明确了高等学校既是教育中心，又是科学研究中心，担负着出人才、出成果的双重任务，为高等学校的工作指明了方向。学院党委例会讨论做出了《关于贯彻落实全教会精神的决定》，会议提出：“努力把学院办成一所名符其实的全国重点院校，为建设强大的海军，发展我国造船事业做出应有的贡献。”

随后，学院出台了《哈尔滨船舶工程学院发展规划》，《规划》明确了学院的办学使命、服务面向等一系列纲领性和指针性问题，为学院未来的发展指明了方向。规划指出：学院的服务面向是为我国造船工业和海军现代化

建设服务。学院的性质是国防工业院校。学院的任务是为我国造船工业和海军培养具有现代化科学知识的工程技术人员和高级研究人员，承担有关的基础理论和应用技术的研究工作，既出人才，又出成果。学院教学与科研的发展方向为“军用民用相结合，但要发挥和加强军用技术力量；单一学科和综合性学科相结合，但要发挥综合性学科的特长；研究设计与制造工艺相结合，但要发挥和加强研究设计的特长。”科研的选题要更多侧重于造船工业和海军科技课题研究，结合学院各专业“熟悉军用、熟悉研究设计、比较配套”的特色，根据学院的历史条件与特点，开展好海军和造船工业当前所急需的大型系统工程的研究。

从《规划》中，我们能强烈地感受到，随着学院建设的发展及国内政治和经济建设形势的变化，学院建设的任务、专业设置、学科建设方向已有了重大转变和长足发展，但其“服务国防、服务海军、服务造船工业”的历史使命始终如一。

1982 年 6 月，六机部撤销，学院划归中国船舶工业总公司领导，成为总公司所属的三所院校之一（另两所为：上海交通大学、镇江船舶学院）。随着社会经济建设形势的变化及海军建设的需求，学院提出了到 20 世纪 90 年代初的奋斗目标：“把学院建设成为一所为船舶工业、海洋开发、国防事业、省市建设服务的，在应用科学技术前沿领域具有影响的、有特色的、多科性的全国重点大学。”鉴于总公司的业务范围包括了船舶工程及海洋石油平台工程，为有利于技术人才的培养和科研活动、对外学术交流活动的开展，学院将一系“船舶工程系”更名为“船舶与海洋工程系”，其它各系也都紧跟现代科技发展形势，重新规划了发展方向，六系由计算机科学技术系更名为计算机与信息科学系，研究方向也向模式识别、人工智能和数据库系统等新的方向发展。

随着学院的建设规模的扩大，学科建设的扩充，招生人数的增长，结合国家经济建设形势，学院的使命有了新的担当。上世纪 80 年代末至 90 年代初，学院建设进入了快速发展期，学院根据国家经济建设需要，以及国防科技工业军民结合、寓军于民的发展变化，积极拓宽学科专业门类，逐步设置和发展了理学、经济学、管理学、法学、人文类专业，改变了单科性船舶院校的办学格局。在培养人才的层次上，以培养本科生和研究生为主，并承担专科生培养及船舶总公司系统内在职人员的培训，学院已建设成为我国船舶工业高级技术人才培养的主要基地。

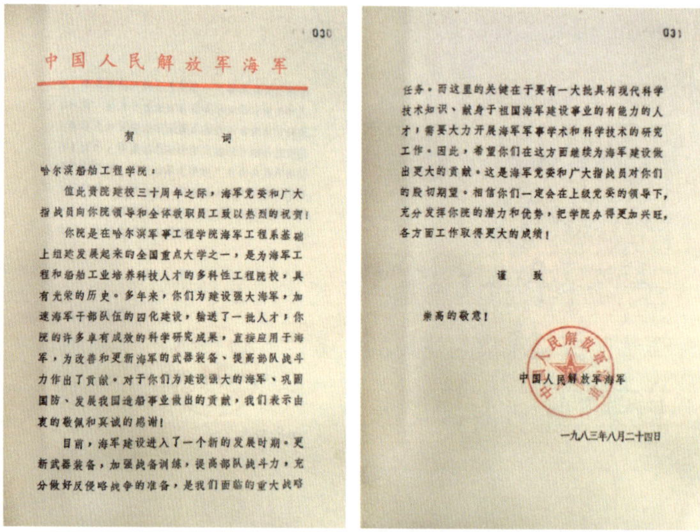

030

中国人民解放军海军

贺　　词

哈尔滨船舶工程学院：

值此贵院建校三十周年之际，海军党委和广大指战员向你院领导和全体教职员工致以热烈的祝贺！

你院是在哈尔滨军事工程学院海军工程系基础上组建发展起来的全国重点大学之一，是为海军工程和船舶工业培养科技人才的多科性工程院校，具有光荣的历史。多年来，你们为建设强大海军，加速海军干部队伍的四化建设，输送了一批人才；你院的许多卓有成效的科学研究成果，直接应用于海军，为改善和更新海军的武器装备、提高部队战斗力作出了贡献。对于你们为建设强大的海军、巩固国防、发展我国造船事业做出的贡献，我们表示由衷的敬佩和真诚的感谢！

目前，海军建设进入了一个新的发展时期。更新武器装备，加强战备训练，提高部队战斗力，充分做好反侵略战争的准备，是我们面临的重大战略

031

任务。而这里的关键在于要有一大批具有现代科学技术知识、献身于祖国海军建设事业的有能力的人才；需要大力开展海军军事学术和科学技术的研究工作。因此，希望你们在这方面继续为海军建设做出更大的贡献。这是海军党委和广大指战员对你们的殷切期望。相信你们一定会在上级党委的领导下，充分发挥你院的潜力和优势，把学院办得更加兴旺，各方面工作取得更大的成绩！

谨　致

崇高的敬意！

中国人民解放军海军

一九八三年八月二十四日

学院建院 30 周年时海军所发的贺电【档案号 83A.9】

虽然学院隶属关系历经调整，但海军情结始终伴随着学院的发展，建设强大的国防、建设强大的海军始终是牵引学院发展的重要力量。学院在发展的过程中抢抓机遇、凝练特色、不断开拓新的发展空间，在原有学科专业基础上，立足于学科专业建设，将服务方向从海军向海运、海防和海洋延伸，向国民经济建设延伸，使学院的发展获得了充沛的生命力，建设成了一所以“海运、海洋、海防”为鲜明特色的国防科技院校。

船海学科　框架初成

这是一份哈尔滨船舶工程学院申报国家重点学科的简讯。1987年，国家教委按照《中共中央关于教育体制改革的决定》精神，为增强科学研究能力，培养高质量专门人才，在全国高校中计划建立一批重点学科。学院经研究，结合学科的建设现状，申报“船舶流体力学暨船舶结构力学和水声工程”两个学科为国家重点学科。简讯仅寥寥数语，但传递的消息振奋人心，国家重点学科的申报，标志着学院的学科建设已有了跻身国家重点的基本自信，学院以“船海”学科为特色的主体框架正在形成。

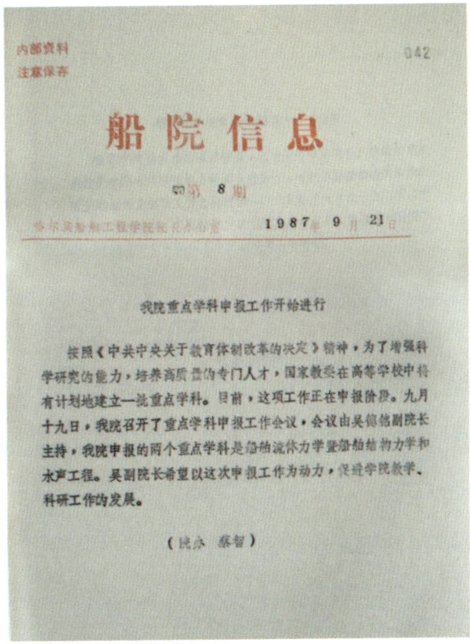

内部资料
注意保存

042

船院信息

第8期

1987年9月21日

我院重点学科申报工作开始进行

按照《中共中央关于教育体制改革的决定》精神，为了增强科学研究的能力，培养高质量的专门人才，国家教委在高等学校中将有计划地建立一批重点学科。目前，这项工作正在申报阶段。九月十九日，我院召开了重点学科申报工作会议，会议由吴德铭副院长主持，我院申报的两个重点学科是船舶流体力学暨船舶结构力学和水声工程。吴副院长希望以这次申报工作为动力，促进学院教学、科研工作的发展。

（院办　蔡智）

学院关于申报国家重点学科的工作简讯
【档案号 87B.17】

哈船院的学科源于哈军工海军工程系的大部分系科。学院筹建伊始，提出的基本任务是为国防建设、海军建设、造船工业服务，当时的专业设置以海军武备（以导弹为主）和核动力潜艇为重点，兼顾船、机、电、水声、惯性导航和常规动力。学院筹建时的学科建设得到了六机部和海军的指导与支持，六机部在筹建的会议纪要中，曾建议哈军工“将部分数字电子指挥仪和火箭导弹专业（包括弹体设计与制造、发动机设计与制造、自动控制等）调整给三系。”

时任海军副司令员周希汉在学院专业设置问题上，也曾具体指示，“对学院的发展方向，造船、动力、武备都要搞，学院要办成海军的综合性学院，学院应具有双重性，一是搞尖端，以导弹为主，二是搞新型的，主要搞新型的舰艇；武备专业的重点是导弹，鱼、水雷也要搞；舰炮专业要搞新型的炮；对一些配套专业，如水声、导航、计算机都要搞，尤其是水声是最落后的专业，要下决心搞上去；对调配业务干部问题，研究导弹的有多少要多少，研究核动力的也有多少要多少。”并批示将七机部三院报废的“海鹰号”导弹及其成套的控制设备调拨给学院以供教学使用。后海军又调拨了“上游 1 号、海鹰 1 号、海鹰 2 号”导弹及资料，供学院教学、科研和教师进修使用。

学院的基本建设任务和六机部及海军的建设要求在一定程度上决定了学院学科的发展方向，虽然部分新建专业得到了六机部和海军的有力支持，但学院的学科建设基础仍十分薄弱，所面临的困难异常艰巨。在当时所确定设立的 21 个专业和 2 个研究室中，新建的专业有 11 个，改建的专业有 3 个，原有专业仅 9 个，且在专业设置上仅是满足“上层配套”，基本上没有通用专业和基础专业。主体学科上也由原来的“船、机、电”为主改为“海军武备（以导弹为主）、核动力潜艇”为重点。学院在 1972 年首届招生时，仅潜艇设计与制造、导弹发动机设计与制造、船舶内燃机及动力装置、惯性导航、水声工程等 5 个专业招收了工农兵学员 109 名，招生数量和专业的类别基本反映了学院当时学科建设的水平。

学院在 20 世纪 70 年代初期的筹建阶段，根据学科的发展状况，曾先后对有关专业进行了调整，涉及潜艇、舰艇、导弹、舰炮、内燃机、自控、制导、导航、核动力、水声、计算机、机械等学科。学院曾向六机部、海军党委、国务院及中央军委呈送报告，汇报了学院性质、任务和专业方向等方面的问题，建议扩增专业内容，扩大对口范围，除与六机部工厂对口外，还应与海军、国防科委、三院（导弹研究院）、七院（舰艇研究院）等使用和研究部门对口，并表示此问题久拖不决将不利于学院的建设和发展。

后来，学院又根据六机部专业调整的具体意见，对相关专业进行了调整、扩充与合并，如将船体相关专业合并为“舰船制造”专业，将“水声设备”“水声换能器”和“水声物理研究室”合并为“水声工程”，“陀螺导航设备”专业根据原来的基础向自动控制方面扩展，并根据造船工业的需要增设通用专业，如“机械制造工艺及设备”。

学院筹建阶段的学科建设，是依据哈军工海军工程系的学科基础，服务主管单位需求，面向国防和造船工业需要，面向学院未来发展作出的正确判断。学院对学科和专业设置的坚持、坚守与争取，为保持学科的优势与特色，在未来的高等教育竞争中立于不败之地奠定了重要基础。

1978 年，随着全国科学大会和全国教育工作会议的相继召开，我国的科技事业和教育事业已全面复苏，“科学的春天”正在到来。学院紧紧抓住这一重要历史机遇期，顺应时代潮流，积极梳理和调整学科发展方向，逐步完善基础专业并扩展重点专业。学院进一步明确了学科建设方向：从研究和发展我国海洋军事系统工程这一主要任务出发，办好重点专业，各专业也要根据自己的基础和科学技术发展的趋势，有所侧重，有所突破，形成自己的特色。

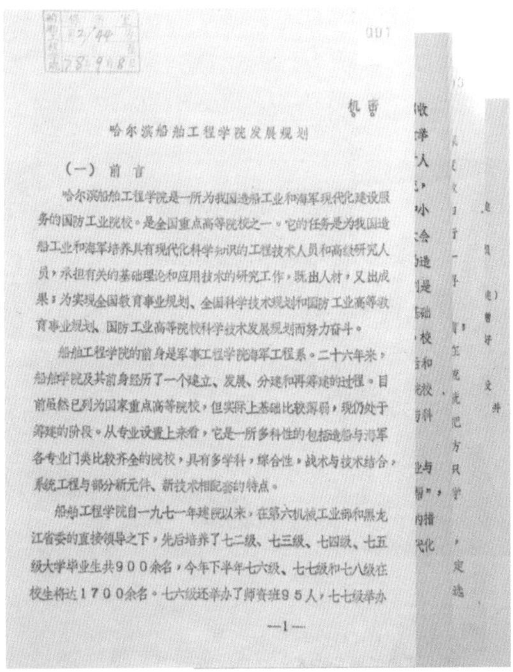

机密

哈尔滨船舶工程学院发展规划

（一）前言

哈尔滨船舶工程学院是一所为我国造船工业和海军现代化建设服务的国防工业院校。是全国重点高等院校之一。它的任务是为我国造船工业和海军培养具有现代化科学知识的工程技术人员和高级研究人员，承担有关的基础理论和应用技术的研究工作，既出人材，又出成果；为实现全国教育事业规划、全国科学技术规划和国防工业高等教育事业规划、国防工业高等院校科学技术发展规划而努力奋斗。

船舶工程学院的前身是军事工程学院海军工程系。二十六年来，船舶学院及其前身经历了一个建立、发展、分建和再筹建的过程。目前虽然已列为国家重点高等院校，但实际上基础比较薄弱，现仍处于筹建的阶段。从专业设置上来看，它是一所多科性的包括造船与海军各专业门类比较齐全的院校，具有多学科，综合性，战术与技术结合，系统工程与部分新元件、新技术相配套的特点。

船舶工程学院自一九七一年建院以来，在第六机械工业部和黑龙江省委的直接领导之下，先后培养了七二级、七三级、七四级、七五级大学毕业生共900余名，今年下半年七六级、七七级和七八级在校生将达1700余名。七六级还举办了师资班95人，七七级举办

—1—

《哈尔滨船舶工程学院发展规划》【档案号 78C.3】

学院在为建设成为全国重点大学制定的 23 年规划中，对学院的专业设置、专业方向进行了全面的规划。总的指导思想是：强化基础，理工结合，以工为主；军民结合，以军为主；按学科建专业，向新兴学科方向发展。以军用产品为主

的专业要控制招生，但相关专业必需保存和发展，主要向高端发展；强化理论基础，大力开展海军技术装备的预研工作；多培养高质量的研究生，多为海军和国防工厂培养技术干部；逐步扩大通用性强、适应面广的系（专业）的普通班学生的招生，为国家多输送人才。学院决定，在条件成熟时，将按学科对原专业进行调整，形成理工结合的系和专业。并提出“为适应海军发展的需要，准备迅速恢复和增设燃气轮机、电子对抗等方面的专业。”对六机部所要求的新建专业“锻炼”及“铸造”则因学院没有基础，筹建条件尚不成熟，暂缓组建。

学院学科建设的指导思想是：持审慎态度，通过充分调查研究，摸清本专业国内外的发展水平与趋势，再进一步确定专业方向和服务面向，逐步加强和改造现有各专业。要权衡利弊，有步骤有计划地进行调整、改革，既不因循守旧，也不急于求成，更不能坐等变更；新专业的建设要逐步落实，条件具备时增设通用、急需、新兴学科专业。通过对原有学科、专业进行集成和凝炼，学院初步形成了专用与基础相结合的学科体系——既有数学等基础学科，又有固体力学、流体力学、结构力学、船舶设计与制造、制导技术、常规动力、核动力、内燃机、惯性导航、自动控制、水声、电子、计算机、机械、材料等专用学科。

水声工程系博士生论文答辩

为进一步提升办学层次，学院在舰艇结构力学、舰艇原理、船舶核动力装置、陀螺导航设备、水声相控阵、水声信息处理、水声传播等七个学科开始招收硕士研究生。1981 年，国务院下达首批博士和硕士授予单位名单，船舶流体力学、水声工程首批获得博士学位授予权；船舶结构力学、船舶流体力学、热力学、水声工程、陀螺导航设备、反应堆工程等 6 个学科、专业获得首批硕士学位授予权。学院被国务院批准为首批博士、硕士学位授予单位，这是学院研究生与学位教育的起点，也预示着学院将在培养海军装备、海洋开发、国防工业和社会经济建设等领域的高层次人才及在解决国家重大科技问题中发挥更重要作用。

这一时期学院承担了某型减摇鳍、潜艇结构设计、某小型化指挥仪、浅水推轮、自动测试仪、深潜救生艇、惯导、小艇声呐、深潜推进逆变器、减速器、浮力定深自控系统、船载水声测落点分系统、导弹被动雷达自导头等科研项目，获国家科学大会奖、省部级科技进步奖数十项。科研任务的顺利进行及相关成果的取得，有力地推动了学科专业发展。

进入20世纪80年代中期，国家社会主义现代化建设新局面已全面展开，面对新的发展形势，学院根据船舶工业和“四化”建设的发展需要，根据加速发展高等教育事业的要求，制定了学院七年（1984–1990）建设规划，确定了为船舶工业、海洋开发、国防事业和地方经济建设服务的目标，对学科发展进行了具体规划。学院在原有专业的基础上，增加了海洋工程、检测技术、图像传输等专业，突出了重点学科的建设与新兴学科的发展，要求水声工程、船舶与海洋工程学科要从服务国防建设向服务海洋开发事业拓展，加强水声、船舶与海洋工程在海洋油气、矿物的勘探与开采，海洋建筑物设计与制造，平台、深潜、水下机械、系泊定位、海上救援打捞的技术与装备等领域的应用研究和基础研究。工程力学学科要向断裂力学、计算流体力学、结构力学、气动弹性、变分原理等方向发展；动力工程学科要在内燃机、核动力装置和燃气轮机的性能、设计、强度、振动方面加强；热能工程学科要在低品位热能利用、低温核供热技术等方面加强；计算机科学技术及其应用学科要在多机系统、数据库、模式识别、图形系统、数字图像处理、语言识别、微型机应用、人工智能等方面加强研究；船舶、动力、水声、控制、导航等学科要加强计算机辅助设计及微型机应用研究；自动控制学科要在潜艇联合操纵、航行姿态控制、组合导航、人工智能与机器人控制等领域加强研究；材料科学学科要加强船体工程应用、表面强化及防护、粉末冶金技术、舰船新型复合镀层、非金属材料应用等方面的研究；系统工程学科要在深潜救生水下接口系统、综合导航系统研究的基础上，向海军潜艇失事救生系统、中小型舰用作战指挥系统等水下系统、信息系统扩展；社会科学学科要在思想政治教育、经济学、自然辩证法等方面加强，部分学科要在20世纪90年代初达到国内领先、一些重要方面要达到世界先进水平。这份建设规划，进一步扩充了基础学科和通用学科，拓展和提升了以“船海”为特色的专业学科。

学院建造的具有造波功能的船模水池实验室

上世纪90年代，国家“八五”计划确立了在本世纪内，我国进入世界先进造船国家行列、船舶工业的技术和质量赶超世界水平的目标。学院紧跟形势，进一步明确了学科建设方向与目标：紧紧抓住学科建设的历史机遇期，进一步加强重点学科的建设，充实和加强现有的水声工程、船舶流体力学、船舶结构力学、轮机工程、船舶特辅装备与系统、固体力学等重点学科，建设1—2个国家重点学科；并在自动控制、电子学与通讯、材料科学与工程等学科中建设2—4个重点学科；将水声技术实验室建设成为国家重点实验室。

到1993年，学院已有船舶流体力学、水声工程、固体力学、船舶结构力学、船舶内燃机、船舶与海洋工程特辅装置与系统、惯性技术及其导航设备7个博士学位授权点，拥有船舶、力学、动力、制导、自控、导航、特辅、水声、计算机、机械、通信、信息、材料、系统工程、经济、化学等共26个硕士学位授权点，开办了31个本科专业。以“船海”为特色的主体学科发展成为博士学位授权学科，水声工程成为国家重点学科，是学院学科体系走向成熟的标志，为“船海”特色学科体系日后进一步扩展和延伸奠定了重要基础。

随着重点学科建设蒸蒸日上，科学研究也大放异彩。自学院20世纪80年代中期制定学科发展规划以来，在九年的时间里，船舶、水声、动力、自控、惯导、导弹、计算机、机械、电子、信息、材料、管理等学科领域共获得国家科技进步奖、自然科学奖、发明奖共计 22 项，省部级科技进步奖 190 项，其中 7103 深潜救生艇、水声高速目标跟踪定位和导引系统分获国家科技进步一等奖。学院通过承担国防重大科学研究任务，带动了一批船海主干特色学科专业的快速发展，促成了师资队伍、教学质量和整体办学水平的显著提高。自哈军工创建到船舶工程学院时期，船舶与海洋工程领域的主体学科由一般本科专业逐步发展为博士授权学科，多数相关学科也已发展成为硕士授权学科，整个船舶与海洋工程学科体系基本成形，储备了一大批关键技术，在船舶工业、海洋开发、海军装备等领域的学科基本处于国内领先，部分已达到国际先进水平，学院在未来可持续发展中已具备了核心竞争力，为 20 世纪 90 年代中期学院进入“211 工程”奠定了很好的基础。

纵观学院发展历程，“船海”主体学科形成的首要因素是学科建设自身发展规律的内在作用。

学科是为满足特定现实需求而形成的学术组织，其需求包括特定领域的人才培养、科学研究，服务市场、社会和政府，乃至国际和人类，其组织是多种专业人才构成的有机体。总而言之，学科是一群人围绕一个领域进行持续不断的知识积累和能力提升，以满足该领域人才培养、科学研究和服务社会需求的科学组织，学科建设需要时间的积累，是不断演化的结果，不能一蹴而就，不能拔苗助长，更不能移花接木。学院的“船海”特色学科的形成，正是因为满足了学科自身发展的历史积淀、师资队伍的培养与成长、持续开展科学研究、不断解决

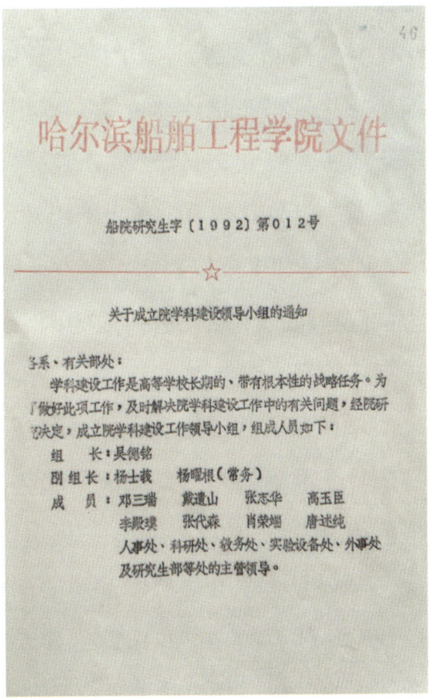

46

哈尔滨船舶工程学院文件

船院研究生字〔1992〕第012号

关于成立院学科建设领导小组的通知

各系、有关部处：

学科建设工作是高等学校长期的、带有根本性的战略任务。为了做好此项工作，及时解决院学科建设工作中的有关问题，经院研究决定，成立院学科建设工作领导小组，组成人员如下：

组　长：吴德铭

副组长：杨士莪　杨曜根（常务）

成　员：邓三瑞　戴遵山　张志华　高玉臣

李殿璞　张代森　肖荣熠　唐述纯

人事处、科研处、教务处、实验设备处、外事处及研究生部等处的主管领导。

学院关于成立学科建设领导小组的通知

【档案号 G25.1992.2】

实际需求等诸多因素，经过不断发展、建设、扩充、升级，才逐步成为主体的。

然而，并不是每个学科都能幸运地成长为主体。导弹工程系在筹建初期曾作为学校重点系进行建设，设置了四个专业和一个研究所，但因学院隶属六机部（造船），而导弹专业的业务却对口八机部（战术导弹）。1981 年，八机部暂停该系招生，后经学院多方努力，该系得以保留，1983 年再度恢复招生，并拓展了相关学科；1985 年，导弹工程系改为航天工程系。但到 20 世纪 90 年代中期，仍因学院隶属关系、对口需求、发展现状等诸多因素，航天工程系再度改为建筑工程系，航天工程相关学科停办。

“船海”主体学科形成的另一个重要原因是学院立足现实、面向未来的正确决策。

筹建初期，学院按照六机部要求，以海军武备（导弹为主）、核动力潜艇为重点专业，并建立了飞航式导弹、航炮、核动力装置等专业，而原有的潜艇、水声工程等基础较好、实力较强的专业却并没有得到重视，特别是水声工程专业培养的学生因缺少就业出口，不得不大量改行。在这种困难的局势下，学院党委高瞻远瞩，作出了前瞻性的研判：将水声工程专业改建为研究所，缩小招生规模，培养研究生，承担科研任务，拓展研究范围。而后，随着学院隶属关系变化，科学技术的发展以及国家对水声工程技术需求的增加，学院果断决定将其按照学科重新组建，由原来 1 个教研室、2 个研究室，扩建为 6 个研究室和 1 个仪表室。实力未损的水声工程学科经过建设与提升，顺利成为学院首批博士点，进而成为国家重点学科，水声技术实验室建设成为国家重点实验室。

学院归属几经变化，给学科建设带来了较大影响，但学院始终能认清自身优势，准确研判学科发展的趋势，在不断调整中逐步加强和扩展“船海”特色相关优势学科，夯实学院发展的基石。

学科是大学开展教学和科研活动的主体单元，可以说，一个、多个学科及其学科体系的高度与成就，基本就能够决定这所大学的层次或是在其行业圈层中的地位。哈船院人没有辜负哈军工人的厚望与重托，用 20 余年的不懈努力，让昔日的海军工程系再现辉煌，不仅缔造了国内一流的船海学科，创造了一大批高端科研成果，更为工程大学挺进“211工程”、迈进“优势学科创新平台”、奔向“双一流”奠定了核心实力基础。其丰厚的建设成果，不仅是今日学校屹立于大学之林的基础，更是推动国家船海科学技术进步与工程实践的重要力量，是为全社会所共享的一笔宝贵财富。

攻关声靶　海军急需

1988 年，我校研制的声靶参加某任务入水【档案号 1992.SX11.4】

“水声高速目标跟踪定位和导引系统”，也称声靶，1991 年获得国家科技进步一等奖。该项目是哈船院水声工程系为海军研制的鱼雷外测设备。

鱼雷是潜艇深水攻敌使用的主要武器之一，鱼雷发射后是怎样前进的？到底打没打中目标？如果没有完成有效打击，偏离目标多远？这对一入水就看不见摸不着的鱼雷是个大难题。每一型号的鱼雷在装备海军前都要进行几个航次的试验，搞清上述问题以确定其性能，声靶就是完成这项任务的，它象靶子一样模拟潜艇辐射噪声吸引鱼雷攻击，同时捕捉鱼雷的信号回波并测量鱼雷过靶前后的精细航行轨迹及脱靶情况，是一种海军急需的高科技设备。较一般科学研究不同的是，声靶研制比较“怕失败”，因为鱼雷造价昂贵，试验不能有效检测数据会给国家造成巨大的浪费，最好能一次试制成功。

微电子技术的发展已使得作为反潜作战最有效武器的深水鱼雷高度智能化，它实际上就是水中的导弹。声靶必须十分逼真地模拟出机动中的潜艇噪声以及收到鱼雷的信号后的回波并给出过靶时的位置参数。1983 年底，海军训练基地第四试验区在引进了几套英、法等国的鱼雷检测设备后，感到国外的设备在许多方面并不适合中国的国情，希望研制精度较高的深水鱼雷靶标，其主要功能是采取有效措施吸引鱼雷向自己发动攻击并测出攻击的精度。

急国防建设之急，攻海军建设之需，哈船院在缺乏研究经验的条件下勇挑重担，承担了声靶的研究任务。学校调集精兵良将，组成了以水声工程系主任丁育中和田坦、姚蓝三位教授为首的 30 多人的研制组，下设目标模拟和轨迹测量两个大组，并由技术骨干组成了总体组。在丁育中主持下，经过反复论证，总体组提出了“攀高峰上水平”的设计思想。他们提出，合同书不是唯一目标，真正的目标是想尽一切办法，尽可能采取先进技术为海军搞出一个质量高、可靠性强的声靶来。

攀登科研高峰谈何容易，摆在面前的难题一个接着一个。对于从来没有接触过鱼雷，更不用说声靶的人来说，谁也不知道鱼雷过靶时的航行状态到底是什么样。国内外不但没有可以参考的资料，更没有现成的设备可供借鉴，甚至连一本类似的能够利用的书都找不到。

即便如此，面对难题，他们没有丝毫的犹豫和退缩。专家们分兵几路到国内各有关单位认真调研，反复论证最终提出了研制方案。按照军方要求，声靶要能测出鱼雷的脱靶量，但有的专家更提出：声靶不仅要能测出脱靶量，更要测出末弹道轨迹。虽然这个建议使任务难度提高了一大截，但研制组认为，如果按此研发，可以使声靶的性能提到更高的水平，因此毫不犹豫地接受了这个建议。

1988 年 5 月，经过四年攻关的声靶组到海南参加了“某任务”。这项任务是当年海军的重点任务之一，国务院和中央军委已组织准备了多年，如能成功，则标志着我国海军的某型核潜艇将具备真正的海上威慑力，其战略意义十分重大。在任务中，声靶组主要担当鱼雷末段轨迹测量和提供引导声源的任务。这次深海试验条件恶劣、难度大，且只有一条鱼雷可供末段轨迹测量。为确保试验一次成功，除双机运行外，还采用了录像、水听器监听等多种手段对鱼雷信号进行记录和监测。

因水下通讯极为复杂，潜艇下水后指挥所未能准确获知鱼雷发射时间，给末段轨迹测量带来了难以想像的困难。在口令多次反复的情况下，试验队的同志们始终保持着冷静，随机应变，及时采取措施，确保不丢失信号。当计算机屏幕上出现鱼雷轨迹时，同志们的心情激动不已，情不自禁地欢呼起来：“成功了！成功了！”有的老师竟喜极而泣。

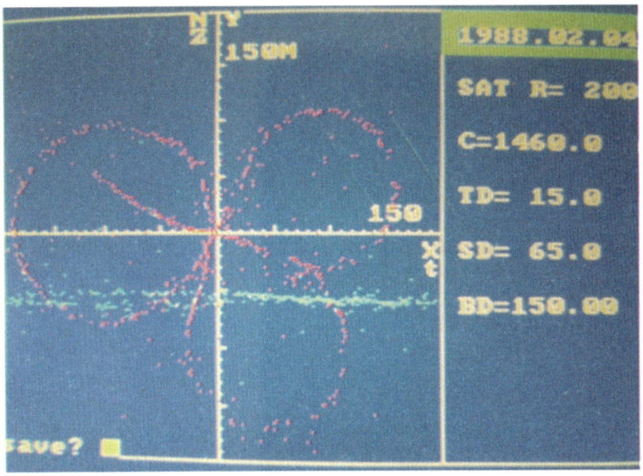

声靶测出的鱼雷轨迹图

试验中，兄弟单位研制的其它声源相继出现故障，学院的声靶在全部四个条次的鱼雷发射中始终担当了第一声源的任务，起到了关键的作用。

试验结束后，基地司令连声表示感谢，鱼雷设计单位的总工程师说：“这次多亏了你们船院。”海军装备部领导一见到课题组成员就说：“你们立了一大功！”船舶总公司水中兵器处领导也一再称赞学院作风优良，设备过硬。

1989 年对水声鱼雷声靶研制组的同志们来说，是不寻常的一年；对于哈船院来说，是一个值得自豪的年份；对中国海军来说，也是值得记上一笔的日子。

中国海军某新雷种第一次浅海实雷声靶测试在北海进行。哈船院的声靶继上一个任务声威大振后，这次又要“大出风头”。海军装备部、船舶总公司军工部直接组织了这次试验。鱼雷研制单位某研究所、海军某试验区和哈船院各提供了一部鱼雷声靶。学院的任务是模拟声源引雷过靶，测量鱼雷脱靶量及末段轨迹。这次试验的新鱼雷从未进行过海上试验，人们还摸不着它的脾气，由于价格昂贵，只能一次测试成功，这也给测试增加了难度。为了测准每一个数据，准确画出运行的轨迹，声靶组的同志们对设备进行了全面检查。试验中，大家精神饱满，紧张而兴奋地观测设备、捕捉信号。鱼雷发射了，引导成功！运行轨迹坐标图准确清晰！脱靶量准确清晰！末段运行轨迹准确清晰！测量结果相当令人满意。

在场的专家、领导和参试单位一致给予学院研制的声靶高度评价。他们认为，将常规靶场设备的末段轨迹测量系统和鱼雷声靶结合为一体的设计思想前沿，设备功能齐全，符合我国水下靶场测量设备综合、机动的要求。声靶对目标回波的模拟采用了高速卷积产生潜艇回波、消除“虚靶”及自适应噪声抵消等技术，这些技术在国内外声靶中都属首次采用。声靶研制起点高、难度大，既具有英国系统的测量能力，并在某些方面超过了美国声靶的性能，是国内功能最齐全的鱼雷声靶。这一系统的研制成功，为我国鱼雷外测设备的进一步发展奠定了基础，并对鱼雷的研制起到了非常大的推动作用。

前来谈判向我国销售声靶的美国专家也认为，学院的这部声靶在脱靶量及末段轨迹测量、自适应抵消技术、模拟潜艇回波三方面比他们强。他是来卖瓜的，反说学院的瓜比他们强，这更充分说明了我院声靶的先进性。

荣誉光环的背后，是人所罕知的艰辛。声靶研制对于哈船院的科研人员来说，用呕心沥血形容都不为过，他们经历了难以想象的身心磨炼。

科研难度大、周期长，但却是国防急需，所以不得不长期高强度地进行研究、实验；经费有限，花钱办事要量入为出，有时甚至捉襟见肘，长期研发，却没什么福利补助；实验条件艰苦，必须经过水池、湖上、海上的多次试验，从实验室到郊外，到海洋，常常天天往返；海洋实验风大浪急，晕船呕吐是再平常不过的事；参试人员多，床位有限，很多人员只能睡地铺，就好像是躺在海浪中；试验条件不好，淡水限量限时供应，洗衣洗澡几乎不可能……

出差更是家常便饭。有人一年要出差十多次，一次少则十天半月，多则一两个月，家里根本顾不上。不管是爱人有病、孩子升学考试，还是要装修房子、搬家，只要项目组一声招呼，拎起包就得走。家属们也都已经习惯了，多年来就是这么过来的。可他们没有谁轻闲地休过假期，每个寒暑假工作都排得满满的。

几年来，吉林、大连、云南、南海都洒下了研制组的汗水。做实验时，船上除了仪器设备剩不下多少地方，好几个人挤在上边，要随时小心，搞不好就要连人带设备扣到水里。一遇大风天，岸上的人就担心出去的人能否回得来。在外边做实验得分秒必争，没有8小时的概念，可是从来没有一个人叫苦，没有人叫累，大家只有一个信念，把实验做好。没过多久，大家就一个个地变得又黑又瘦。

田坦教授在英国进修两年，期满回国，他归心似箭，可万没想到，在北京一下飞机，丁育中、姚蓝等人已经等他几天了。“老田，我们接了个难任务，先别回家了，跟我们调研去吧！”就这样，他顾不上鞍马劳顿，立即进入角色，西安、上海、无锡跑开了。后来，他担任了系副主任，在实验最紧张的阶段他患脑供血不全，医生嘱咐卧床休息，可他只是每天上午去医院点滴，下午一头扎到实验室里，一干就是一个多月。

丁士圻副研究员是公认的“干起活来不要命”的人。项目研制过程中，他长期低烧，透视发现肺部有异常斑块，疑为肺癌，几位老领导已去医院“看望”他了。后来经确诊为结核，随即他就出院没日没夜地干了起来，有时碰上停电，点着蜡烛也干到一两点钟，什么低烧、肺病全都抛到脑后了。一次体检，医生开了X光片通知单，要星期四去拍片，可星期三晚上他就出差走了，回来两个月后才想起了那张X光片通知单。

平时叫得响，关键时刻过得硬，这是项目组最大的特点。水听器是声靶的关键部件。由于技术要求高，他们是花高价从专业研究所买来的。可在离海试还有一个多月的时候，突然发现有的水听器内部镀银层有脱落现象，性能下降。总体组当机立断：自己干，20天内一定要拿下来！几名教员夜以继日，废寝忘食地突击了三周，克服了一个又一个困难，终于攻克难关，设备性能完全达到要求。

科研工作都是在摸索中前进的，一个大项目，避免不了要有多次的反复，甚至是要做较大幅度的调整。在联调中，谁都怕拖别人的后腿，一旦出了故障，没有推诿，没有扯皮，都是先埋头找自己的毛病，一旦找出毛病所在，大家立刻凑过来分析原因，想办法解决。遇到装车搬箱，大家都抢着伸手，有的老教师抬不动大的，就拿小的，实在不行就给别人拎包，在海上经常要吊放、回收清洗设备，这些活从来不用分派，人人抢着做。

1990年1月，声靶通过了中船总公司军工部和海装科技部联合主持的鉴定，12月，该项目被授予中国船舶工业总公司科技进步一等奖，随后，经过层层选拔、几次答辩，终于登上了1991年国家科技进步一等奖的领奖台。

闪耀的奖杯，不仅是哈船院人智慧与汗水的结晶，更是哈军工精神激励和引领作用的充分体现。作为哈军工的后裔，哈船院的教师依然有着拳拳报国之心，依然有着不计得失、献身事业的奉献精神。他们最大的追求的就是能为我国海军建设做出一些实实在在的贡献，为了这个信念，他们兢兢业业、勤勤恳恳，奉献了自己全部的智慧、心血和汗水。此外，紧密协作、互助攻关的团队精神也促成了成果的取得，集体的凝聚力、集体荣誉感所产生的向心力充分调动起了每个人的聪明才智，形成了智慧与力量的合力。就是凭着这股力量，学院每一次承担大型科研任务随时都可以根据需要迅速召集成几人至几十人的队伍，教师们协同进取、攻坚克难、无往而不胜。“召之即来，来之能战，战之必胜”成为了哈船院教师科研能力的具体写照。

海防高科　续写第一

哈船院第一次科研工作会议【档案号 1975.SX11.1】

这是 1975 年 1 月学院首次召开科研工作会议的照片档案。会议对学院的科研工作进行了总结，指出：学校虽然存在“四个不定，一个薄弱”（即办学地点不定、归属不定、专业方向不定、领导班子不定和基础薄弱）的困难，但全体教职员工仍坚守岗位，克服了分建带来的图书资料、基础实验设备严重缺乏，校舍零散不足，专业器材陈旧落后，师资队伍青黄不接等困难，科研工作仍然取得了较好的成绩。会议对未来的科研工作指明了方向，要求继续贯彻落实国家和上级部门的有关精神，坚持搞“尖端、新型”的目标，为发展我国造船工业和建设强大的海军做出新的贡献。

哈船院的前身是哈军工海军工程系，传承了哈军工的优良科研工作传统，虽经历了分建、再筹建的过程，但为国家多作贡献的赤诚之心始终没有改变。在筹建初期，哈船院就以富于前瞻性的战略眼光，对自身发展、服务领域进行了大胆且科学的规划。学院从各专业实际情况着手，总结了三个特色：一是熟悉军用。由于学院的前身是哈军工海军工程系，资深一些的骨干教师多数较熟悉海军科技知识，了解海军战术和战斗常识，有利于把技术与战术结合起来。二是整体比较配套。学院的专业是围绕海军舰船的各个专业而设置的，包括舰船、武备、动力、水声、惯导、电子计算机指挥仪与自动控制等各个方面，有利于各个专业在科研上互相配合，特别对促进边缘学科和综合性学科的发展较为有利。三是熟悉研究设计，无论是对总体的研究设计和部件的研究设计都有一定的基础。据此，学院在科研上明确了如下发展方向：军用民用相结合，但要发挥和加强军用的特长；单一学科和综合性学科相结合，但要发挥综合性学科的特长；研究设计与制造工艺相结合，但要发挥和加强研究设计的特点。

这一时期，学院的科研工作非常注意总结经验、探索方向。比如，为了活跃学术空气，学院提倡自由讨论，各系要定期举行学术报告会、科研经验交流会，对新理论、新技术举办学习班或短训班，以扩大研究成果。学院还建立单独的科研编制机构，包括水声研究所、系统工程研究室、惯性导航研究室等，同时在科研项目管理程序上要求“三论一定”：“开题要论证、研究方案要论证、实验验证方案要论证、项目完成后进行鉴定。”最终成果要进行评定，对有突出成绩者给予一定奖励。

哈船院筹建的岁月虽然举步维艰，但却从未停止过科研，200 多名教师承担了 13 项国防急需的科研课题。随后的几年，六机部又下达了 8 项科研任务。广大教职员工直面困难，锲而不舍，攻克了一个又一个技术难关。1977 年，国务院副总理王震在国防工办主任方强、六机部部长边疆等人的陪同下来我校视察，他饶有兴致地参观了六系为 718–27 分系统研制的 277 乙型中规模电子计算机、278 机（转换装置）、279 机（记时装置）和为装备中央人民广播电台的高精度石英钟、固体组件自动测试仪、数控式双线电话等科研成果。

国务院副总理王震视察学院【档案号 1975.SX11.1.0008】

王震副总理多次赞扬科研人员自力更生、艰苦奋斗的精神，鼓励大家继续努力："你们干得不错，坚持搞下去，不管搞得成、搞不成，都得给我搞到底。"

经过调整、改革和提高，20 世纪 80 年代前后的哈船院已经发展成为一所为造船工业、国防建设和国民经济服务的全国重点大学。在科研工作方面，学校充分认识到学校科研工作的特点以及国家重点科研项目的重要地位，把国家大型科研项目列为重点，优先投入力量；发挥多学科优势，扶植和发展交叉学科；加强各专业间的合作，组织联合攻关队伍，取得较多的重大科研成果；不断增强科研实力，提高学科、专业的学术地位。

这一时期，学院的科研工作逐步积累了经验，奠定了基础，锻炼了队伍，形成了特色，其规模、水平、能力达到了新的高度，成为了我国船海科技队伍中一支具有多学科综合优势、对高新技术发展敏感、应用与基础研究并重的，既出人才又出成果的重要力量，显示了一所全国重点大学应有的实力与水平。

为了祖国万里海疆安宁、海洋事业发展，哈船院人克服重重困难，坚韧笃定地把中国船海事业腾飞的使命与责任担在了肩头。这一时期，科研成果堪称辉煌。据统计，学院共获得 7 项全国科学大会奖、15 项国家科技进步奖、3 项国家发明奖和 3 项国家自然科学奖，诸多成果填补了国内空白。下面就让我们从这些辉煌成果中撷英数朵，一览它们的风采。

我国第一套设计定型的某型减摇鳍——我国第一套设计定型的某型减摇鳍。由顾懋祥、李国斌等人设计完成的某型减摇鳍1978年获得全国科学大会奖。后由李积德等人为某艇设计的某型减摇鳍1985年获得国家科技进步二等奖。该型减摇鳍是以改善舰艇适航性、提高战斗能力的一种重要装置。1991年李国斌等人研制的某型减摇鳍荣获国家科技进步二等奖。该型减摇鳍是控制系统通用化、驱动系统和鳍系列化的新一代的减摇鳍产品。

718—27分系统——该分系统历经十年苦战，突破了多重困难试制成功。1979年和1980年初两次大型海上试验、鉴定证明性能良好。1980年5月，该分系统参加了我国在南太平洋运载火箭试验。试验中4台单机运转正常，技术状态良好。中共中央、国务院、中央军委向学院发来贺电，热烈祝贺向太平洋海域发射运载火箭成功。

某型导弹被动雷达导引头——我国第一次自行设计研制成功的一种反电磁波辐射被动雷达导引头，具有优良的战术技术性能，作用距离较远，攻击目标范围广泛，填补了我国三公分反电磁波辐射被动雷达导引技术的空白，在国内处于领先地位。1985年获得国家科技进步二等奖。

中型水平型循环水槽——1982年9月，由丁正良等设计完成的，应用于船舶流体力学试验的我国第一座中型水平型循环水槽在学院建成。该水槽主要性能指标达到国际先进水平。循环水槽是水在槽中循环流动，将模型置于流动的水中，测量模型的水动力和观察模型周围流动情况的一种试验设备。1985年获得国家科技进步三等奖。

某型潜器浮力定深控制系统——我国第一台使用微机的潜器浮力定深控制系统。1983年11月，由边信黔等人研制完成的“深潜救生艇浮力平衡微调和自动定深控制系统”通过海试，这是我国第一台自行设计的浮力定深控制系统。1985年获得国家科技进步三等奖。

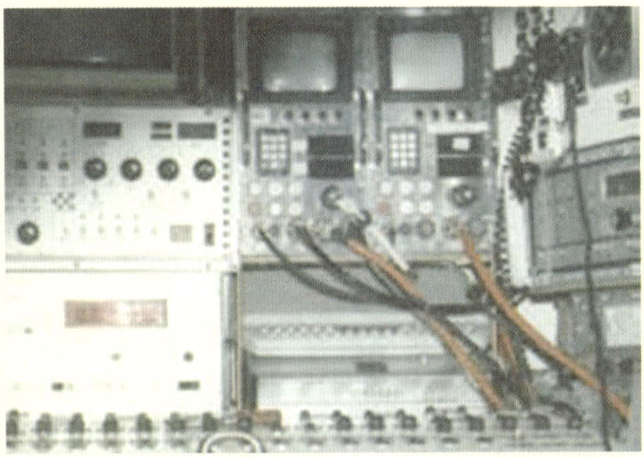

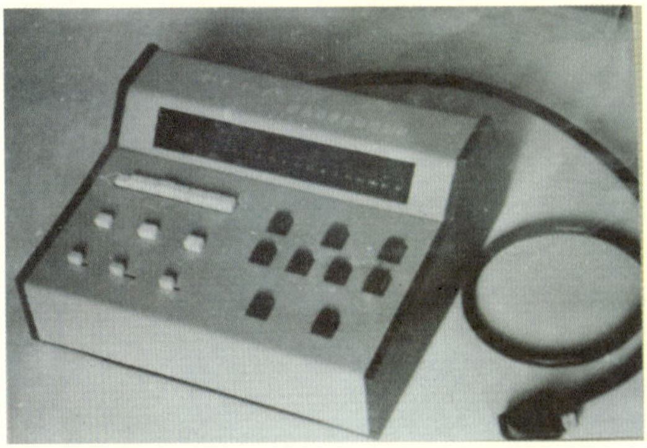

DLZ-1型动画录像自动控制机——由殷德军等研制成功的用于控制录像直接制作动画录像片的DLZ-1型动画录像自动控制机，为国内首创。该机可完成单帧及多帧画面的录制要求，其中单帧控制精度达到国际水平。于1985年获得国家发明四等奖，这是建院以来获得的第一项国家级发明奖。

某型导航系统——我国最高水平的“某型中小型船舶组合导航系统”。1985 年 10 月，由杨继先等人研制成功的“某型中小型舰艇组合导航系统”完成海试，通过鉴定。此系统是舰船航海设备的一项重大技术改造。1988 年荣获国家科技进步三等奖。

我国第一台深潜救生艇——以哈军工海军工程系张诵尧等人为主要研制者完成的某型深潜救生艇是我国第一艘深潜救生艇。该艇的研制成功使我国跻身世界少数拥有深潜救生能力的国家行列。该艇主要负责营救失事潜艇艇员，它由母船放入水中，快速下潜，自动搜寻失事目标，并迅速靠近失事潜艇，与其对接，将艇员接入救生艇中上浮，为潜艇保驾护航。张诵尧解决了对口救生系统、浮力调节系统等一系列难题，最终为科研工作献出了宝贵的生命。1989 年获国家科技进步一等奖。

某型声靶系统——1990 年，由田坦、丁育中等人研制的声靶系统通过技术鉴定。该系统研制起点高、难度大。既具有英国 AST 系统的测量鱼雷脱靶量和末端轨迹的能力，又在某些方面超过了美国声靶的性能，填补了国内空白。1991 年获得国家科技进步一等奖。

填补国内空白的“潜器四自由度动力定位系统——1991 年 1 月，由徐玉如、边信黔等人研制的“潜器四自由度动力定位系统”通过鉴定，成为我国“863”高技术水下无缆机器人控制技术研究的支撑点之一，对我国水面船的动力定位技术的发展产生重大影响，技术上有重大突破，填补了国内空白。1992 年获国家技术进步三等奖。图为动力定位系统进行海试。

——某型平台罗经。平台罗经是舰船最重要的导航设备之一。20 世纪 60 年代后期，学校研制成功我国第一台平台罗经，并首次在平台罗经上应用符合海军选型系统的微机，首次采用有汉显功能的屏幕显示技术，首次应用了陀螺测漂补偿技术。该系统精度高，可靠性好，定型后装备部队使用。1989 年荣获国家科技进步二等奖。

——圆阵多功能多目标声呐模拟测试装置。该装置是我国第一台圆阵多功能多目标声呐模拟测试装置，它超过法国的“ATENS”测试模拟器，与美国雷声公司和意大利 ELSAG 公司联合开发的“MAST”多用途模拟器的基本功能相当。该成果填补了我国数字式声呐测试设备的空白，对于开发数字式声呐具有重要意义。

——TCJ－AI 型图像存贮与检索系统。1987 年我院研制成功“TCJ－AI 型图像存贮与检索系统”并通过部级技术鉴定。鉴定委员会的专家认为这一成果属国内首创，尚未见国外有类似报导。

——柴油机燃烧火焰瞬时测量装置。学院船舶动力工程系魏荣年、张彪于 1987 年研制成功我国第一台柴油机燃烧火焰瞬时测量装置，成果通过部级鉴定填补了国内空白并使我国成为世界上少数拥有此类测量装置的国家之一。

——重症转归预测仪。由水声工程系袁茂章、王育生与省医院合作研制的“重症转归预测仪”在 1987 年第 38 届布鲁塞尔“尤里卡”世界发明博览会上获得银奖，比利时国际公司和卢森堡医疗器械公司当场与我方签订合同。

——计算机汉字识别系统。1989年，由电子工程系教师郭连骐等人研制的“利用图论算法实现计算机（限制性手写体）汉字识别系统”在北京通过了国家自然科学基金委员会组织的国家级鉴定，此项成果达到世界领先水平。新华社报道说：该机可以识别7300多手写汉字，比当时国外识别汉字最多的同类设备多一倍。有关此项成果的报道还在中央电视台《新闻联播》中播出。

此外，还有我国第一台小型垂直平面运动机构，第一个船舶主机微处理监控系统，第一台16吨重电脑压力机；填补国内空白的水下自行闭锁电磁解脱钩系统，潜艇造水系统水位调节器，由海水制取高纯水技术研究，潜水行星齿轮减速器；国内首创的舰载多路复用光纤数据总线技术研究，核动力装置安全阀技术研究；取得了国家级科技奖项的水面舰艇的五个自由度适航性计算方法及程序，潜艇结构设计规范，某分系统计时装置及转换装置，JSZ-200系列数字石英钟，某舰导弹机动式小型化射击指挥仪，300匹马力浅水推轮，清除$4Cr_{14}Ni_{14}W_{2}M_{0}$钢氮化层剥落新工艺，裂纹扩展与断裂过程，国外舰载导弹及其武器系统，小型热动力鱼雷噪声震动及其控制综合分析等一批高水平的科研成果。

回溯历史，我们不难看出，船院时期的科研成就是“以祖国需要为第一需要、以国防需求为第一使命”这一精神传承的结果。船院人用自力更生、勇攀高峰的实际行动再次向祖国告白：忠诚，就是在任何时候、面对任何困难都首先为祖国服务。哈船院锻炼的人才队伍、积累的科研经验、形成的鲜明特色是学校的宝贵财富；创造的“共和国第一”，背后蕴涵着的是哈军工后继者忠诚祖国、献身国防的精神。这财富与精神激励着他的后继者们继往开来，砥砺前行，为船、为海、为国防、为国家做出更多的贡献。

潜艇总师　六十立志

我国自主设计建造的第一艘试验潜艇【档案号 1963.SX11.1】

这是我国自主设计建造的第一艘试验潜艇。作为大国重器，潜艇具有重要的战略意义和巨大的实用价值。我国潜艇研制虽然起步很晚，但发展速度较快，从建国之初没有潜艇，到短短几十年后，能够自主设计建造技术最复杂的弹道导弹核潜艇，研制人员功不可没。我国第一艘试验潜艇总设计师，邓三瑞教授就是我国潜艇研制的先驱。

邓三瑞，1929 年生，湖南宁远人，被誉为“中国潜艇之父”。1949 年考入交通大学造船工程系，1951 年由交大保送参加军事干部学校，1953 年毕业于解放军第一海军学校造船系，同年调至解放军军事工程学院（哈军工）任教。1959 年主持我国第一艘试验潜艇的设计与研制。1964 年出任我国第一艘核潜艇的总体顾问，参与了我国第一艘核潜艇的方案论证及设计工作。1980 年任哈尔滨船舶工程学院副院长，1983 年至 1987 年任院长，同时担任国务院学位委员会第一、二届学科评议组成员，中国造船工程学会第三届理事，黑龙江省造船工程学会第三届理事长。1984 年应聘为联合国海军军备竞赛研究专家组成员。1990 年代承担我国第一台智能水下机器人的研制工作。2005 年被哈尔滨工程大学授予终身荣誉教授称号。编著《系统工程与控制导论》、译著《运筹学原理与运用》等。

邓三瑞教授作为学问大家，在船院师生们心中有着举足轻重的地位，出于尊敬与仰慕，大家都称他为“邓先生”。作为科学家，他的科研成果具有开创性、奠基性的意义；作为教授，他属于那种一句话能影响人一生的大师。

邓三瑞 1949 年考入交通大学读造船系的时候，国内的造船工业底子还很薄弱，仅能制造内河的航船。当时的学习实验条件不是很好，邓三瑞却没有放松对课业的要求，在当时全国造船界的泰斗叶在馥先生的影响下，他刻苦学习，通过对“图”（画图）和“算”（计算）的潜心“修炼”，打下了坚实的专业基础。

当时各行各业都十分渴求人才，为了加快进行社会主义建设，周恩来总理批示把 4 年制的本科学习缩短为 3 年。邓三瑞在大三的时候先是参了军，然后被派到江南造船厂学习放样（就是把船的图纸小样按照一比一的比例放成大样，当时的船厂都有放样间）和电焊（当时新兴起的一项先进技术）等造船技艺，后又被保送到全国军事造船技术水平最高的学府——中国人民解放军第一海军学校（大连海校），继续学造船。他的毕业设计就和潜艇有关，邓三瑞也因此成为了我国第一个以潜艇为内容做毕业设计的大学生。

1953 年中国人民解放军军事工程学院成立后，他被抽调到海军工程系任教。在国家制订全国科技 12 年发展规划的时候，年仅 26 岁的邓三瑞就参与了其中“海军发展规划”部分的起草。1959 年，他作为总设计师，主持研制了我国第一艘常规动力试验潜艇。

提起研制潜艇这段往事，邓三瑞有颇多感慨。那个时代对知识分子的要求是“又红又专”，对工科大学教师的要求，还得加上一个“真刀真枪”的毕业设计，也就是与国家需求结合做毕业设计。当时组织上已经决定派他到苏联某研究院学习，而他也已经通过了俄文测试。然而，一天午睡时，他却被学院领导叫醒，告诉他现在海军要设计建造潜艇，要他作总体负责人，带着学生做毕业设计，题目就是造出中国第一艘自主设计的常规动力潜艇，“真刀真枪”就这样来了。

当时哈军工海军工程系，是按照舰船上的 5 个部门分类设置的 5 科，这是其他学校没有的天然优势条件，与造船专业配套的声呐、内燃机、电机专业都被吸纳进来。参加潜艇设计的主要是哈军工的第 2 期学员。

在得知美国已经造出了世界上第一艘核动力潜艇，成为引领潜艇设计制造的领头羊，而当时我国还不知道核潜艇设计制造的细节的时候，作为潜艇专家的邓三瑞十分清楚，日后核潜艇将产生不可估量的作用，而中国也必将研制自己的核潜艇。而正是他当时指导哈军工舰艇设计第二期学员进行的水滴形潜艇的毕业设计，为我国后续核潜艇的设计研制提供了借鉴和经验。

在缺少资料、没有设计经验、没有任何潜艇水动力学试验装置，配套零部件质量低下的情况下，他率领着一群来自哈军工、上海交大、海军学校的师生，大胆采用当时最先进的技术，边设计边实践，想尽办法解决了潜艇研制过程中遇到的各种难题，比如蓄电池总是烧坏，他决定要把全部电池都烧坏，从失败中找到原因；再比如潜艇下潜时，螺旋桨要在流体中稳定旋转，由于受到流体的力矩作用，如果不加控制，就会导致船体姿态改变，这就需要设计稍微偏一点的稳定翼来平衡力矩。但是稳定翼偏向多少才合适呢，没有资料可查。他只好自己动手，通过大量的计算，得出了数据，后来经过实验证明，计算结果是正确的。这也算是对他上学时苦练“图”和“算”的一种回报吧。经过不懈的努力，他们很快完成了任务，于 1959 年底研制出了一艘小型试验潜艇，成功地进行了水面、水下航行试验，这艘艇下水是我国海军作战潜艇从接收、引进、仿制进入到自行研制阶段的一个重要里程碑。

1960 年，邓三瑞给海军工程系做报告【档案号 1961.SX11.9】

邓三瑞回忆说：“那时候工作真是辛苦，作为型号总师，每天都有千头万绪的问题需要你去决策，你得学会抓住每个问题的关键、实质，这样才有助于你从顶层进行归纳、分析，最终得出正确的结论，找到有效的解决之道。抓住问题的实质需要不断学习、善于学习。型号总师不是坐在办公室里批批文件、开开会、听听汇报就行的，不仅要从书本上学，还必须深入一线，从实践中学。”

同年，他作为总体设计顾问，又参与我国第一艘核潜艇的方案论证及设计工作。1974 年 8 月 1 日，该核潜艇正式编入海军序列。从此，中国海军跨进了世界核海军的行列，标志着中国船舶设备技术发展到了一个崭新的阶段。由于成功地主持了我国第一艘试验潜艇的研制，他被誉为“中国潜艇设计的先行者”，也被一些媒体称为“中国潜艇之父”。他谦虚的说，“中国潜艇之父”的赞誉只是别人给的，我不过是在这个领域占了点儿先机而已。

用邓三瑞的话说，研制第一艘试验潜艇，使我国的潜艇研制和海军发展都有很多收获：首先，由于设计机构人员的组成运作及后来的调动安排，直接促成了七院及几个专业潜艇研究单位还有潜艇研制专业的诞生。因为在此之前，我国并没有专业的潜艇设计单位，后来成立的七院及上海交通大学的有关专业人才很多都是搞第一艘试验潜艇出身的。其次，通过试验潜艇的试验，证明了水滴形良好的水上水下操纵性，为我国的攻击型核潜艇选用水滴形潜艇打下了良好基础。最后，失败是成功之母，通过我国第一次独立研制试验潜艇中的一些经验教训，彻底打消了那种狂热的唯心主义、凭空想象的研制思路。从那时起，我国的潜艇研制工作逐渐步入正轨，到今天无论是常规潜艇还是核潜艇都已接近世界先进水平。

到上世纪 70 年代，为了回答“初具规模的中国海军如何面向世界加快现代化的步伐”这个紧迫而重要的问题，他将视线转向了船舶与海军系统工程。他提出的许多独到见解，为海军发展的战略问题提供了决策依据。

进入 20 世纪 90 年代，根据海军的需要，邓三瑞教授又把科研重点转向了智能水下机器人，他再次向未知世界挑战，将目光瞄准了当代高科技发展的最前沿，承担了我国第一台智能水下机器人的研制重任。邓教授的名字前又有了一个定语：“水下智能机器人”的开创者。对于这项研究，他自己曾说：“我是六十立志，身不由已。”

1983 年至 1987 年，邓三瑞任哈尔滨船舶工程学院院长，也是学校第一任专家院长。这段时间，各国海军大搞军备竞赛，海洋里变得非常危险，几百条核潜艇带着导弹跑，有的还带着核武器。联合国认为应该做一些研究工作，对可能发生的国际重大事件做一些技术性准备，于是就成立了专家组来写调查研究报告，希望各国减缓或停止海军军备竞赛。应联合国秘书长德奎利亚尔的聘请，邓生先以中国政府海军装备技术专家的身份，加入了联合国海军军备竞赛研究专家组。

邓三瑞负责撰写的那部分报告背景材料少，比较难处理，经他不辞辛劳的工作，出色地完成了任务，报告经由联合国审批后，发给了各国政府。凭借高超的学识和学术水平，他为这项研究做出的贡献，受到我驻联合国代表团、联合国官员以及同组外国专家的高度评价。而研究所得的报酬，他却用来购买了大量原版的海军和船舶工业方面的专业书籍，余下的钱也悉数交给了学校。

邓三瑞在启航讲坛给学生做报告

虽然阴差阳错，邓三瑞没有获得“院士”这一荣誉称号，也没有参评“博导”，但他作为一个学问大家的份量并未受到影响。不断学习、永远学习是邓三瑞先生的人生态度。湖南籍的他却是一口标准的普通话，没有留学经历却精通英语，在当年哈军工众多的海外归来学者中也是佼佼者，并且还懂俄语和法语，体现了他超强的、常人难及的学习能力。作为国务院学科评议组成员、全国优秀教师、学校终身荣誉教授，他对为师之道有独特的见解。他的“教师应当是火花，应当是春风”的思想感染了很多人，这是他教学实践的总结，也是他教学生涯的生动体现。他一直强调，教师首先一定要有责任心，不要误人子弟。这是道德问题，也是纪律问题。作为教师要不断地学习，善于思考，这是教师应有的基本素质。他对于教学工作的概括始终被他做教师的弟子们琢磨并实践着，他说：教学的要义就是“实者虚之，虚者实之”。换句话说，教学也好，做学问也好都该让具体的东西抽象起来，让抽象的东西具体起来，这是最深的功夫。

在学校院里碰到他，如果仅看他的衣着，你会误以为他是一个邻家的老大爷，可一张口，他渊博的学识、深邃的思想、高屋建瓴的语言、博大的胸怀，便能让人顿觉如逢甘霖、如沐春风。在同事们眼里，邓三瑞既是一位慈祥可敬的长者、能出奇招的智者、喜欢挑战的勇者，更是一位风度儒雅、德高望重、谦虚低调的学者。邓三瑞的生活乐观且丰富多彩，他不但对《道德经》有一定研究，对《红楼梦》、佛学等都有独到的见解，他的书法经常参加展览，摄影作品也堪称一流。

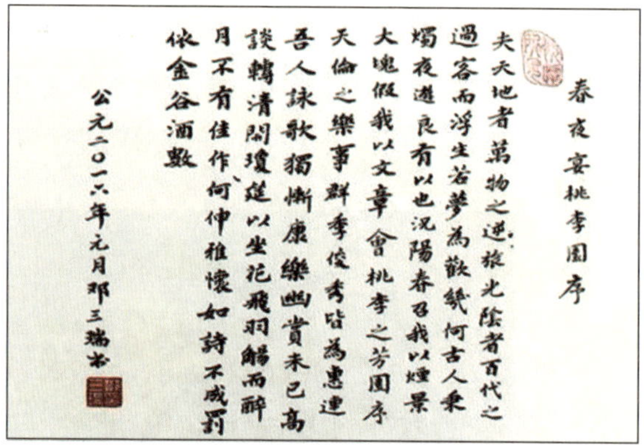

邓三瑞书法作品

客观地说，邓三瑞一直致力于海军技术发展的高新技术研究；感性地评价，他始终站在自己所涉足的领域的最前沿，并且这是一个以求新求真为人生之乐的大家。无论在学校的历史上还是在人们的心中，邓三瑞都有着特殊的意义与特别的份量。

不求闻达　甘为人梯

在军工大院的哈军工纪念馆里有一个“甘为人梯”的景观，装满中国第一批高等军事技术教材的书架和直抵棚顶的书架梯组合在一起，预示着这所大学的老师们为了学生甘为人梯的奉献精神。工程大学里有一位教授，毕生与船舶水动力学打交道。他不求闻达、甘作人梯，躬身沉醉于船舶与海洋工程的基础性研究，悉心浇灌了很多求学若渴的莘莘学子。他的名字叫戴遗山。中国船舶研究中心（702 所）原所长吴有生院士的第一个博士生曾专程到学校向戴遗山请教，戴遗山就他的毕业论文中的有关问题做了一个月的悉心指导。吴有生曾说，“船舶水动力学界最高水平在哈船院”，就是因为哈船院有戴遗山这个船舶水动力学大师。

戴遗山，1932 年 3 月生，上海人。20 世纪 70 年代，最早开展船舶适航性理论研究和数值预报工作，完成的船舶适航性计算方法获全国科学大会奖；80 年代，先后完成对船舶减摇鳍的水动力性能计算及其优化问题和海洋工程浮体的二阶水动力的研究工作；90 年代以后，组织指导了船舶在高海况下的非线性运动和受力的理论研究工作，在舰船三维时域线性和非线性水动力研究方面的成果处于国际先进水平。曾获全国优秀教师等荣誉称号。2005 年获得工程大学教师的最高荣誉——终身荣誉教授。

戴遗山

戴遗山教授在军工大院里的分量是举足轻重的。同学们都很敬仰戴教授，因为他学术水平很高，使大家都受益匪浅。除此之外，学生们还特别欣赏他那一手极其漂亮的左手书写的粉笔字，以及他单臂横渡松花江的英姿和勇气。

戴教授讲课很有章法。哈军工时期，戴教授还是位年轻的教师。但他提出的五分钟备课法至今仍备受后人推崇。他以 5 分钟为单位准备一堂 50 分钟的课，充分利用课堂上的每一分钟，将课堂教学的作用发挥到极致。他讲起课来深入浅出，环环相扣，通俗易懂，逻辑性强。从哈军工到哈船院直至工程大学，凡是听过他课的人，无不留下深刻的印象，都说听戴老师讲课是种享受。上海外高桥造船有限公司董事长、党委书记王琦回忆起恩师戴教授，这样说到："我在学校上的第一堂数学课是戴遗山教授讲的。戴教授写了满满一黑板的数学公式，推导出了阿基米德浮力定律。一堂课下来，我们觉得戴教授简直太神了！"

教育部"长江学者"特聘教授，我校船舶与海洋工程流体力学研究所所长段文洋曾经师从戴教授攻读博士学位。在段文洋心中，戴教授能获得如此高的成就，全因"功夫"二字。刚跟戴教授读博士时，因为自身的数学基础和理论功底还不扎实，讨论问题时，段文洋对教授说的很多理论知识都一知半解，不甚明了。有一次，他与戴教授推导格林函数和积分方程时，戴教授直接就写出了需要用到的恒等式。当时，段文洋并不明白这些恒等式，当他向教授求教时，戴教授直接告诉他到美国国家标准局出版的数学手册去查，并说出了这个恒等式所在的具体页数。段文洋感到十分吃惊，因为那是一本上千页的手册，能大致记得公式在哪个章节还比较正常，但戴教授竟然能直接说出一个恒等式的具体页数。后来，段文洋留校任教时，终于说出了心中的疑惑，戴教授说了一句让他记忆犹新、一直铭记到今天的话："翻 100 遍不就记住了嘛。"就是这么简单的一句话，就是这么朴素的方法，让段文洋更加深刻地意识到，为什么大家都说戴教授学术水平高，那是因为功夫下到家了！一个公式背一遍不会，那就背 10 遍、50 遍、100 遍，只要功夫下到家，没有学不会的知识，学术水平没有理由不提升。想取得成绩是没有捷径的，全靠"功夫"二字。在日后的教学科研工作中，段文洋始终坚持着这种态度，坚持着这种最朴素的学习方法，求真求善，攻破一个个科研难关，取得了傲人的成绩。

1995 年，段文洋博士毕业后留校任教。经验不足的他，对于如何给学生上好课还没有找到规律和窍门。戴教授当时讲授数学和流体力学课程，大家公认讲得好。于是，段文洋就去请教戴教授该如何讲好一门课。戴教授举了一个例子，他说："你当老师，面对的是学生，就要站在学生的角度看问题。我的学生来自炮兵系、海军系等不同专业，学生基础水平参差不齐。当讲到微积分的一个公式或方程时，我会告诉学生这个公式跟他们未来的研究有哪些联系，能应用到他们学科的哪些方面。通过这种教学方式，学生都听得很入门、很认真。"段文洋看到戴教授书架上有很多不同专业的书，他意识到戴教授为了讲好课，事先必然下了非常大的功夫去了解各个专业的课程。戴教授的教学方式看似朴实，但能做到的人并不多。

戴遗山教授在上课

戴遗山教授一生都在传道授业解惑，他"干一行、爱一行、精一行"。作为导师，他严谨、朴实的精神深刻地影响着他的学生，哺育了满园桃李；作为学者，他认真、严格的态度带动了求真求实的学术风气，在学科发展中影响深远。戴教授在学问上追求"杂"。在戴遗山看来，做一名好教师，讲好一门课，应每年都有新内容，常教常新，以新形式，新内容，新方法启发学生思考问题，不搞填鸭式教学。他常常开玩笑说，家养的"鸭子"看着很肥，但能力不强。做教师，要当四处找食的"野鸭子"。数学课很枯燥，尽是令人头痛的公式定理，从抽象到抽象。而戴遗山讲授的数学课，却受到各专业学生的喜爱，原因就是他针对不同专业学生，尽量结合不同专业中的数学问题进行知识点化，学生自然对课程产生了兴趣。戴遗山说：“做到这一点并不难，去啃各专业的教科书嘛！有人戏称我是杂牌军，因为我啥都知道点，但都不精。专业书啃不通的时候，我就跟学生一样上课。我感觉物理不行，我就听物理课。”因为学问“杂”，所以授课精，这就是戴遗山。

戴遗山从理论数学转入专业应用数学，是我国水动力学界著名专家。在船舶与海洋工程的基础性研究中做出贡献，奠定了他在船舶水动力学领域的权威地位。1970 年，顾懋祥看到一篇美国人写的论文，在船舶领域用“保角变换”做一个数学处理问题。因为牵涉到数学问题，顾懋祥把论文拿给戴遗山看，从此，使戴遗山从理论数学转入到船舶水动力学领域，为自己的学术人生开辟了一个新的研究方向。他的成果，为我国船舶耐波性的理论预报工作做出了开创性贡献。他于 70 年代完成的船舶适航性理论研究和数值预报工作获 1978 年全国科学大会奖。

基础性研究工作常常同枯燥的理论与烦琐的数据打交道，是既难出名又难见效益的工作，没点精神的人是干不了的。而戴遗山却甘于寂寞，默默耕耘，终于研究出获全国科学大会奖的舰船适航性计算方法。他的船舶减摇鳍的水动力性能计算及其优化问题和海洋工程浮体的二阶水动力的研究更是独创性成果。这些研究提高了船舶设计效率，改进了船舶运动性能，由此，奠定了他在船舶水动力学界的地位。

戴遗山教授专著
《舰船在波浪中运动的频域与时域势流理论》

戴遗山教授学术思维敏锐、善于抓住科研中的关键问题进行突破，使他所从事的研究方向一直走在国际同行的前列。由于他在学问上总有真知灼见，在军工大院里颇受推崇。在工程大学的校园里，人们在谈论一些问题时常常会这样说：“戴教授是怎么说的？”“戴教授是这样做的。”

戴遗山追求完美，富于创造。三尺讲台上，他以趣为始，以坚毅为终，把枯燥的数学课讲得绘声绘色；科研领域中，他以无欲为圆心，以投入为半径，开创了水动力学的两个著名公式，引领了世界研究的前沿。

戴遗山教授与教师们探讨问题

戴遗山是工程大学终身荣誉教授，在从教的50余年里，致力于人才培养和科学研究工作，为我国船舶与海洋工程领域培养了一大批杰出人才，为学校的学科发展和教师队伍建设做出了重大贡献。戴教授热爱教育、情系学生，把满腔的热血奉献给了教育和科研事业。虽然老先生已经故去多年，但他曾经培养的一批批学生大都成为行业领域内的中流砥柱，继续为海洋国防事业贡献力量。戴遗山的特点给人以启示：在科学的道路上不但要有善于发现的眼睛，更需要有肯于付出艰苦卓绝的努力。没有人敢断言未来的科技世界会是怎样，但是站在这些将科研教育事业视为自己生命的大师身边，你就会明白，再多的假想，都不如象他们一样切实地存在。

水声元勋　徜徉南海

杨士莪

杨士莪，中国水声工程学科奠基人之一、中国工程院院士，创建中国首个理工结合、配套完整、覆盖全面的水声工程专业，为中国水声学科建设作出突出贡献；最先在国内开展水声定位系统的研制，率团队完成“东风五号”洲际导弹落点水声测量系统、船载鱼雷轨迹三维测量系统等一系列具有国际水平、用于不同目的的长基线、短基线和超短基线水声定位系统的研制工作；作为中国水动力噪声研究的先行者之一，主持设计并建造中国首个针对声学研究的“重力式低噪声水洞”，解决了国际上悬而未决的水洞噪声实验测量方法；领导探雷声纳技术的基础研究，提出目标识别的新途径；作为首席科学家，积极推动并领导完成中国首次独立大型深海水声综合考察，曾任哈尔滨船舶工程学院水声工程系系主任、哈尔滨船舶工程学院副院长，国防科工委科技进步奖评审委员会船舶组组长、国家教委优秀博士论文评审委员会委员、国务院学位委员会学科评议组成员、国防科工委专家咨询委员会船舶组专家、总装备部科学技术委员会兼职委员等职务，是中国首批博士生导师，首批享受国务院特殊津贴专家，获国家“终身奉献海洋纪念奖”。

水声，对于大多数人而言都是一个陌生的名词。水声是指水下声呐，也有人称之为“水下雷达”。在水中，光波、电磁波等都望而却步，只有声波可以远距离传播而不衰减，因此，作为舰船“水下之眼”的声呐设备的重要性就不言而喻了。作为海军舰船的重要装备，水声工程对打赢一场现代化的高技术战争的重要性无需多言。中国水声专业的创始人之一就是杨士莪院士。

杨士莪的人生颇具传奇色彩：原籍河南，生在天津，童年在北京、少年在重庆、青年在大连，1953 年奉令调任地处哈尔滨的中国人民解放军军事工程学院。在这里，他度过了辛勤而又辉煌的近 60 个春秋。因为工作需要，他大半时间在全国各地度过——海上实验、课题论证、决策咨询，问及家乡，他便会幽默地说："我是个四海为家的人。"

上世纪 50 年代，为填补急需的尖端科技领域的空白，国家采取"紧急措施"促进水声学发展：在高等学校设置相应的新专业，培养水声领域青年人才；调集科技力量，成立相应的科研单位；规划选定合适的工厂，转产研制水声设备；其中还包括一项被认为属于紧急措施，就是派遣 4 名科技人员到苏联科学院声学所进修，回国后从事水声领域工作。

四个进修指标分配给了四个单位，分别是中国科学院、第一机械工业部造船局、电子局和海军四个部门，要求各派一人前往苏联进修。其他三个单位分别定下了人选，而海军将敲定人选的任务交给了哈军工海军工程系。1956 年 10 月，海军工程系政委邓易非通知杨士莪说："经过系里和院里的研究讨论，派你去苏联进修学习水声。这是国家急需的空白学科，你要积极参加新专业的建设。"受国家的派遣和委托，他一辈子和水声结下了不解之缘。

杨士莪在苏联科学院声学研究所学习期间留影

1957 年，杨士莪走进苏联科学院声学研究所，那时水声科学在我国尚是白纸一张。他像干海绵被投入水中，以全部精力吸纳着这一领域的先进技术、知识与信息。不久，他发现声学所的四个实验室有两个是对他紧紧关闭的。那里是什么？后来他知道了，那里面是任何国家都要保密的军事科学里“最要命的东西”：舰船水下噪声研究工程。因为过于重要和机密，国际上这一领域的学术论文交流时常常仅写一个题目，任何国家在这方面的技术都只能自己摸索、提高。杨士莪在苏联声学所得到所长布列霍夫斯基的指点，无论从学习方法还是对水声学的认识，都获得很大收益。

我国第一个声呐专业系 1953 年在哈军工建立。杨士莪从苏联留学回到哈军工后，根据自己对水声工作的了解，积极向系里提出拓宽已有的声呐专业、建立水声专业的建议。当时，哈军工的培养目标升级为“研究设计工程师”，这也是杨士莪建议将声呐专业拓展为水声专业的背景。杨士莪认为：专业设置决定着将来的发展方向和生命力，如果没有一个贯通、全面的专业链条，不对水声专业有个整体的把握，要实现这个领域“研究设计”的人才培养目标就会成为空中楼阁。

而当时对从声呐专业拓展为水声专业也存在不同的声音。杨士莪认为，“取法乎上，仅得乎中，取法乎中，斯为下矣。”水声是一个涉及学科面很宽的专业，如果仅办声呐专业，难以获得很好的发展，要想发展水声学科，更好地为国防建设服务，就有必要建立一个理工结合，覆盖水声设备、水声物理、水声换能等各个主要方面的综合性水声工程专业。为了解决从业人员不足的困难，他建议不妨仿照其他单位的做法，从高年级抽调学员改行。该建议最终获得了学校的支持，水声设备和水声物理两个专业正式成立，并抽调人员充实了从业队伍。这两个专业从 1960 年开办当年就开始招生。

关于科研方向，在教研室内部也曾存在两种截然不同的想法。有人认为：既然我们的专业是搞水声设备，而水声设备中最主要的是声呐，那我们应该将“大型声呐系统”的设计研究作为主要科研方向，才更有利于专业的提高发展。但杨士莪认为，相对于院校来说，国内专门的研究所对于大型声呐的研究设计更有优势，这样的任务很难落到院校手中。如果不是大型声呐的任务就不干的话，很可能就没活可干，时间久了，专业队伍也会逐渐萎缩，将专业面拓展后，每个教员都有各自的专长，就有能力解决海军等水声学的主要服务对象的相应问题；另一方面，水声本身涉及领域也很广阔，依然大有可为，要勇于开拓新的方向，不仅限于大型声呐系统，其他的水声设备，只要我们力所能及的项目，就要去做。我们将专业面拓展后，学科领域应该越做越宽，学科的发展才能更有后劲。实践证明，这种观点是正确的，多年来，水声专业承担了水声定位系统、水声靶标、水声测量装备、水声目标识别、水声通讯等各类任务的研制工作，拓宽了专业领域，锻炼了专业人才。

到了 20 世纪 70 年代，海军领导机关、更多单位和个人开始进一步认识到舰船减振降噪的水平不仅和舰船隐身性能有关，更严重影响舰载声呐的工作性能。对于水声工作而言，这是第二次认识上的提高，促使国家最终把对舰船的噪声治理列为国家重大专项之一。现在我国舰船性能的提高，很大程度上系由于舰船减振降噪问题的逐步解决。水声专业在杨士莪的带领下，对舰船减振降噪问题很早就开始关注，也一直没有间断，并设计建造了国家首个针对声学实验的重力式低噪声水洞。

他写出了国际上最早集中论述水下噪声机理的著作《水下噪声原理》，出版了国内最早的声学理论著作《声学原理》，讲授并指导编写了《水声传播原理》《统计传播》《水声学》等一系列课程和教材。如今，他创建的中国第一个水声专业已成长为国内著名的水声科研基地和最大的水声人才培养基地。1981 年，该学科点获得国家第一批博士学位授予权；1987 年，第一批成为国家重点学科并建立了博士后科研流动站；1993 年，国家级国防科技重点实验室在此建立……

韶华易老，学术常青，他期盼着从这一基地成长的后来者都是居上者。从这里走出去的人才现在占据了我国水声科研的大半壁江山，当仁不让地成了国家水声领域的龙头。

杨士莪（右二）与海道测量专业大地测量教研室人员合影

杨士莪之于中国水声事业的贡献，远不止水声专业的创建。在制定我国水声发展规划、确定水声学科研究方向、指导和促进我国重大水声科研和工程项目中，他都起了核心作用。作为水声定位技术理论的提出者和决策人，1970 年，他领导六厂一校数百名水声工作者完成了我国洲际导弹海上靶场水声测量系统，准确测定了东风五号洲际导弹在南太平洋的落点位置，为我国首次洲际导弹南太平洋发射试验取得圆满成功做出了贡献。

杨士莪始终处在这个领域“国家队”领导者的位置。他的同事和学生都说：他对学科发展方向、研究方向的把握令人叹服，他提出的一些开拓性的研究，当初都是很冷清、无人关注，但总是在若干年后，人们才看出其分量。矢量水听器的研究就是其中一例。杨士莪当时提出这个方向时，国内同行都不以为然，只有俄罗斯专家表现出关注。几年后，当水听器使声呐水平跨越式提高以后，人们才意识到：“这个东西好！”

南海是中国最深、最大的海区，位于太平洋和印度洋之间的重要通路，是联系中国与世界各地的重要海上通道。海上岛屿星罗棋布，渔业资源异常丰富；海底蕴藏大量矿藏资源，尤以油气资源著称。南海在经济、国防上的效用不可估量，战略价值日益彰显，尤其是南海诸岛中位置最南、分布范围最广、包括岛礁最多的南沙海域，是中国经由南海与各国往来的交通要冲，也是中国南部安全的重要屏障，战略地位十分重要，对其进行深入研究迫在眉睫、至关重要。但我国以前因计划经济时代局限性、海防力量较弱等原因，对南海开发未予充分重视。

杨士莪早在 1959 年就作为中方副队长参加了中苏联合南海水声考察，当时看着水碧沙明、富饶美丽的南海如处子般沉睡，他深深思虑：何时我们能凭自己的力量来这里考察开发？

经过杨士莪多年的一再倡议和不懈努力，这个梦终于圆了。考察筹备期间，作为技术组长，他频繁奔波于北京、广州、湛江等地考察调研，亲自起草编写了《南海重点海域水声综合考察论证报告》《实验大纲》《实施计划》等重要文件。

1994 年春，广东湛江港两艘考察船载着全国十几家水声科研单位近百人组成的南海水声科学综合考察队驶离了码头，杨士莪在考察队中担任队长和首席科学家。对于中国和杨士莪来说，这一天都等得实在太久了，为了筹备这次考察，国家准备了整整10年，而杨士莪则等待了35年！

1994 年南海考察时杨士莪在船上指导工作

从琼州海峡到南沙群岛，考察队的航迹深入南中国海。深海区域作业时，赤道附近的太阳几乎垂直挂在头上，甲板高温近 60 度。水声科学家们冒着高温，抱着 100 多斤的线轴在电缆丛林里钻来钻去，一干就是十几个小时。杨士莪身先士卒，和大家一起忍受着高温酷热、缺少淡水、没有蔬菜的艰难时刻。在长时间海上试验、淡水告罄的情况下，他和同志们把压载水仓飘着油污的水烧开了喝。

这是中国首次具有战略意义的南海科学综合考察，也是首次由中国科学家独立指挥和实施的大型深海水声考察。在杨士莪主持下，考察不仅掌握了南海典型海域的水声环境特点及主要参数规律，积累了宝贵的第一手材料，更培养锻炼了水声事业接班人，培养了一批新的水声力量。这次考察，堪称中国水声界从浅海迈向深海的“第一步”，是国家战略从“近岸防御”到“近海防御”再到走向深海的一步跨越。

杨士莪院士还是学校宝贵的公共资源，做管理工作的、做教学工作或科研工作的都把他当成了高参，遇到事情去商量，遇到难题去请教，而他总能在静静听完之后用很简单的话就让人茅塞顿开。上级部门在重大项目论证时曾专门来学校听取他的意见，学院做管理工作的干部从他这里领会到了管理的最高境界：“有若无。”他的学生们由衷地说：“杨院士绝对是天才级的！毫无疑问。”

“开辟鸿蒙，功不可没”，我国水声界至今都奉杨士莪为“引路人”。杨士莪院士用他的学识开创、支撑起一片学术的天空，很多人在这里放飞理

杨士莪在实验室与师生一起交流

想，找到人生的位置和价值；他淡泊名利、甘为人梯，用极强的责任心对待事业和学生；他又用乐观、幽默的天性给周围人带来快乐和信心。他忠诚的情感与深邃的思想，始终在那片遥远的蔚蓝色里伸展着、生长着，为大家呈现出芊芊莽莽富于生命力的迷人景象。

第三篇

工程岁月 三海一核写忠诚

（1994–2018）

忠诚脚步　勇往无前

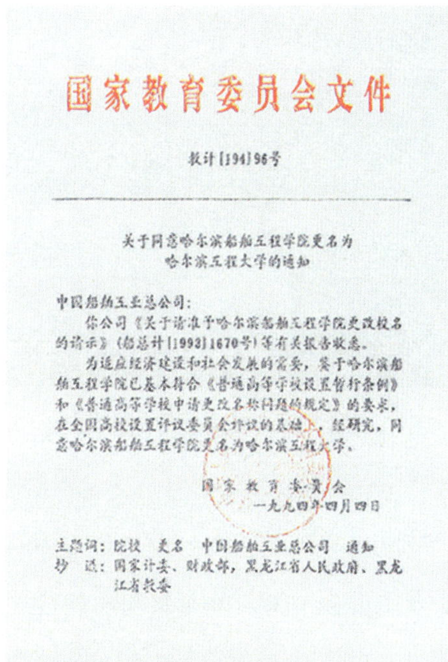

国家教育委员会文件

教计[194]96号

关于同意哈尔滨船舶工程学院更名为
哈尔滨工程大学的通知

中国船舶工业总公司：

你公司《关于请准予哈尔滨船舶工程学院更改校名的请示》（船总计[1993]1670号）等有关报告收悉。

为适应经济建设和社会发展的需要，鉴于哈尔滨船舶工程学院已基本符合《普通高等学校设置暂行条例》和《普通高等学校申请更改名称问题的规定》的要求，在全国高校设置评议委员会评议的基础上，经研究，同意哈尔滨船舶工程学院更名为哈尔滨工程大学。

国家教育委员会
一九九四年四月四日

主题词：院校　更名　中国船舶工业总公司　通知
抄　送：国家计委、财政部，黑龙江省人民政府、黑龙江省教委

国家教育委员会文件 教计 [194]96 号《关于同意哈尔滨船舶工程学院更名为哈尔滨工程大学的通知》【档案号 1994. XZ11. 3】

1994 年，音乐电视片《春天的故事》唱响大江南北，在改革开放和煦的春风中，历经 40 年峥嵘岁月的学校也迎来了办学历史上又一个新的时期。学院接到中国船舶工业总公司通知，经国家教育委员会批准，正式更名为“哈尔滨工程大学”。

工程大学时期，历任学校领导始终在谋划、优化能够充分发挥自身优势和特色的办学方略，始终带着强烈的责任感、使命感和时代紧迫感抢抓发展机遇，推动学校快速发展。20 多年来，工程大学人牢牢把握了历史机遇，正确研判了发展方略。无论是挺进“211 工程”还是进驻“优势学科创新平台”跻身“双一流”建设高校行列，无论是设立研究生院还是创办国家大学科技园……学校逢标必夺，向党、国家、人民和军队交上了一份满意的答卷。

以船、海、核为主力学科的工程大学地理上远离海疆与苍漠，科学实验

条件并不十分理想。但有限的条件并没有让工程大学人止步不前，他们硬是凭着一股“犟劲儿”，把一个个标志性成果奇迹般地创造出来。

《史记》有云：“天下熙熙，皆为利来；天下攘攘，皆为利往。”这是经济社会运行的一般规律，然而驱动工程大学人发奋图强、创造奇迹的并非名利，更不是物欲，而是为国尽忠效力的赤胆忠心。半个多世纪以来，一批批哈军工的后裔在哈军工精神的感召、教育、激励和指引下，以坚定的信仰、忠诚的灵魂、无尽的热忱，在科教事业上奋发进取、追求卓越，以丰硕的成果铸就了这所大学的荣誉与辉煌，在著录下大学发展轨迹的同时，也书成了一部为船、为海、为核、为国防的精忠实录。

学校通过“211 工程”预审【档案号 2000. SX18. 72】

更名两年之后，工程大学以鲜明的“三海”（海运、海防、海洋）服务特色进入国家“211 工程”首批重点建设院校行列。同年 8 月，船舶总公司、黑龙江省人民政府与学校签订共建协议，共同建设具有鲜明特色的，以工为主，工、理、经、管、文结合的一流社会主义大学。

1999 年 2 月，学校归属由中国船舶总公司变更为新成立的国防科学技术工业委员会。2000 年 1 月，学校召开更名之后的首次党代会，提出了 5 年、10 年、30 年的远景规划，将奋斗目标确定为：建成国际知名的中国高水平大学。大会提出了实现新世纪奋斗目标的四大发展战略：实施改革战略，建立科学高效的管理体制和运行机制；实施拓展战略，采取建立分校、扩展校园等形式拓展办学空间，使基本物质条件满足跨越式发展的需要；实施人才战略，以优惠政策引进和稳定高层次人才，建立高素质的教师队伍；实施攻坚战略，抓住“211 工程”“本科教学优秀评价”“试办研究生院”等关键点。这些新世纪四大战略中的各项硬指标，学院仅用十余年时间均已提前圆满收官。

2001 年 10 月，作为海军在东北地区唯一选拔培养后备军官的依托学校，教育部、中国人民解放军总政治部将学校列入全国首批 27 所“21 世纪人才强军计划”高校。

哈尔滨工程大学国家科技园【档案号 2003. SX11. 14】

2002 年 10 月，时任校长邱长华在“十五”“211 工程”建设项目立项评审汇报中说：“坚持特色办学理念，以‘三海一核’领域国家战略性需求为主要牵引，凝练学科的发展方向，特色和优势得到进一步巩固和加强，使学校取得一批显示跨越式发展的标志性成果。”这一年，学校获准试办研究生院，成为全国高校中为数不多同时设有研究生院与国家大学科技园的高校。

哈尔滨工程大学研究生院挂牌仪式【档案号 2003. SX11. 27】

同年召开的三届二次教代会上，时任党委书记刘志刚在闭幕式上发表讲话，他说：“在未来的发展道路上，要保证学校持续、快速、健康的发展，最终实现高水平大学的目标，需要我们走内涵式发展的道路，蓄势期远。我们要更加注重蓄积内涵发展之势，蓄人才之势，蓄学科之势，这将成为学校未来发展的一个主旋律。只有蓄今日之势，才能致明日之远。”

2005 年，学校召开了具有重要里程碑意义的第二次党代会，把未来的奋斗目标确定为“建设特色鲜明的高水平研究型大学”，把“三海一核”正式

学校召开第二次党代会【档案号 2007. SX141. 3】

确立为学校的特色办学理念。时任党委书记王树权在党代会报告中说："创建特色鲜明的高水平研究型大学的目标是与我国加快建设世界一流大学与高水平研究型大学战略目标相统一的目标，是符合国防科技工业发展战略要求的目标，是符合全校师生员工心愿的目标，是经过努力完全可以实现的目标。学校的各项事业都必须根据创建研究型大学这一基本线索进行调整和校正，各方面资源的配置都必须以研究型大学为最高准则，所有力量都必须凝聚到研究型大学的建设上来。"

这次会议还确定了学校未来发展的四大发展战略："人才强校"战略，建设高水平的师资队伍，造就一批在"三海一核"领域的领军与高端人才；"主体超越、整体升级"战略，建设高水平的特色学科体系，使服务于"三海一核"领域的主体学科实现新跨越；"创新推动、打造品牌"战略，培养高素质创新型的人才，更好地满足国家在"三海一核"等领域对人才的需求；"高端引领、集成优势"战略，发展高水平的科学研究，突出"三海一核"领域的服务特色，着力增强自主创新能力。

2006 年，学校光荣地成为全国 500 个"全国先进基层党组织"之一，这是党中央对学校各级党组织政治核心作用、战斗堡垒作用和党员先锋模范作用的充分肯定，也是对工程大学人高举忠诚旗帜的最好褒奖。

2007 年 5 月，教育部正式给予学校本科教学工作水平评估“优秀”评价，“三海一核”办学方略和“工学”并举的创新人才培养体系得到专家组充分肯定。6 月 8 日，国防科工委、教育部、黑龙江省人民政府、海军四方签署共建哈尔滨工程大学协议。共建体现了上级单位和领导对学校办学水平和社会贡献的认可，为学校提供了更广阔的发展空间和难得的发展机遇，为学校注入了更强大的发展动力，同时也赋予了学校在国家战略性需求领域更重大的使命与责任。

学校被党中央授予全国先进基层党组织称号
【档案号 2006. SW13. 8】

四方共建哈尔滨工程大学签字仪式【档案号 2007. SX18. 157】

2007 年 6 月，国防科工委对委属高校实施“一提三优”工程（党建创优工程、本科教学优秀工程、研究生教育优秀工程和办学水平提升工程）。经过 3 年半的努力，学校以全优成绩完成“一提三优”工程建设，服务工业化，信息化，国防现代化能力明显增强。

2007 年 8 月，时任校长刘志刚在暑假工作会议上指出：内涵建设和内涵式发展是实现战略目标的必由之路，是大学分级化进程中激流勇进的必然选择，是增强学校核心竞争力、实现跨越式发展、体现蓄势期远这一战略思维的落脚点。9 月，校党委《关于进一步深化内涵建设全面提高办学质量和水平的意见》出台，标志着学校发展道路和发展实践向以质量和水平提升为核心的内涵式发展的重大实质性转折。

2010 年 4 月，学校出台《关于进一步加快推进国际化进程的意见》全面推进国际化进程。2013 年 6 月，《哈尔滨工程大学国际化转型升级工程实施方案》发布，学校国际化建设驶入快车道。这一年，教育部批准学校为全国首批 61 所“卓越工程师教育培养计划”实施高校。

2011 年 6 月，学校成功抢抓“升级进位”重大战略机遇，“现代舰船与深海工程”平台获得教育部、财政部建设立项，跻身国家“优势学科创新平台”建设高校。“平台”建设与“985 工程”建设统筹衔接，参照“985 工程”建设办法管理执行。入选“平台”是学校创建特色鲜明的高水平研究型大学道路上的一个重要里程碑，是“三海一核”特色办学方略实践的又一标志性成果，为学校“十二五”向研究型大学转型升级、带动学校办学实力整体提升注入了新的牵引力。

校党委书记谷焕民陪同时任省长栗战书等领导、专家调研学校新能源产业研究有关项目

一座又一座丰碑，是全体师生勇攀高峰留下的足迹，更是校党委坚强正确领导结出的硕果。经过多年、全方位加强党的建设、加强领导班子建设，学校领导班子的执政力与引领力达到了新的高度。在具有高度凝聚力和引领力的校党委带领下，2011 年 7 月，学校召开了第三次党代会。大会确定了在行业特色型大学圈层中实现位次前移的战略目标，提出大力实施五大转型升级工程，包括：“师资队伍建设转型升级工程，显著提升高端领军人才的集

聚数量和水平；学科建设转型升级工程，显著提升特色学科体系的整体实力与水平；人才培养转型升级工程，显著提升精英人才培育的质量和水平；科技发展转型升级工程，显著提升科技创新水平和社会服务能力；实施大学国际化转型升级工程，显著提升国际合作与交流的深度和广度。”会议的召开，标志着学校正式迈入了向研究型大学转型升级的新时期。

哈尔滨工程大学青岛科技园

2014 年 8 月，学校青岛船舶科技园在青岛西海岸新区古镇口军民融合创新示范区正式开工。科技园占地 150 亩，建筑面积 18 万平方米，总投资 7.6 亿元，建设包括青岛科技园产业研究院、哈尔滨工程大学船舶与海洋工程装备创新产业园和军民融合舰船装备技术保障中心在内的“一院一园一中心”。至 2017 年 4 月，青岛科技园已初步形成了以海洋科技和军民融合为特色的高端人才、高新技术和产业集聚效应，获批 3 个国家级平台，入驻企业 82 家，构建了 18 个科研开发中心、4 个公共研发平台。高性能舰船设计研究中心获得总额 8 亿元的 18 艘三体滑行高速艇订单，舰船舱室环境工程研究中心先后承担海军项目 24 项，合同额达 2.3 亿元。

2016 年 3 月，学校积极响应党中央、国务院作出的建设世界一流大学和一流学科的重大战略决策，面向“双一流”作出了加强“三海一核”办学特色体系化建设重大战略部署，着力构建与研究型大学相适应的特色学科体系、精英人才培养体系、科技创新体系、文化制度体系，为“十三五”决胜研究型大学攻坚战打开了新局，吹响了冲锋号。

面对“双一流”建设这个崭新的历史机遇，党委书记谷焕民指出：“‘双一流’对于提升我国教育发展水平、增强国家核心竞争力、奠定长远发展基础，具有十分重要的意义。‘双一流’建设是时代赋予工程大学人的又一重要历史使命，全校上下要以‘逢山开路，势不可挡’的决心和‘义无反顾、勇往直前’

的态度，在‘双一流’建设的道路上奋勇前行。”

校长姚郁为新提任干部讲“双一流”建设形势与责任

校长姚郁指出：“‘双一流’给我校研究型大学建设带来奋勇争先、‘弯道超车’新的重大历史机遇。科学谋划和系统推进‘双一流’建设，要瞄准创建特色鲜明的高水平研究型大学战略目标不动摇，以打造若干一流学科群为着力点，全面推进‘三海一核’办学特色体系化建设，不断巩固和强化特色办学整体优势。”

同年7月，《哈尔滨工程大学综合改革方案》经国家教育体制改革领导小组办公室备案同意正式印发并实施。方案总体目标是：到2020年左右，船舶与海洋工程、舰船动力、海洋信息、核科学与技术等四个学科群在一流学科建设中取得实质性突破，建立具有工程大学特色、与研究型大学相适应、有校际乃至国际竞争力的组织体系和制度体系，实现学校治理体系和治理能力现代化。综合改革主要任务包括六大方面：一是深入推进人才培养机制改革；二是深入推进科技创新机制改革；三是深入推进人事制度改革；四是完善特色学科专业体系和一流学科建设机制；五是完善内部治理结构和治理体系；六是深化资源配置与后勤服务机制改革。目前改革已取得了阶段性成效。

2016年8月30日是个学校发展进程中值得被铭记的日子，这一天，学校与青岛市政府签订了青岛校区建设框架协议。青岛校区的建设是学校特色办学的出海口、交叉学科建设的改革试验田，更是校本部的拓展校区，对深度对接国家海洋强国战略有重要意义。

青岛校区主要规划“四院一园”，即校青岛学院、国际联合学院、校企联合学院、青岛研究院和青岛船舶产业园，将为学校吸引海内外高层次创新人才、与世界一流大学联合办学、船海及相关领域科技成果转化和产业化提供新的重要基地，将与青岛船舶科技园及校本部共同形成产学研用协同聚集效应，支撑国家海洋强国战略和军民融合战略实施及区域经济社会发展。

内涵发展的道路上，哈军工精神一直鼓舞着工程大学人砥砺前行，忠诚的灵魂一直引领着工程大学人承担使命与责任、建功立业。学校以政治建设为先导，认真学习贯彻党的十八大、十九大和习近平总书记系列重要讲话精神和治国理政新理念新思想新战略，把习近平新时代中国特色社会主义思想作为扎根中国大地创建世界一流大学的强大思想武器，推动思想政治工作在七个主要方面“强起来”，思想价值引领在七个育人领域“融进去”，牢牢掌握意识形态工作领导权主动权。2017 年全校掀起了自上而下、自下而上的全覆盖式学习热潮，“脱口而出 100 句 · 人人可为宣讲员 · 口口相传 100 人”系列活动，作为基层党支部创新典型案例被《人民日报》等中央媒体关注报道。习近平新时代中国特色社会主义思想在学校落地生根，全校上下“四个意识”更加强化，“四个自信”更加坚定，“四个服务”更加自觉，主动把十九大精神内化于心、外化于行，深入落实全国高校思想政治工作会议精神，扎实推动“双一流”建设，奋力谱写实现中华民族伟大复兴中国梦的工程大学新篇章。

控制工程实验教学中心党支部成员分享十九大报告

今日工程大学的办学条件已较更名之初有了巨大改善，学科建设、师资队伍水平、人才培养、科学研究等“硬指标”获得了巨大跃升，依法治校的现代大学制度体系得以建立，高水平校园公服体系也已基本形成。

奋进至今，校园环境与办学基本条件已焕然一新。经过多年建设，工程大学已成为“黑龙江省花园式学校”。依托学校校园建设的哈军工纪念馆入选全国红色旅游经典名录，全国首批中小学研学实践教育基地。建成海洋文化馆，学校连续三年获得全国文明单位称号。“哈军工文化园”入选国家AAA级景区，学校成为全国12所景区级大学之一。飞檐碧瓦下广场棋布，雕塑成群旁古木参天，林荫大道边花潮如海，曲径通幽间芳草延绵。大院当中有全国高校最大的、建筑面积超10万平方米的61号新教学楼，有东北地区最大的近5万平方米的图书馆，有5万余平方米的21B新教学实验楼，有船舶、水声、动力等学院的新办公楼、大型实验楼，有可供560户青年教师安居乐业的教师公寓，有配套设置完善的国际交流中心和可供800余名外国专家、留学生居住的外专留学生公寓，有融各类多功能厅于一体的近3.6万平方米的启航活动中心。此外还有20万平方米的国家科技园、十几万平方米的现代化学生公寓、大型食堂等各类公服务楼宇等等。经过20多年的发展，学校办学条件不断优化，来宾访客纷纷交口称赞：“工程大学的校园环境在全国都是一流的。”

学校现代大学治理与服务体系得以初成。《哈尔滨工程大学章程》经教育部核准正式颁布实施。作为传承办学使命的最高纲领、依法自主办学的根本遵循、完善内部治理结构的制度基石和保证师生主体地位的重要保障，《章程》为学校落实“四个全面”战略布局、深化高等教育综合改革、实现研究型大学建设事业科学发展奠定了坚实的法治基础，开启了依法治校的新篇章。学校设立了线下集中服务大厅和网上办事大厅，为广大师生提供更加优质、高效、便捷的办事服务。网上办事大厅提供教学、科研、办公、财务、资产、

哈尔滨工程大学全貌航拍图

人事、外事、学工、图书等业务一站式办理。以往下载、填写、打印、报送表单的程序，现在动动手指即可远程完成。学校还在校园内设立了多个自动报警亭、校园 110 救助服务中心和大量的校园监控，构建了三位一体的校园安防体系，保障师生的工作学习生活安全。

学校以转型升级为统领，创建高水平研究型大学的阶段性任务基本完成。学科建设方面，调整完善学科布局，总结凝练学科方向，以船舶与海洋工程、海洋信息、船舶动力、先进核能与核安全4个学科群为牵引，构建特色学科体系。材料科学、工程学、化学进入 ESI 全球排名前 1%。在国家第四轮一级学科评估中，船舶与海洋工程获评 A+，现有一级博士点学科均进入前 30%，学校进入国家“双一流”建设高校行列。师资队伍建设方面，实施“5531”行动计划，推进教师分类管理，实行管理人员职员制，创新人才发展体制机制，师资队伍学缘结构、年龄结构得到优化。院士、千人计划、长江学者、“五青”人才、万人计划和百千万人才、国家和省部级教学名师、教育部创新团队、工信部研究型教学团队、国防科技创新团队、首批全国高校“黄大年式教师团队”均有增量。人才培养质量方面，坚持立德树人，探索本研贯通培养模式，推进全员全过程全方位育人。推行“三三制”创新创业工作模式，学校入选“全国首批深化创新创业教育改革示范高校”。在教育部组织的本科教学工作审核评估中获得高度评价。近六年来，毕业生就业率和升学率稳居全国高校前列。学校进入全国高校就业 50 强，毕业生和用人单位满意度均居参评高校第一。科学研究工作中，实施科技发展转型升级工程，突破多项关键技术，涌现出一批具备冲击世界先进水平的研究成果，学校获“航母建设突出贡献奖”和“高技术武器装备发展建设工程突出贡献奖”。军民科研项目比例持续优化，2016 年科技经费到款 12.43 亿元，位列全国高校第 28 名，人均科技经费 103.02 万元，位居全国第 5 名。国际化办学方面，坚持把国际化融入办学各方面，学校通过来华留学质量认证，推动并首先承担了“中国政府原子能奖学金”项目，牵头成立世界首个国际船舶与海洋工程创新与合作联盟。俄罗斯乌克兰研究中心入选教育部国别和区域研究中心、工信部智库名录，学校与乌克兰南方师范大学共建的孔子学院获全球“先进孔子学院”。学校与 22 个国家

100余个世界一流大学、研究机构、国际组织和企业建立了良好的合作关系。

校党委书记谷焕民在学校第四次党代会上作报告

2018年5月21日，站在基本建成特色鲜明的研究型大学的基点上，学校召开了指引全面创建特色鲜明世界一流大学新航程的第四次党代会。这次大会是在中国特色社会主义进入新时代，学校高水平研究型大学建设迈向新阶段，召开的一次十分重要的会议；是学校以习近平新时代中国特色社会主义思想为指导，全面贯彻党的十九大精神，落实立德树人根本任务的一次十分重要的会议；是聚焦“双一流”建设，实现内涵式发展，加快高水平研究型大学建设步伐，开启全面创建特色鲜明世界一流大学新航程的一次十分重要的会议。大会确定了学校未来发展的指导思想是：以习近平新时代中国特色社会主义思想为根本指导，以立德树人为根本任务，以服务国家战略为根本面向，以促进师生全面发展为根本宗旨，以创建一流大学为根本目标，遵循高等教育发展规律、高等学校办学规律和师生成长成才规律，深入贯彻新发展理念，坚持扎根中国大地办大学，坚持特色办学、协调发展，坚持面向世界、融通中外，全面推进各项事业迈向更高质量、更高水平，为创建特色鲜明的世界一流大学不懈奋斗。本次大会提出了一个远景目标、三个发展阶段、九条基本办学方略、三个全面战略举措和一条政治保证，构成了今后学校工作的基本依据和根本遵循。

复兴是中国梦，一流是工程梦。“给我二十年，还你一所崭新的大学！”不善藻饰的工程大学人埋头苦干，用实际行动履行了对祖国、对党、对人民庄严的忠诚承诺。翻开档案，除了巍峨古朴的大楼和永放光芒的哈军工精神，一切都较往昔有了翻天覆地的变化。视线所及之处，快速增长的发展建设与办学成果，让人不由得想起哈军工时期的高速增长与发展，不由得让人由衷叹服哈军工后裔的忠诚与精进，不由得信服这艰苦奋斗、顽强拼搏，“以祖国需要为第一需要、以国防需求为第一使命、以人民满意为第一标准”的崇高信念历经一甲子的沧海桑田，始终没有改变。无论思想与行动，工程大学人都交上了一份无愧的成绩单。

特色理念 “三海一核”

图片从左向右排列分别为学校在“三海一核”领域（船舶工业、海军装备、海洋开发、核能应用）的代表性成果。左一为装备我校研制的、首个通过船级社认证的光纤罗经的中国最大极地考察船“雪龙”号。左二为在我校进行总体定型的哈尔滨号驱逐舰，曾为中国海军北海舰队旗舰，曾被誉为“中华第一舰”。右二为我校参研、获 2014 年国家科技进步特等奖的“超深水半潜式钻井平台研发与应用（海洋石油 981 平台）”。右一为我校联合中国原子能科学研究院共同研发的“实验快堆仿真系统”，功能达到现有先进核电仿真系统水平。

从新中国第一所综合性高等军事院校“哈军工”，到船海名校“哈船院”，再到面向船、海、核主体服务领域的行业特色型大学，这所大学始终如一地砥砺前行。但有两样最宝贵的财富从未因岁月洗刷而褪色，它们始终与这所大学携手并肩、共同成长。其一是深埋在每一位哈军工后裔心田、深埋在校园每一个角落的忠诚之魂，另一就是这所大学今日作为立校之本、发展之基、动力之源的“三海一核”特色。

“三海一核”从凝练到提出、从办学理念上升到办学方略、再进一步推升到体系化发展，包含着工程大学人对办什么样的大学，怎样办大学以及培养什么样的人，怎样培养人，为谁培养人这些基本问题的回答；“三海一核”

的发展历程记录着学校每一次攻坚克难、勇攀高峰的历史抉择，彰显了师生每一次负重前行、奋勇跃升后的发展自信。如今“三海一核”办学方略已经成为指导学校跨越式办学实践，“创建特色鲜明的世界一流大学”的重要思想基础，成为了学校在新时期服务国家战略，引领行业进步，培养一流人才的重要旗帜。

“三海一核”追本溯源，要回到上世纪哈军工时期创办的海军工程系和潜艇核动力装置专业。哈军工时期，海军不仅要建造量多质优的舰船，还需要装备攻击和防卫武器系统，所以海军工程系以舰船、舰载武备和核动力潜艇为重点。因此，海军工程系与潜艇核动力装置专业从创办之初就命运相连，时至今日二者仍然密不可分，哈军工海军工程系当年创造了许多个共和国第一，包括第一艘水翼艇，第一艘气垫船、第一艘小型水动力实验潜艇、第一部舰载军用电子计算机等等。

1957 年 4 月 24 日，朱德委员长在刘居英副院长的陪同下，视察海军工程系航模试验水池，并观看水翼快艇航模试验。【档案号 1957.SX11.6】

1970 年，国家决定哈军工主体南迁，舰船工程系驻留原地归第六机械工业部领导，与西北工业大学水中兵器系一道组建船舶工程学院。定位为：为国防建设服务、为海军建设服务、为造船工业服务的理工科学院。在专业设置上以海军武备（导弹为主）和核动力潜艇为重点，兼顾水声、惯性导航和常规动力。海军副司令员周希汉指示：“学院造船、动力、武备都要搞，要办成海军的综合性学院。对一些配套专业如水声、导航、计算机都要搞，尤其水声是落后的专业，要下决心搞上去。”1976 年，六机部下发通知，给出办学指导思想：“为我国造船工业和建设强大的海军作出新的贡献”。国家和上级单位给学校的定位也始终与船舶、海洋、国防事业息息相关。学校归属六机部时期，在各方面条件都非常有限的情况下，仍然以高水平的科研成果在舰船和鱼水雷生产制造方面做出了突出贡献。某型减摇鳍、水面舰艇的五个自由度适航性计算方法及程序、潜艇结构设计规范、某型分系统计时装置及转换装置、某型导弹机动式小型化设计指挥仪、300 匹马力潜水推轮等科研成果获得全国科学大会奖。

虽然此时学校已经退出部队序列多年，但泛白的军装上领章、肩章的印迹仍然让哈军工人无法忘怀往昔的峥嵘岁月。怀着赤诚的报国热情，1968 年起，10 年间学院 5 次恳切地向领导机关和国家领导人申请回归海军的领导，海军也几次提意见想要接收学校。主要原因一是学校专业设置与海军紧密相关，有着培养海军工程技术人员的丰富经验；二是熟悉海军技术装备研制，回归能加速海军现代化建设的进程；三是大部分教员是哈军工时期教师，对海军怀有深厚的思想感情。1977 年 4 月，王震副总理视察学院时说："你们还应该办海军需要的那些专业，你们还是海军的学校嘛！"遗憾的是，申请均因种种原因未能获得批准。这种执着投身国防建设的忠诚情愫，时至今日仍为工程大学人所坚持坚守，丝毫没有改变。这也成为了今日"三海一核"特色中学校坚持投身海军装备研制的思想渊源和专业基础。

1977 年 4 月 25 日，国务院副总理王震视查学院。
【档案号 1977.SX11.1】

1982 年 6 月，学校转归中国船舶工业总公司领导。学院出台的《1984–1990 年发展规划》充分体现了忠于组织、忠于领导的政治觉悟。《规划》设定办学指导思想及总目标为："必须紧紧围绕总公司的发展规划，通过七年奋斗，把学院建设成为一所为船舶工业、海洋开发、国防事业、省市建设服务的，在应用科学技术前沿领域具有影响的、有特色的、多科性的全国重点大学。"

在服务面向方面，学校提出：要优先满足中国船舶工业总公司对人才的需求，还将不断挖掘潜力，为省市和其他有关部门单位培养学生。学院还提出船舶及海洋工程、能源工程等重点与新兴学科的建设思路。

在船舶工业总公司的大力支持下，经过一段时间蓄力，学校高水平科研成果开始涌现。某型深潜救生艇、水声高速目标跟踪定位和引导系统、无缆水下机器人的研究开发与应用获得国家科技进步一等奖，杨士莪主持的我国首次大规模水声深海综合考察圆满成功。电子对抗相控阵接收天线、具体扩散电极技术填补了国内空白。杨士莪教授当选中国工程院院士，校长吴德铭当选乌克兰造船科学院院士。中央政治局常委、军委副主席刘华清上将，中央政治局委员、国务院副总理李岚清，中国工程院院士、原国防科工委主任丁衡高上将分别来校视察实验室和研究机构、亲临试验场参观，均对学校的办学水平和特色给予了高度评价，对学校多年来在国防科技和船舶工业领域所取得的成就作出的贡献给予了充分肯定。

1995 年 7 月 12 日，中央政治局常委、军委副主席刘华清上将视察学校。【档案号 1995. SX11. 1】

1995 年 8 月 20 日，中共中央政治局委员国务院副总理李岚清视察学校。【档案号 1995.SX11.1】

哈军工、哈船院时期，广大师生对“三海一核”相关领域的认识不断加深，不断丰富和完善了有关内涵。在这期间，“三海一核”理念虽然没有正式明确，但已经为后来的正式提出奠定了基本的学科专业基础、服务面向基础，打下了深厚的情感基础。在学校更名为哈尔滨工程大学之后，“三海一核”在办学过程中的重要战略地位愈久弥坚，历经一步步传承、发展和创新，最终从“办学特色”“办学方略”“办学道路”上升为“特色办学体系”，成为了深深印在广大师生脑海、学校开展一切工作的重要指针。

1996 年，“211 工程”启动，中国高等教育分层次建设分步实施，学校结合自身发展的历史优势和现实需求，对使命定位与服务领域定位进行了更明确的区分，并对服务领域的定位进行了第一次系统的高度凝练，即“海运”“海防”“海洋”。瞄准“三海”，学校重点建设了现代船舶设计与制造、水声工程等 6 个重点学科，学科整体建设层次达到了国内先进水平，船舶与海洋工程领域主要学科接近国际先进水平。凭借鲜明的“三海”服务特色及专业实力，学校进入了国家“211 工程”首批重点建设高校的行列。

1999 年，学校划归国防科工委领导，在 7 所同具国防属性的委属高校中唯一拥有核学科，在满足国防装备与和平利用核技术对人才培养、科学研究的迫切需求方面有很大的发展潜力。随后，国防科技新跨越、造船强国新目标、核电发展新局面、海洋资源大开发、东北老工业基地振兴等历史机遇接踵而至，通过对已有优势和上述领域国家需求的前瞻性思考，学校进一步将服务的主体领域凝练为“三海一核”，即船舶工业、海军装备、海洋开发与核能应用。

2002 年 9 月 3 日，《中国教育报》在头版头条位置刊发了国家计委、教育部、财政部的长篇文章《为科教兴国战略奠定坚实的基础——“211 工程”“九五”建设取得重大成效》。文章指出：“哈尔滨工程大学以‘三海一核’需求为主体，承接若干重要的科研项目，组织学科体系，实施学科跨越式发展战略……”这是国家“211 工程”主管部门对学校“三海一核”办学方略及其实践的充分肯定。时任国防科工委主任张云川高度评价学校“三海一核”办学

中国教育报

CHINA EDUCATION DAILY

宁波义务教育实行“两免一补助”政策

经济欠发达乡镇 万多中小学生受益

为科教兴国战略奠定坚实的基础

——“211 工程”“九五”建设取得重大成效

中国教育报刊发文章《为科教兴国战略奠定坚实的基础——“211 工程”“九五”建设取得重大成效》

方略，认为学校很好地把握住了自身的发展方向，未来发展大有前景。时任教育部副部长的周济来校视察时，认为学校“三海一核”特色体现了异峰突起、出奇制胜的战略思维，要认真总结和凝练，进一步指导办学实践。校友、海军副司令金矛中将在建校 50 周年庆祝大会上的讲话中说：“哈工程走过了创业、发展、再创辉煌的不平凡历程，成为我国‘三海一核’领域重要的人才培养基地和科研基地，为我国培养和输送了大量人才。”

2005 年，学校召开了第二次党代会，大会确立“三海一核”为办学方略，并首次在报告中以科学的战略思维，进行了系统的总结：“三海一核”办学方略，就是把“三海一核”作为服务主体领域的方略，就是以这些领域的人才培养和科学研究的需求为牵引来构造学校主体学科的方略，就是以这些主体学科率先发展进而带动其他学科共同发展的方略。坚持“三海一核”办学方略，必须按照有所为、有所不为的方针，主动面向服务主体，以服务求支持，以贡献求发展，通过构建和优化人无我有、人有我特的学科专业、人才培养、科学研究体系，以差异化打造核心竞争力，推进学校的跨越式发展。同年，在党代会会议精神的指引下，我国高校首个核科学与技术学院在“三海一核”办学方略的实践中应运而生。学院现已设有“核科学与技术”一级学科博士后科研流动站、“核科学与技术”一级学科博士学位授权点和硕士学位授权点，是“211 工程”重点建设学科和国防特色重点学科，已成长为支撑学校“三海一核”特色学科体系的重要一柱。

2009 年，学校在深入学习实践科学发展观活动中提出了“强化体制机制创新，加快内涵式发展；突出三海一核特色，创建研究型大学”实践载体，对特色办学理念成果进行了系统集成。“十一五”期间，学校大力推进“主体超越、整体升级”战略，形成了以“三海一核”主体学科专业为核心的特色学科专业体系框架。

2011 年，学校成功抢抓“升级进位”重大战略机遇，“现代舰船与深海工程”平台获得教育部、财政部建设立项，跻身国家“优势学科创新平台”建设高校。这是学校创建特色鲜明的高水平研究型大学道路上的一个重要里程碑，是“三海一核”特色办学方略实践的又一标志性成果。同年，学校第三次党代会召开，校党委坚定走“三海一核”特色办学道路，要求努力实现特色建设新突破。大会将“三海一核”上升为全面指导学校办学实践的核心方略。报告称：“三海一核”办学特色对于学校决策战略选择、构筑发展优势、树立品牌形象、谋求多方共识起到了至关重要的作用。坚决杜绝和防止任何忽视、弱化特色的倾向，坚定特色办学道路，强化和拓展已有特色，培育和打造新特色，努力实现特色建设的新突破。

2015 年，《哈尔滨工程大学章程》经教育部核准。“坚持中国特色社会主义办学方向，坚持行业特色型大学定位和‘三海一核’办学特色，面向海洋强国战略，服务工业化、信息化和国防现代化需求。”“三海一核”办学特色正式以大学章程形式确立下来，成为指导办学的根本遵循。

2016 年，面向“双一流”，学校作出加强“三海一核”办学特色体系化建设重大决策，开展“三海一核”特色体系化建设年活动，着力构建与研究型大学相适应的特色学科体系、精英人才培养体系、科技创新体系、文化制度体系，全力打造船舶与海洋、舰船动力、海洋信息、核科学与技术等4个学科群，组建船海、核能、产业 3 大研究院，依托船海、核能 2 个协同创新平台，形成体系化发展、学科交叉融合的集成优势。年内成立建设的减振降噪、极地、海洋信息、动力自主化等研究中心对接国家重大需求，论证和落实了一批国防重大任务，“双一流”建设迈出重要步伐，为“十三五”决胜研究型大学攻坚战打开了新局。

校长姚郁在学校科技创新大会上作报告

2018 年 5 月，学校召开研究型大学建设迈向新阶段的第四次党代会，报告中坚定地写到：坚持特色立校。报告认为，学校在长期办学实践中积淀形成的办学特色是立校之本。要坚定不移走特色发展之路，把办学特色体系化发展作为百年基业，系统打造更厚基础、更高层次的办学整体优势。坚持特色发展和发展特色相统一，强化原特色，催生新特色，促进新旧特色相互融合、相互促进。强化特色就是优势、特色就是实力的观念，把坚持和发展特色融入日常工作之中，紧紧围绕船海核领域和国家重大战略需求谋事业拓展、求质量提升。

以学校特色发展的维度审视“三海一核”办学方略的形成、提出与发展，我们发现：“三海一核”办学方略在战略层面系统回答了研究型大学建设的目标、道路、模式和动力等问题，逐步形成了比较完整的办学理念体系，可以说，“三海一核”办学方略发展过程是学校对重大发展问题进行系统研究和深入探索的过程。“三海一核”特色体系化的提出，是特色建设的又一重大理论突破，学校办学指导思想再次得到擢升。

以学校办学使命的维度审视“三海一核”办学方略的形成、提出与发展，我们发现：“三海一核”是学校围绕上级领导单位发展建设需要调整服务领域的忠诚选择，是围绕国家发展建设战略需要调整战略定位的忠诚抉择，更是对学科优势与国家现实需求相结合的正确判断，是学校对主体服务领域和未来发展方向的客观决择。

在对“三海一核”办学方略的不断探索与实践过程中，学校各方面建设取得了丰硕成果。

“三海一核”人才培养条件不断优化提高。学校通过建设一批特色鲜明、国际水平的在线开放课程和特色教材，逐步打造、完善“三海一核”领域特色优质课程群。围绕“三海一核”领域展开办创业学院，开展创新、创业教育，在国际国内各类赛事中获得国际和国家级奖逾千项。与美国德州农工大学开展核工程联合人才培养计划获国际原子能机构及美国能源部认可。

“三海一核”人才培养质量突出、贡献卓越。这里走出了我国船舶工业系统 40% 的技术领军人才和高级技术干部，国防工业系统 5.6% 的总指挥、总工程师，中国核工业集团 60% 的首席专家。海军国防生以“可靠、顶用、创新”受到部队的认可与青睐。“十二五”期间，7700 余名毕业生进入国防系统就业，占毕业生总数的 45%，为国防建设提供了强有力的人才保障，在

学校毕业生叶聪、唐嘉陵获“载人深潜英雄”称号

我国船舶与海洋工程领域的企业与研究所，在我国所有在役和在建的核电站中，我校毕业生比例排名第一。

“三海一核”科学研究能力明显增强。学校形成了以“10+X”重大科研发展方向为牵引，以船舶与海洋工程先进技术研究院、核安全与仿真科学技术研究院、国家安全与国防科技发展研究院三大研究院和研究中心为载体，以学术团队为核心，以科研项目为落点，以系列科研管理制度为支撑”的科研发展新体系。水声技术国防科技重点实验室评估获得优秀评价、“核安全与仿真”国防重点学科实验室评估获同领域最高成绩。核安全与仿真、水声技术两团队获教育部创新团队。在一系列重大科技计划中，学校 36 位教授进入顶层专家组，汇聚了一批高端领军人才。发起成立船舶与海洋工程国际科技合作组织（ICNAME），成员涵盖 11 个国家的 55 家机构，成为推动世界船舶与海洋工程领域全方位合作交流的重要平台。

水声技术国防科技重点实验室被国务院正式确认为国家重点实验室
【档案号 2011. SX11. 8】

“三海一核”高端成果大量涌现。水下机器人、减振降噪、船舶减摇、船舶动力、组合导航、水声定位、水下探测、核动力仿真、大型船舶仿真验证、三体船设计等技术居国内领先或国际先进地位。

目前，在船舶工业领域，学校已牵头数值水池创新工程、低速船用发动机创新工程、极地船舶装备工程，承担新船型设计、数字化造船、舰船舱室环境、万箱集装箱船等一批重大协同创新项目，成为我国船舶工业技术进步的重要推动力量；在海洋工程领域，承担深海空间站、矢量水听器、超短基线水声定位、DP3 动力定位、第七代超深水半潜式钻井平台等任务，牵头组织论证水下生产信息支持系统、海上能源岛示范工程等重大任务，成为我国海洋工程装备领域的重要支撑力量；在核能应用领域，参与钠冷实验快堆仿真、安全壳非能动热量导出系统等国家核电重大专项、国家核能开发专项等研究工作，是我国核能应用领域主要依托力量之一。

“三海一核”科技成果产业化迅速升温。学校与中船工业集团、中船重工集团、中海油总公司、中核集团等大型企业、研究院所签订战略合作协议，面向国家重大科研项目，开展产学研深度合作。学校营造“面向市场搞科研、投身科技成果产业化”的良好氛围，启动建设了“黑龙江哈船众创生态园”，发起成立了“哈船创业服务联盟”。科技园获“国家级科技企业孵化器”认定，青岛船舶科技园入选国家首批军民融合机构。2015 年，学校成立哈船动力、哈船导航、哈船智能装备三家高科技公司，2016 年又有 20 余户企业诞生。青岛船舶科技园订单已超过 10 亿元。

习近平总书记考察龙江驻足我校高新科技产业化成果

在中英高级别人文交流机制第五次会议上，校长姚郁向
时任中共中央政治局委员、国务院副总理刘延东等中外来宾介绍我校最新科研成果。

坚定不移地走好“三海一核”特色办学之路，办好“人民满意”的教育，是学校实现跨越式发展的信心和希望，是学校矢志不渝的目标与追求，是“忠诚”文化在办学实践中的具体体现。在长期的办学实践过程中，学校继承和发扬哈军工优良传统，赋予其新的时代特征，提出了“以祖国需要为第一需要、以国防需求为第一使命、以人民满意为第一标准”这“三个第一”的办学境界和“始终将满足‘三海一核’领域的国家战略需求作为首要责任，始终将‘三个第一’的精神境界作为最高追求，始终将在人才培养和科技创新上为国防科技事业做出重大贡献作为核心目标”这“三个始终”的办学使命。“三个第一”已成为了工程大学人的共同追求，“三个始终”已成为了工程大学人的高度自觉。

甲子坚贞　“核”衷进取

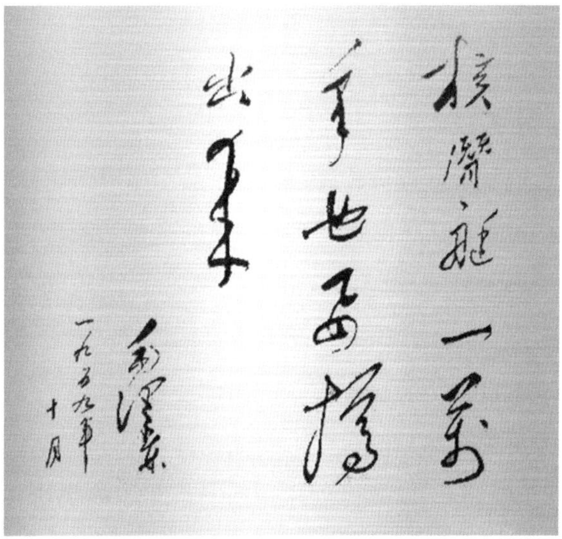

核潜艇总装厂陈列的毛泽东誓言集字语录
“核潜艇一万年也要搞出来”

1959年，赫鲁晓夫来华，就中方提出的核潜艇技术援建问题回答说：“核潜艇技术复杂，你们搞不了，花钱太多，你们不要搞。”对此，毛泽东愤然指出：“核潜艇，一万年也要搞出来！”

1962年，苏联撤走了全部原子能专家。根据当时国家财力、物力和人力状况，国防科研工作确定“缩短战线，任务排队，确保重点”的方针，把研制原子弹、氢弹放在第一位，其他项目都要重新进行调整以缩短战线。兼任外交部长的陈毅元帅深知先进武器装备在国际政治角逐中的分量，还是舍不得核潜艇项目下马，提出：“我不赞成这方面的缩减，而赞成继续进行钻研，不管要八年，十年或十二年，都应加紧进行。”

两句话，改变了几代人的命运，改变了一所大学的前程，更改变了中国核能开发与利用的格局。

第一句话音落地，哈军工海军工程系毅然挑起了重担，在一无条件、二无经验的情况下，响应领袖的号召，克服一切困难、自力更生筹建创办了潜艇核动力装置专业，从此肩负起了为国防建设和国家安全培养人才、推动核科技进步的神圣使命。

第二句话萦绕耳畔，让哈船院在学校归属不定、去向不定，办学一度陷入停滞状态、举步维艰的黯淡岁月里，在原子工程系被撤销，仅存一个船舶核动力装置专业的条件下，在仅有工农兵学员、生源质量无法保证，连续多年没有招生，几乎办不下去的现实面前，仍然如同穿军装的往昔那般坚守岗位，坚守着为了国家安全、为了核能利用，一定要把核专业办下去的信念。

欣慰的是，走过艰难的岁月，老师、学生仍在，专业仍在，阵地仍在，希望仍在！上世纪末，国家核能和平利用大发展的冲锋号吹响，核学人和他们的后继者们结集起来，全力攻坚，于 2005 年 12 月迎来了中国历史上第一所核学院的诞生，跨越半个世纪、用穷尽一生的奉献与坚守，著下了中国科技发展史、高校发展建设史上的重要一笔。

工程大学核学院的前身是始于 1959 年哈军工创办的潜艇核动力装置专业。当时，我国搞核动力研究的专门人才匮乏，只在中科院原子能研究所有一个重水实验反应堆，一切都要白手起家。对于尚属起步、探索阶段的核动力装置专业，摆在众人面前的是一系列需要攻克的难题。创业元老王兆祥教授回忆起当年学科创建初期的奋斗历程依然心潮澎湃："不懂专业，就专门请前苏联专家讲课，边学边干；没有教材，就组织人员日夜翻译资料，自编讲义；前苏联撤走专家后，就利用一切时间刻苦自学、钻研难题，边学习边授课。""教研室上下团结一心，制定教学计划，编写教课书，大家阅读的参考资料可以摞起几米高。"众人齐心协力，终于把专业办起来了。

1960 年，核动力装置专业正式招收第一期学员。后来，基于某种原因，上级机关要求此专业暂时停办，但院、系领导认为，我国没有该专业的其它人才培养基地，这个专业对国防事业将起到重要的支撑作用。因此，虽然没有"正式户口"，专业还是继续办了下去。

1964 年，我国第一颗原子弹爆炸试验成功，核动力潜艇的研制工作又全面启动起来，潜艇核动力装置专业人才顿时紧缺，曾经是“黑户口”的潜艇核动力装置专业毕业生立刻成了各方争夺的“香饽饽”。再以后，哈军工核动力装置专业的毕业生参加了我国几乎所有核动力装置的建设，许多人成为了各项工程建设的骨干力量。

1966 年至 1976 年，受当时政治环境的影响，核学科的发展几乎“停滞”，直到 1977 年恢复高考才开始正式招生。这段苍凉的岁月，以教书育人和科研报国为使命的科学家们始终没有停下自己的脚步。王兆祥、杜泽等老一辈学科建设者们仍然保持着强烈的使命感和坚不可摧的信念，他们对核科学的发展有着准确预见和清晰的判断：“一定要千方百计地坚持办下去”“核动力人才未来一定会大有作为，眼前更需要为国家的未来培养核领域后备人才。”2015 年，习近平总书记在我国核工业创建 60 周年之际作出“核工业是国家安全的重要基石”的重要指示，印证了老科学家们“无论是国家战略需要，还是国防工业需求，核能这个阵地不能丢”的正确判断。

哈船院时期的核学科带头人杜泽教授

由于老一辈学科建设者的坚守，核动力装置专业才在困境中仍然维持了比较完整的师资队伍，因此，20 世纪 70 年代筹建中的哈船院曾将核动力装置专业定为两个重点专业之一。学院正式定名后进行了专业设置调整，该专业仍居一席之地。20 世纪 80 年代到 90 年代，我国核工业由研制核武器“两弹一艇”（原子弹、氢弹、核潜艇）为主转向军民结合、核能和平利用，严峻的就业形势让教师们遇到了新的困难，杜泽教授一次又一次地跑到船舶总公司、核工业总公司进行汇报，讲国家安全需要，谈核能发展前景，争取支持，终于赢得联合两家单位开展共建的宝贵条件，不仅抓住一个个具有前瞻性的科研项目留了住人才，还解决了面向未来的基础科研经费支持，更解决了学生毕业分配问题，为核工业的春天播下了人才之种。

20 世纪 90 年代，我国核科技工业逐渐开始了新的发展。杜泽教授作为国防预研专家组成员把握住了这一难得的发展机遇。杜泽教授认为："所有的科学问题都可以归结为六个字——概念、模型、预测"，率先提出"核动力运行与仿真"研究方向。以当时我国核技术的水平，能够提出如此超前的发展思路是非常难能可贵的，思路的实施全面带动了我校核学科专业的发展与水平提升。

为满足渤海船舶重工集团有限公司对运行、调试人员培训的需要，在杜泽教授的推动下，在中国核动力研究设计院、中船重工 719 所、431 厂及船舶工业集团的支持下，我校核专业获国家批准研制核动力装置培训模拟器。这成为当时我校最大的科研项目，也是我校第一个保障条件建设项目。1995 年，杜泽教授主持了项目论证工作。1998 年正式批准立项后，为培养学科后备力量，他安排学科青年骨干教师作为项目负责人率领课题组与核动力院、719 所等单位密切协作、联合攻关。2002 年 12 月，项目顺利通过验收投入使用。该模拟器解决了核动力运行操作规章的制定、验证和培训等一系列问题，在核动力装置建模与实时仿真技术方面取得了创造性成果，达到国际先进水平，荣获 2006 年国家科学技术进步二等奖。核动力装置培训模拟器从立项论证到最终获奖前后历时十年之久。期间，核学科逐步锻造出一支以青年骨干教师为主体的科研团队，建成拥有先进科研条件的核动力仿真研究中心，凝练出以核动力仿真和运行

核科学与技术虚拟仿真实验教学中心

安全研究为主的研究方向，形成承担重大科研项目的能力，为学校成立核学院奠定了重要基础。

哈尔滨工程大学核科学与技术学院

2005 年 12 月 12 日，我校核科学与技术学院成立，经过 10 余年的发展，核学院已成为全国重点大学最大的核专业人才培养单位，在校博士生、硕士生、本科生以及留学生已达 1300 人。学院设有“核科学与技术”一级学科博士后科研流动站、一级学科博士学位授权点，核能与核技术工程入选“全国工程硕士研究生教育特色工程领域”，核化工与核燃料工程 4 个专业被批准为教育部专业综合改革试点专业，核科学与核技术成为我国核学科首个开展工程教育专业认证的专业。

一所依靠坚韧不拔的毅力，坚定不移的信念，历尽曲折终成长起来的学院，其师生必定有着忠诚坚韧、可靠顶用的特质。正是凭借这种性格品质与精神境界，早在 1964 年，哈军工的核动力装置专业所属的原子工程系 10 多人就在首枚原子弹研制中做出了突出贡献，荣立集体二等、三等功。现今，工程大学作为国内重点大学中最大的核专业人才培养单位，毕业生供不应求。毕业生以忠诚坚韧、可靠顶用的特质广受用人单位赞誉，扬名全国核科学技术与工程领域。中国核能行业理事会理事长、国防科工局专家咨询委副主任张华祝如是评价：“学院为中国核能事业的发展培养输送了一批高水平的学生，他们在核行业中发挥着重要的作用。”自专业建立至今，学校为我国核科技工业及国防建设输送了近 4000 名学子，他们中的许多人已是业界领袖或骨干，为我国核武器“两弹一艇”（原子弹、氢弹，核潜艇）科研，特别是核动力发展做出了贡献。2010 年底，船舶核动力装置专业 87 届毕业生邢继等 3 名校友当选中国核工业集团公司首席专家，在 5 个首席当中占了 3 个席位。

工程大学核学院招生宣传单

学院被用人单位信任是种无形的荣誉，而得到全社会乃至国际核心学术与工程组织的普遍信赖，更不是寻常的荣耀。上个世纪核专业恢复招生不久，我校核专业毕业生的美誉就已在业内流传。1997 年，广东核电集团有限公司在学校设立教育基金，每年奖励一批我校核专业优秀师生，以推动学校每年向该集团动员、输送优秀毕业生 10 名。因毕业生表现优异，同时又广受行业认可，该集团担心“抢”不到足量毕业生，2002 年直接与学校签定了“订单 + 联合”培养协议，一次性“抢订”了 66 名 2002 级本科生。作为优质毕业生的供应方，学校与中国核工业集团公司、中国广核集团等多家行业巨擘签有《人才培养协议》，与秦山核电、哈尔滨电站设备集团等多家大型企业签有《校企培训协议》，与中国原子能科学研究院、中国核工业集团公司、中国核电工程有限公司共建了 3 个国家级工程实践教育中心，与美国德州农工大学核工程联合培养计划自 2012 年起已成功举办 3 届，2015 年获国际原子能机构全额资助及获美国能源部认可。随着我校核学科办学实力和影响力不断扩大，学校被国际原子能机构确定为中国地区人才培养基地，这标志着学院的人才培养质量已为全世界同行所公认。

毕业生受用人单位认可，除了哈军工精神赋予的优秀品质之外，关键在于优良的业务素质。学院高水平的师资队伍、丰富的科研项目、高端的科研平台，为培养高水平人才提供了强大的保障。

在师资队伍建设上，核学院既注重培养高水平学者，也注重引进高端人才，建立起了一支国际化、高水平的师资队伍。当时的学科带头人杜泽教授主张：“青年教师要主动承担科研项目，积累工程经验，通过科研提升教学能力，走教研结合的人才培养之路。”1990年，杜泽、于瑞侠等教授亲自带领一批刚刚研究生毕业的青年教师参与到我国第一代核潜艇的系泊实验及综合治理工作中。为培植后备力量，他还把团队骨干教师带进了预研专家组。在他的着力培养和大力推动下，核学科涌现出一批优秀人才。一个团队的发展壮大离不开每位成员的共同努力，更与带头人的发展意识和战略眼光密不可分。

大师们汇聚的力量创造了瞩目的成果。在国内同类院校中，我校核学院已在核动力仿真、反应堆热工水力、核动力装置性能与设备、反应堆物理、核安全等科研方向上取得了一系列突破性进展，展现了强劲的科研实力，具有明显的比较优势。作为总装和海军装备预研专家组成员单位，在核科技工业中确立了不可替代的行业地位。学院完成了包括我国首座钠冷快堆系统仿真技术在内的多项基础和专项研究任务。在这一研究方向上，仿真中心已取得了国内领先、国际先进的研究成果，获得国际同行的高度评价，并与国内多家优势研究力量携手前行，拥有了向引领世界研究水平迈进的条件。截止到2015年，学院累计承担来自国家及企业的各类科研项目100余项，获国家科技进步二等奖、发明三等奖，部级科技进步一等奖等30余项科研奖励，发表学术论文1200余篇，SCI、EI论文900多篇，逐步奠定了我校核学科在国内的地位和影响力。

鉴于学院领先的科研水平和贡献能力，主管部门批准我校设立了“核安全与仿真技术国防重点学科实验室”、国家“核动力安全与仿真技术学科创新引智基地”、国家级国际科技合作基地“核安全与仿真国际联合研究中心”、工业和信息化部“核动力安全与仿真技术协同创新中心”，建立了“核动力运行与仿真”教育部创新团队。团队承担了国家自然科学基金、国家科技重大专项、“863”项目和核能开发专项等国家级科研任务，成为核动力安全与仿真技术国际先进的科研与人才培养力量。一系列成绩的光环并没有使核学人满足，他们有更高远的志向、更深沉的使命感和更远大的追求：他们选择了“面向国家战略需求布局，以核学科带动物理、控制理论与控制工程、力学、材料与化工等相关学科发展，实现多学科的交叉融合”的发展战略，通过充分发挥核学科的牵引力和带动作用，为校内、校外广泛的协同创新创造更多机会，以此促进学校基础研究水平提升，从而带动学校整体办学水平提升。对内，核学院联合了航天与建筑工程学院、自动化学院的科研力量“加盟”协同创新中心；对外，协同核工业集团、船舶重工集团等国内优势科研力量联合攻关国家重大科技项目，使核学科的科研实力和办学水平稳步提升。

学院科研成果的优异学术与经济价值，在业内产生了一次又一次的“冲击波”，中国核工业集团公司、中国核工业建设集团公司、中国核电工程有限公司、中国核动力研究设计院等单位闻讯纷至沓来，与学院签定了教育、科研、工程领域等各方面的合作协议，期待通过从学院“借智”“借力”进行重大科研项目攻关，解决自身发展瓶颈问题。随着科研和人才培养不断结出坚实硕果，学院在国际行业中的影响力和号召力与日俱增，2008 年至今，学校两次承办、两次协办 21 世纪和谐核电系统国际会议，包揽了世界核学科这一顶级科学与工程盛会四分之一的承办权。

第二届 21 世纪和谐核电系统国际会议（ISSNP2008）暨第 4 届电厂控制中认知系统工程方法国际会议（CSEPC2008）及第 3 届未来核电厂仪表与控制国际会议（ISOFIC2008）在校召开

2016 年 6 月，在第七轮中美人文交流高层磋商大会上，学校与两所世界著名公立研究型大学达成合作。与世界百强学府——全美国规模第 6、核工程排名第 4 的德州农工大学联合筹建哈工程德州农工联合学院，在核安全、核能和平利用与船舶、海洋能源等领域建立科学研究、教育与培训合作关系，并签署《在核安全、核能和平利用与船舶、海洋能源等领域开展联合科学研究与人才培养的谅解备忘录》。与美国历史悠久的、核工程专业排名全美前十的田纳西大学在核安全与核能和平利用领域联合开展科学研究和学术交流。另外还将与英国两所大学共同开展核安全国际联合研究中心的工作。两项成果的达成，标志着核学院的办学实力已为世界顶级学府和学术权威所认可，标志着核学院具备了参与高水平、世界性合作的资格与能力，随着国际合作渠道的不断建立与拓宽，建设世界一流核学科的目标正在逐步变成现实。

如今，核学院已英姿飒爽地向着的新的高度再次进发。为学院奠基奉献了毕生精力和智慧的前辈们虽已退居幕后，但他们超前的战略眼光，高度的历史责任感，忠于国家需要的精神以及形成的文化早已融入核学科发展建设的血脉，星火相传，引领未来，布局长远。核学院正积极申办“杜泽教授教育基金”，以传承和铭记他们在困难面前能坚定攻关，在无望之际能坚守信念，在机遇来临之时能坚决把握，在成功之时能坚持发展的宝贵精神。

心系船海　面向国防

忠诚，一个代表坚定、坚守和坚持的词汇，在科教战线上，是那些具有绝对可靠的政治品质、对党的事业全力以赴、为祖国和人民做出杰出贡献的组织和个人的写照。忠诚，也是工程大学八字校风的核心，以这二字作为校风引导词，其间透露着高度的政治自觉和高度的成就自信。政治自觉来自于学校传承的“哈军工”的光荣传统，成就自信则来自于学校为我国船舶工业与海洋开发，为海军装备和国防建设所做出的突出贡献。

这忠诚不仅为全校师生所坚守，也得到了党、国家和军队的认可。如果说学校荣获全国先进基层党组织，是政治忠诚的光辉印迹，那么在全国高校中，唯一获得中组部、总装备部等五部委联合授予的“高技术武器装备发展建设工程突出贡献奖”和“航母工程建设突出贡献奖”，则是对事业忠诚的最高嘉赏。

陈列在哈军工纪念馆的辽宁舰模型【档案号 2017.SX18.1】

作为一所献身国防科技工业的大学，学校的首要使命是以自身的优势和特色紧密对接国家战略需要，为国家战略的实施提供人才和成果，它在第一时间、以第一标准，无条件地响应国家的召唤。为了协助海军建设辽宁号航空母舰，人们只听说学校抽调了6个学院百余名精干教师以及大量优秀学生投入到与航母相关的研究工作中；只听说学校是全国参与航母研发最为深入的地方高校，为航母研制生产了100余台套舰载设备；只听说学校为军方决策和工业部门设计提供了重要支撑，为航母的设计和使用培养了很多专门人才；但可能却从没有听说过，在此期间，这大批的科研精英和学术骨干放下了什么，失去了什么，付出了什么。

就是这种可贵的奉献精神，让哈船院走向复兴，让工程大学再度崛起。1999年，学校更名为哈尔滨工程大学，科学研究随即步入了发展的快车道，更名后的头一个十年就已取得了8项国家科技进步一等奖、二等奖等令人叹服的成就。翻开学校已经发布的年鉴，在2007至2016的十年间，学校两度摘取国家科技进步特等奖，实现了1953年建校以来“特等奖”零的突破；十年间，全国只有17个项目获得国家科技进步特等奖，其中只有8个通用项目有普通高校参与，而我校在通用及其它项目中均有斩获；十年间，学校获得了10项国家科学技术二等奖以上荣誉，相当于1953年至2006年此级别奖项之和。工程大学人再次用卓越的贡献诠释了忠诚的含义。

科研成果大量“涌现”的背后，是工程大学人常年不舍昼夜的全力以赴。夜晚步入工程大学的校园，你会发现几乎所有的教学、科研楼，几乎所有的房间都灯火通明，直到晚上10点半，各科教大楼、宿舍按规定关门闭户时，这片超过一平方公里的光芒才渐渐熄去。没错，灯火照耀的面积和时长，就是一所大学的希望，也是一所大学的能量。有些人觉得这样太过辛苦，事实上，工程大学人却不觉疲倦，对他们来说，创造价值的乐趣就是工作的动力。

二次党代会之后，学校内涵建设、蓄势期远的发展战略，让科研工作蓄力渐丰。厚积薄发，到了2012年，学校国家自然科学基金船舶与海洋工程领域立项数量居全国高校、研究所首位。2014年，深海工程与高技术船舶协同创新中心首批10个创新团队完成经费千万以上的重大科研项目23项，突破行业重大关键技术50多项；学校参研工信部高技术船舶及海洋工程专项立项达 15 项之多，在国内船海领域的高校中连续 3 年排名第一。2015 年，多功能水下无人航行器、自治式潜器搭载对接系统、实验快堆仿真系统等一批标志性成果受到国内外广泛关注。数值水池创新专项（一期）、船用低速发动机等为代表的一批国家重大创新项目获批。2016 年，学校获国家重点研发计划牵头项目 7 项、牵头课题 8 项，参与课题 16 项，比“十二五”科技研发计划获立项经费最高年份增长 50%……

在全校师生的共同努力下，如今工程大学的水下机器人、减振降噪、船舶减摇、船舶动力、组合导航、水声定位、水下探测、核动力仿真、大型船舶仿真验证、三体船设计等技术已居国内领先或国际先进地位，学校现已成为我国舰船科学技术基础和应用研究的主力军之一、海军先进技术装备研制的重点单位、我国发展海洋高技术的重要依托力量。工程大学时期，学校承担、参与国家重大科技攻关、国家和国防“973”计划及“863”计划、国防预研和型号等一大批科研项目，获得省部级以上科技奖励 500 余项。

世界上最难办的事情有两种，一项是首创，另一项是第一。凡是科研工作者冲击这两种新高度时，都会不由自主地捏起一把汗，打起十二分精神。哈军工时期，核潜艇动力装置专业主任陈宽开办专业时说过：“核潜艇动力装置专业是白手起家，当然类似的情况并非第一次，哈军工的许多工作都是白手起家的。”许多“共和国第一”的成果老一辈学者们都研究成功了，现在科研条件好得多，工程大学人“猛攻尖端、勇挑重担”的劲头就更加强烈了。在师生们的全力攻坚下，一个个“首创”“第一”异彩纷呈，捷报频传。

科技日報
SCIENCE AND TECHNOLOGY DAILY
中科大揭示长片段非编码RNA促进肿瘤生长机制
可作为肿瘤治疗潜在靶点
为“海洋强国梦”安装“加速器”
——哈尔滨工程大学协同创新纪实

2013 年 12 月 23 日，《科技日报》头版头题报道了学校为“海洋强国”做出的突出贡献，还另外重磅推出纪实文章《谋海济国》，详述了学校建校一甲子以来为船为海为国防做出的重大贡献。

国内首创的船载式水中高速目标轨迹跟踪测量系统——1995 年由杨士莪、丁士圻、惠俊英等研制成功的船载式水中高速目标轨迹跟踪测量系统通过专家鉴定。专家一致认为该系统是一套技术性能良好、使用非常方便的船载式、远程、高精度、高帧率、多目标、三维水中高速目标轨迹跟踪测量装备。它显著改善了深水靶场对深海高速目标运动轨迹的测量能力，在主动式船载水中高速目标轨迹测量方面属国内首创，其技术指标处于国际领先水平。该项目 1997 年获得国家科技进步二等奖。

我国第一套海底测量仪——1998 年由徐新盛等人研制成功“条带测深仪”。“条带测深仪”标志着我国海洋测绘能力达到国际先进水平，在海洋资源调查、海底施工、湖泊及水库水下地型测量以及打捞救生等领域都有广泛的应用前景。图为安装了条带测量仪的测量船。

国内首创的某艇动力定位和集中控制与显示系统——1998 年由工程大学作为技术抓总责任单位，由边信黔任负责人，工程大学与三个兄弟单位联合攻关完成的某艇动力定位和集中显示系统通过技术鉴定。该系统多项功能是当时世界上其他国家的深潜救生艇所不具备的，使在混浊海水中的救生成为可能，系统所实现的功能指标和总体科学技术水平处于国际领先地位。该项目 1999 年荣获国家科技进步三等奖。

我国第一套艇用综合导航系统——1998 年由工程大学校担任副总设计师单位的艇用综合导航系统通过技术鉴定，这是一套设计合理、功能完善、技术先进、可靠顶用的艇用综合导航系统。郝燕玲等人研制的综合导航显控台是这一系统的核心设备，它首次采用了分布式数据总线技术，实现了综合导航系统的集中控制、导航数据综合优化和系统状态实时监控。该项目 1999 年获国家科技进步三等奖。

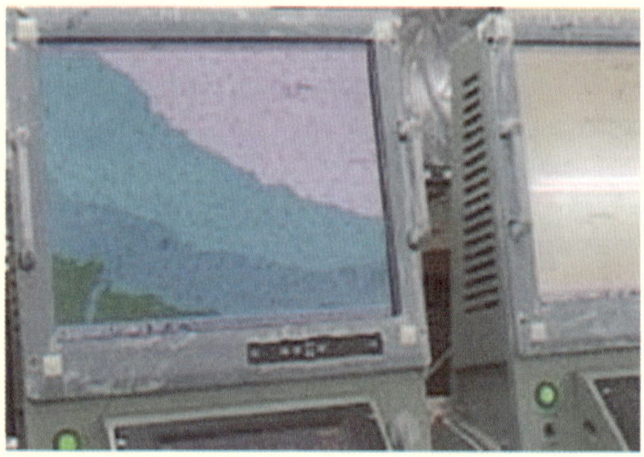

我国第一套自主开发的电子海图应用系统——1999 年由郝燕玲主持研制成功的某型电子海图应用系统通过技术鉴定。该系统可以显著的提高潜艇的水下导航能力。该系统集地理信息、航海信息、航海计划、航海作业为一体，是我国唯一从底层进行软件开发的系统，其实时性高、占用空间小、安全可靠。

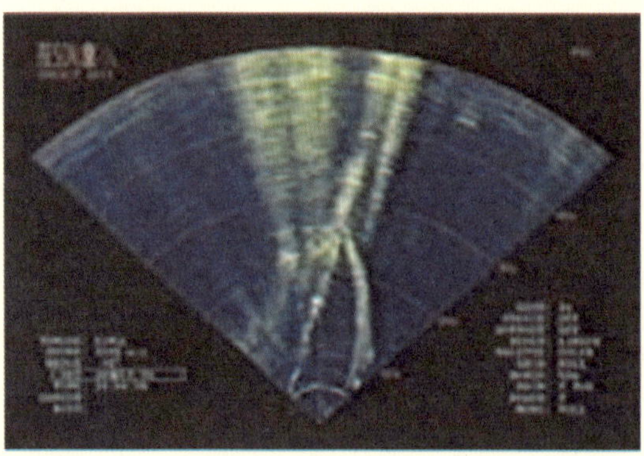

填补国内空白的“水下弹道测量系统”——1999 年由桑恩方领导的“水下弹道测量系统”研究项目通过海试验收，正式交付部队使用。该系统首次通过声图像外测的方式，实现了水下三维运动轨迹测量，为我国潜射导弹的水下运动规律研究和定型提供了一个全新的测量工具。

我国第一套某型沉体探测打捞系统——由边信黔、杨彦生等主持研制的某型沉体探测打捞系统其主要功能是对水下沉埋物进行探测与打捞，其功能属国内外首创，是世界上第一艘既可载人作业又可无人缆控的潜器，水面控制母船是中国第一艘带有动力定位系统的水面舰船。该系统的打捞能力已达到世界先进水平。2000 年获得国防科学技术一等奖。

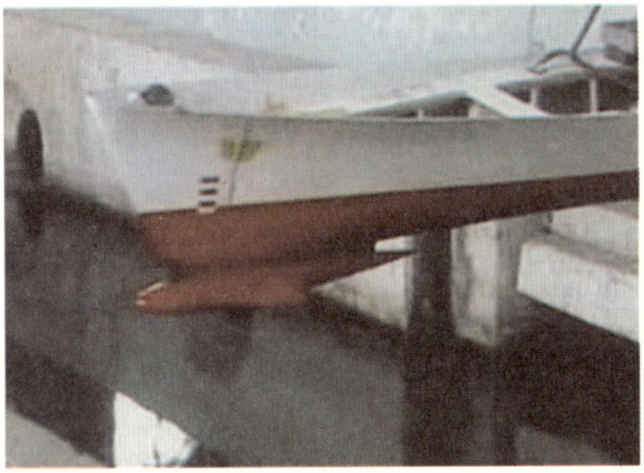

我国第一套船舶减纵摇装置——2001 年由李积德主持研制的船舶减纵摇装置海试成功。该装置解决了百余年来困扰世界船海力学界的一个重大技术难题，使船舶纵向运动性能明显改善，实现了在高海情条件下大吨级船舶的高速平稳航行，而且速度越高越平稳，舰船的耐波性得到显著改善。该装置关于组合附体的流体动力学原理对研发未来高耐波性船型具有重要的意义。图为船舶减纵摇组合附体。

我国第一套六自由度深潜救生艇动力定位和集中控制与显示系统——由边信黔等人研制的动力定位和集中控制与显示系统装备在专门用于救助深海失事潜艇艇员的深潜救生艇上，解决了深潜救生艇六自由度动力定位技术难题。该技术国内独创，填补国际空白，对深水打捞、海洋空间对接等海洋开发具有广阔的应用前景。该项目 2002 年获得国防科学技术一等奖。图为六自由度深潜救生艇救生演示。

我国前沿水平的智能水下机器人技术——由工程大学抓总设计、徐玉如等人研发的智能水下机器人技术是一项研究水下浮游式自主智能机器人技术。它是一项具有多学科、交叉学科特点的、跟踪世界先进水平的高科技课题。水池与湖中的试验在国内首次成功实现了自主导航、自主避障、自主简单作业等智能行为，在水下机器人智能化方面迈出了革命性的一步。该项目 2001 年获国防科学技术一等奖，2002 年获国家科技进步二等奖。

国际先进水平的核动力装置培训模拟器——2002 年，由张志俭等人研制的核动力装置培训模拟器通过验收。该项目涉及内容广泛、研究难度大，取得了创造性成果，达到国际先进水平。为我国核动力运行和保证运行及试验的核安全做出了重要贡献，获得各使用单位的高度评价。该项目 2007 年获得国家科技进步二等奖。

我国第一台堤坝安全检测水下机器人——2005 年，由桑恩方等人研制的堤坝安全检测水下机器人通过国家“863 计划”机器人技术主题专家组验收。该机器人总体及多个关键装置的设计具有明显的创新性，是国内第一台自主研发的集水下摄像、检测、地表地形测绘、坝体内部损伤探测等功能于一身的堤坝安全检测水下机器人。

我国第一套深水高精度超短基线定位系统——2006年，由工程大学水声学院与国家海洋局第一海洋研究所共同承担，李琪为课题项目负责人，孙大军任技术负责人完成的深水高精度超短基线定位系统通过鉴定。该系统填补了我国在该技术领域的空白，为满足我国海洋资源开发在世界格局中占有重要位置提供了重要的科技支撑，改变了我国深海仪器设备百分之百从国外进口的格局。

我国第一套便携式多波束测深仪——2006年，由李森研制的国内首台具有独立自主知识产权的便携式多波束测深仪诞生。该设备大大提高了测量效率，填补了国内市场的空白，使我国跨进了世界上独立自主研制便携式多波束测深仪的国家行列。该设备可以广泛应用浅海大陆架型海域，以及内陆湖泊、航道、水库等方面，具有极大的推广价值。图为仪器测出的松花湖湖底水深透写。

国际先进的柴油机综合电控系统——2010年，由我校动力装置电控技术研究所研制成功的柴油机综合电控系统。项目的研制成功打破了长期以来该类产品一直依赖进口的被动局面，技术水平处于国际先进。现已形成系列化产品，全面替代进口，应用于铁路起重机机车和工程机械等领域，取得了良好的军事、社会效益与经济效益。该项目获国防科技进步一等奖，国家技术发明二等奖。

我国水声领域最具代表性的创新技术矢量水听器技术——杨德森院士负责研制的矢量水听器技术是我国水声领域最具代表性的创新技术，对改善和提高我国声呐装备技术水平产生了巨大的推进作用，实现了我国矢量水听器技术从无到有的创新快速跨越式发展，使我国在此领域走到了世界前列。该项目 2011 年获国防科技进步一等奖。2012 年获国家科技进步二等奖。

我国首座、世界最大发电容量的漂浮式立轴潮流能示范电站“海能 –I 号”——2013 年，由韩端峰和张亮提供关键技术支持，学校作为技术牵头单位设计的“海能—I”号研制成功。电站采用学校自主研发的总容量为 300kW 的双机组潮流能发电装置和漂浮式立轴水轮机潮流能发电技术，发电容量为当时国际最大，是我国首座漂浮式立轴潮流能示范电站。

我国首套动力定位控制系统 HDP3——2013 年，学校联合海洋石油工程股份有限公司和中国船舶工业集团第 708 研究所、465 厂自主研制的我国首套动力定位控制系统顺利通过中国船级社的检验。该系统的研制成功填补了国内海工装备领域的一项重要空白，是我国海洋工程高端装备制造业的一项突破，为推动我国海洋强国建设再添一把利剑。2014 年 10 月 17 日《科技日报》头版头题报道了我校这一成果。

中国首座自主设计、建造的第六代深水半潜式钻井平台——学校牵头组建的“深海工程与高技术船舶协同创新中心”在“超深水半潜式钻井平台研发与应用（海洋石油981平台）”的多项核心技术研究过程中发挥了重要作用。这座我国首次自主设计、建造的第六代深水半潜式钻井平台，填补了我国在深水钻井特大型装备领域的空白，代表了当今世界海洋石油钻井平台技术的最高水平，创造了多项“世界第一”和“国内第一”，标志着我国在深海海洋工程装备领域已经具备了自主研发能力和国际竞争力。该项目获得2014年国家科技进步特等奖。

全国首创的振动噪声主动控制技术——学校与苏州东菱合作研发的一体化的主被动复合减振器取得了良好的减振效果。2014年10月27日，时任中共中央政治局常委、国务院副总理张高丽在图片所示“柴油发电机组主被动减振演示台架”前驻足观看，兴致勃勃地听取了项目负责人杨铁军教授的汇报，详细询问了振动主动控制技术的试验情况及国外相关技术的进展，勉励杨铁军：“这项技术很重要，你们要好好做。”

全国首创的国产高精度“超短基线定位系统”——2014年，“蛟龙”号在试验性应用航次第一航段的科考任务中，首次使用了孙大军教授团队研发成功的国产高精度“超短基线定位系统”。系统的研制成功，改变了科考船在定位系统维护、升级和出口许可限制等方面面临的被动局面。该系统目前已在国内“大洋一号”、“科学”号、“向阳红九号”等科考船上安装，市场前景巨大。

首次成功实现我国自治式潜器与深海空间站对接的关键技术验证——2015 年，学校四支团队与中船重工 702 所共同研制的“自治式潜器搭载对接技术研究”海试验收成功，这一深海装备充电续航、进行信息传输的关键技术，目前国际上鲜有成功案例。AUV 搭载对接技术作为深海空间站的重要技术之一，是自治式潜水器在深海中进行实际应用的重要保障，将为推动我国各类深海潜水器的应用奠定坚实的技术基础。

报名题字：邓小平

中华人民共和国国家海洋局主管

中国海洋报

2016年1月14日 星期四 第2943期 今日4版

中国海洋在线：http://www.oceanol.com　CHINA OCEAN NEWS　国内统一刊号：CN11-0171

2015 年度中国海洋十大科技进展评出

1. 我国科学家首次在《自然》杂志发表海洋领域评述文章，系统综述太平洋西边界流与气候相关研究重要成果

2. 我国科研人员在大黄鱼遗传与抗病/

3. 我国首次在印度洋发现大面积富稀土沉积

4. 7000 米深海高精度水下综合定位系统研发成功

6. 我国科研人员在黄海大规模浒苔绿潮起源与发生原因研究方面取得重要进展

7. 我国管辖海域首次实现 1：100 万海洋区域地质调查全覆盖

9. 我国首口超深水探井南海测试成功

7000 米深海高精度水下综合定位系统研发成功，被《中国海洋报》评为“2015 年度中国海洋十大科技进展”之一。

——2015 年，孙大军团队研发的 7000 米深海高精度水下综合定位系统通过“863”计划海洋技术领域组织的海上试验验收。该系统是我国迄今为止自主研发的工作深度最大、定位精度最高的水下声学定位系统。该系统研制成功，标志着我国全面突破了深海高精度水声定位技术，打破了国外对深海亚米级精度定位技术和产品的垄断，其性能达到国际领先水平，为我国深海实践提供了重要技术。被《中国海洋报》评为“2015 年度中国海洋十大科技进展”之一。

工程大学的科研成就远不止于此，作为一所以军品研发为重点的国家一级保密单位，许多成果不能一一尽述，就让我们从简要的文字中体会它们的风采吧。2009 年，郝艳玲教授等参与完成的某辐射噪声测量方法与系统项目获国家科技进步特等奖；边信黔教授担任技术首席，主持完成的国家安全重大基础研究计划“某平台关键与集成技术研究”获国家科学技术进步二等奖。2012 年，我校研制的扩频无线电导航系统获国家科学技术进步二等奖。2013 年，李玩幽教授等研制的分析与诊断技术研究、张阿漫教授等研制的某水面舰艇水下爆炸冲击防护工程分获国家科技进步二等奖。2018 年，由项目负责人夏桂华主要负责完成的“总体方案及主要系统性能仿真验证评估”项目获国家科技进步二等奖……

中国产学研合作创新大会授予校党委书记谷焕民
中国产学研合作突出贡献奖

鉴于校领导对推动科研成果社会化的卓越贡献，2014 年举办的中国产学研的最高峰会——中国产学研合作创新大会决定授予校党委书记谷焕民中国产学研合作突出贡献奖，全国仅有 10 人获此殊荣。在丰硕的成果与荣誉面前，在学校快速发展的大好形势面前，校领导和学者们没有满足，更没有坐享“功成名就”的红利，他们清楚，科学研究永远也不是一本能写完的书，每一项重大成就都会带来新的机会和挑战，每一次重大进步都有提升和优化的空间。

爱因斯坦曾说过一句名言：“了解一个科学家，你不要听他说了什么，要看他做了什么。”同样的，了解工程大学，再多动听的声音和优美的文字，不如看看它为国家科技进步做出怎样卓越的贡献。工程大学人正以越来越饱满的姿态，越来越丰厚的成果，为祖国不断递交精忠报国的高分答卷。

德业并授　春风化雨

韩愈《师说》开宗明义："师者何为？所以传道授业解惑也。"传道者，传其经也；授业者，授其德也；解惑者，正其心也。据此，师者可细分为三：即业师、经师与人师也。业师，传授知识，成就专业本领者也；经师，讲播伦仪道德，成就端正品行者也；人师之谓，乃心志高洁，关爱万物，云行雨施，点化高尚心灵者也。

故此"业师易遇，经师难遭，人师罕逢。"但漫步在工程大学里，你随时都有可能撞见几位经师、人师。这些先生以德业并授的大家风范，培养了一批批"又红又专"的参天栋梁，这些人不仅成为了一流工程师、行业领军人才和科学家，其"可靠顶用"之卓越品质，也为用人单位和全社会所一致称许，形成了工程大学毕业生独有的特色标志。

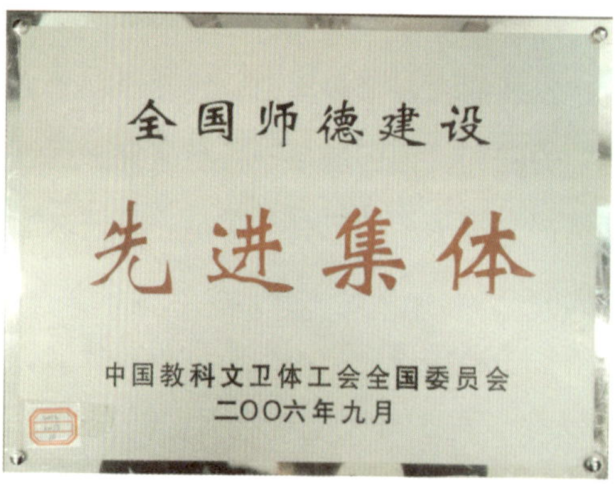

"全国师德建设先进集体"奖牌
【档案号 2012.SW13.10】

培养"红"与"可靠"的大学生历来都是中国大学的高难度课题，是高等教育的"宝塔尖"工程。早在革命年代，我党就提出了"思想政治工作是党的生命线"的论断，强调了思想政治教育的重要性；近年来，国家颁布的高等教育纲领性文件也一再把培养什么人、如何培养人列在头等重要的位置，一再强调加强思想政治教育工作是事关培养中国特色社会主义事业的接班人的一项重大政治任务和战略工程。

作为“共和国第一军校”哈军工的衣钵传人，学校继承了我党我军优良的思想政治工作传统，一直把思想治政工作摆在人才培养工作的顶层，从体制机制建设到教育方法创新，从师德建设到全员全方位育人，做出了全面覆盖各项要求的系列举措，取得了一系列人才培育的丰硕成果，得到了国家主管部门的高度肯定。2006 年，学校获得“全国师德建设先进集体”荣誉称号；2009 年，获得“全国普通高校毕业生就业工作先进集体”“全国精神文明建设工作先进单位”称号；2011 年，荣膺“全国青年创业教育先进集体”“全国文明单位”称号；2012 年，学校被教育部授予“年度全国毕业生就业典型经验高校”称号，毕业生和用人单位满意度均居入选 25 所部署高校之首。

这些不平凡的荣誉与嘉许，每一份的背后都闪耀着立德树人的光芒。如果没有思想政治理论课为学生的精神和心灵保驾护航，没有引导他们树立正确的思想与观念，毕业生们就可能拿不到“可靠顶用”的金字招牌。

作为一所“军转地”的高等学府，思想政治理论课教师们有着天然的忠诚信仰和教育热情。为了开出学生爱听的思想政治理论课，教师们集思广益，多方探索了改进思想政治理论课教学的新方法。2002 年，老师们完成了教育部调查研究课题《高校“两课”教育教学实效性研究》，提出了“两课”案例教学的设想，被定为教育部人文社会科学专项任务项目。2003 年春，学校在 2000 级本科生的思想政治理论课中，以全程案例教学法为主进行改革，在全国开了先河。

“我国分配制度改革的简要历程”“两岸关系：风雨历程 56 载”“发展是永恒不变的主题”几十个精选案例出现在哈尔滨工程大学思想政治理论课的课堂上。毕业多年的校友回想起思想政治理论课时，仍会眼前一亮“思想政治理论课原来还可以那样上。”

学校制定了严格的案例选择标准：要选择改革开放以来最具典型意义的真人真事，要能够激发学生学习兴趣；必须帮助学生澄清理论上的是非，解决认识上的迷惑；要便于培养学生的发散型思维方式，锻炼分析问题和解决问题的能力。

课上分析、讨论，课后写分析报告，从被动接受灌输变成了主动思考研究、从要我认真对待变成了我想认真对待。学校找到了课程改革的突破口，创造性地把案例教学法引入思想政治理论课教学，受到学生普遍欢迎。

无记名问卷调查显示，许多学生一改过去对思想政治理论课的冷漠、厌倦的态度，纷纷建议“在以后的教学中增加更多的案例分析”“增加一些课时”。案例教学满足了大学生的心理需求，集中实现了知识传授、能力培养和价值观教育三大功能。由于所选案例来自于现实生活，与大学生乐于面对挑战、思维敏捷、勤于思考的特点相吻合，有效地激发了大学生参与、思考的热情，也为理论联系实际找到了契合点。

光明日报

GUANGMING DAILY

2004年12月22日 星期三 今日12版

远望二号航天远洋测量船

中国彩电的发展历程、尴尬的奶业……这些经过师生互动开出来的课程，进入了哈尔滨工程大学课堂，人们眼前一亮——

案例教学激活了思想政治课

满足学生需求——案例走进思想政治理论课

加强和改进大学生思想政治教育

吴邦国会见韩国和埃塞

贾庆林在安徽调研

认真学习贯彻中央经济

为促进发展与构建和谐

2004 年 12 月 22 日，《光明日报》在头版头题位置以《案例教学激活思想政治课》为题报道我校思想政治理论课。

案例教学一方面调动学生在学习中积极参与、主动思考，另一方面要求教师要提高层次、完善知识结构、提升驾驭能力，使思想政治理论课教学进入良性循环。一位参加工作不久的老师说：“每次走进课堂我既兴奋又忐忑，兴奋的是经过充分准备，头脑里有那么多东西想要传达给学生，忐忑的是如果一旦对于某个知识点理解不透，就很难启发、引导学生。我必须时刻关注、研究与课程有关的所有理论与现实问题。”

2005 年 12 月 20 日，黑龙江省大学生思想政治理论课教育教学改革现场会在工程大学召开。时任省委副书记刘东辉充分肯定了工程大学将案例教学法引入思想政治理论课的做法。他说：“工程大学的案例教学很有新意，为全省高校开了个好头，积累了经验。希望省委高校工委和省教育厅总结和推广工程大学的经验，积极发挥典型的示范作用。”

现在，案例教学已在学校各门思想政治理论课程中全面应用，被作为示范经验在黑龙江省高校中推广，并受黑龙江省教育厅委托组织编写有关教材，将这种有实效、受到学生普遍欢迎的方式在思想政治理论课的教学中更深入广泛的推广开来。

时任省委副书记刘东辉深入工程大学听思想政治理论课

在各门思想政治理论课中，《形势与政策》最受学生欢迎，不记名调查问卷显示满意率一度超过了95%。同学们在问卷中写道：“在对形势和政策的认识和把握上有了更深和更广的认识，能更理智地去看待形势以及国家出台的政策方针。”“了解了国内国际形势、增长了见识，更加激起民族忧患意识和爱国情怀。”“课时太少，应该多增加些学时。”把心声写进问卷的同时，同学们也把对祖国和学校的爱写进了自己的心坎里。

超高的课程满意度，来自于教师们深度结合学校“三海一核”办学特色精心作出的课程设计。“沉重反思：由于缺乏对海洋足够的认识和重视，国家多次丧失了重大发展机遇，导致了极为严重的后果……”这是第一节课投影仪打出的第一句话，而课程的核心内容就是：牢记300万平方公里蓝色国土！在学生对课程产生兴趣和情感的基础上，展开中国海洋形势、中国船舶工业展望、国防工业发展等系列内容，有利于学生加深对所学所处行业的认识和了解。

从事实层面上升到理论层面，再上升到思想层面，是课程建设的目标，也是老师追求的讲课境界。简单地说就是“既要授之以鱼，更要授之以渔”。《形势与政策》开课至今，已为5万名工程学子打开了客观、正确思考政治经济活动背后本源的大门。鉴于课程的良好教育效果，2011年12月22日《光

光明日报

经胡锦涛主席和中央军委批准

内蒙古：基层讲堂架起连心桥

哈工程：形势政策宣讲受欢迎

以忠诚铸魂 以责任立世

失传千年的唐花瓷浴火重生

今日导读

2011年12月22日《光明日报》头版头题报道：《哈工程：形势政策宣讲受欢迎》

明日报》又在在头版头题位置对我校思政课课程建设的思路和方法加以介绍推广。

思想政治理论课中的《哲学》（现已经并入思想政治理论课中的马克思主义基本原理）对于理工科学生来说，仿佛是夜空中的星河，遥远神秘又难以捉摸。可是也有例外，工程大学的哲学课堂就常常爆满。究其原委，学校给出了两点理由：拥有忠于党的事业的思想政治理论课教师队伍，还有思想政治理论课教学模式的大胆探索与改革。

杨玉洁教授是工程大学中把哲学课讲成学生最喜爱课程的教师中的突出代表。她曾让《逻辑学》的课堂爆满，并以一个社会科学课程教师的身份赢得学生最喜爱的教师第一名的至高荣誉。1997年她被评为首届全国普通高校百名“两课”优秀教师。

听过杨老师课的人都知道，她讲课的特点是内容丰富，语言生动。很多慕名来听课的学生没有座位，就只好挤在后面的窗台上和过道上。对此，杨老师很欣慰：“学生拥挤在教室里安静地听讲，是授课教师的最高荣誉。”

杨玉洁教授课间与学生交流

《哲学》和《逻辑学》都是非常抽象难懂的科目，但是杨老师最明白理论联系实际的道理。用她的话说，要关注社会、关注学生，才能在课堂上把准学生的脉，才能让教学内容对他们有足够的吸引力。杨老师有很多个自称为“教学军备库”的本子，从第一天登上讲台开始，她就利用业余时间搜集在电视、报纸、网络等媒体上报道的时事，然后记录粘贴在这个本子上。每天在课堂上的第一件事情就是与同学们探讨社会热点话题，并适时地在自己的课堂上结合所讲授的知识加以分析、解释，潜移默化地解决哲学知识入心入脑的问题。她将自己的激情赋予了教学、课堂和每一个学生，形成了她自己独特的课堂魅力，这魅力不仅仅影响着学生的知识结构，还影响了他们的人生观、价值观。

杨老师也不是一开始就把课讲得这么好。20 世纪 80 年代初，刚走上讲台不久的杨老师上课前还要在家对着录音机反复试讲。只要有时间，她就去听老教授的课，学习好的教学方法。随着教学经验的不断丰富，她开始把学生听课的态度作为调整讲课方式的依据。1984 年，她开始尝试对学生做问卷调查，从此问卷成为她提升教学质量、改进教学方法的重要参考。从最开始把问题写在黑板上，到后来的刻写钢板、打印蜡纸，到现在用电脑，20 多年来未间断。

杨老师总是在问卷的后面加上这样的问题：“有老师能为你做的事吗？”她诚恳地告诉学生：老师愿意帮助你。用真心去做一位老师的杨玉洁把这些问卷看成是自己生命中最弥足珍贵的东西，她也得到了作为一个教师最宝贵的财富——学生的尊敬与信任……

能在工程大学学习思想政治理论课是幸福的，而能做一回姜任秋教授的学生则是幸运的。姜任秋，师之大者，曾任工程大学动力与能源工程学院院长，教授，博士生导师。用他短暂的 47 年时光，诠释

姜任秋和他的学生们

了为人师表的至高境界。

堪称师者之人，必是学术造诣颇深之人，是教授方法灵活之人，是人品人格高尚之人，然而姜任秋不止于此，他还是鞠躬尽瘁之人——为了他所钟爱的教育事业，他过度劳累和透支，献出了自己的生命。他为学生、同事奉献了一切，唯独怠慢了自己。“他是我的老师，因为他传授予我知识；他是我的导师，引航我人生的风帆；他更是我的亲人朋友，让我在崎岖前进的道路上，感受着温暖，感受着关爱。”这是他的学生在他去世后写下的肺腑之言。

在他身上，强烈的育人责任感与发自内心的满足感有着完美的结合。在他心里，学生是第一位的，育人是神圣的，讲课是一种高级的精神享受，老师是一种最值得骄傲的称呼。他的教学建立在扎实的学术基础之上，建立在深厚的理论功底之上，建立在丰富的经验之上，所以他讲课有高度、有深度。有学生说：“他的课，如沐春风，如饮佳酿。”学校督学曾专门撰写了文章——《听姜任秋讲课有感》，对姜任秋的授课水平给予了高度评价。

不仅教学功底深厚，姜任秋开发学生的科研潜力与创造力也有独到的一套方法。每周他都组织研究生开一次小型“学术探讨会”。研究生们说：“起初还不习惯，但在老师的培养引导下，我们的潜能被激发出来，我们学到的不仅仅是知识，更重要的是从事科研工作的方法与思想，对我们来说是终身受益的。”学生给他的来信中说：“没有老师的启发指导，我绝没有现在的发展与成就。”

作为老师，他像父母一样关注着学生的成长。姜任秋性格温和、幽默，没有傲气，从不发脾气，但在有学生因舞弊被开除、不及格降级的问题上却深感痛心，身为学院院长的他动怒摔了杯子，大声要求：“净化考风，这是死任务，必须完成！”为此，学院进一步加强了考前学风教育，分班展开团体心理辅导，领导班子成员逐一与没有通过考试的学生谈话……与教育同步，学院采取了一系列措施：以考风带学风，查到课率、组织集体自习、请优秀心理老师做学习指导等等。后来学院再没有出现一例作弊现象，学生成绩有了很大的突破。

困难面前“上”、利益面前“让”是他一贯为人处事的原则。他把荣誉都让给了同事，自己从来不争先，直到病中学院瞒着他为他申报了黑龙江省优秀共产党员。他获得学校优秀主讲教师一等奖，同事们动员他去申报名师，但他说："当领导的，应把荣誉让给一线教师，要多扶持他们发展。"每年计算工作量，都自己给自己打折；科研到款分配奖金，他干活最多，却总是拿的最少。用他自己的话："老同志干了一辈子，绝不能亏待。年轻同志要养家糊口，不容易。我绝对不能拿最多的！"

一人一生，生生不同，但每一个人的一生都同样有3种年龄：生理年龄、心理年龄、社会年龄。其中只有社会年龄出现在人离开这个世界以后，因为这个年龄是：当一个人不在了，人们永远能记得他存在的时间。"忠诚、坚韧、团结、创新"是学校的校风，也是姜任秋一生的写照。这个普通的党员、平凡的老师，因为被人们记得、被人们爱着，而有了不平凡的光彩、不一样的精彩。

如姜任秋一样德才兼备的名师，学校还有很多。像"全国师德标兵"、黑龙江省"敬业奉献"道德模范马修真教授，国家教学名师赵春晖教授，全国模范教师赵琳教授等等。

盛产名师的土壤，亦必有恩师的辛勤耕耘。督学们用辛勤和赤诚、爱心和执着为学校树立良好的师德师风，培育优秀教师立下了汗马功劳。

在工程大学，督学是一个无比亲切的称呼，是深受师生们爱戴的、辛勤耕耘在教学督导、指导一线的老先生的专属称谓，他们大多都是哈军工时期的毕业生、当时国内名牌大学的高材生或国内重点科研机构的骨干力量，

督学在课间与学生交流

在祖国最需要的时候，他们从五湖四海汇聚到了这个大院，为科教事业奉献了一生。“在这个大院里渡过了40多个春秋，看到它几十年的变迁，总是牵挂这里的一切，对学校眷恋和对学生的挚爱总是无法割舍。”78岁的督学蔡荫林老师不无感慨地说道。

正如前总督学杨曜根所说：督学的外在优势是教学出色、治学严谨；内在优势是真正热爱教学，经验积累充分，对教学工作有着深入的思考。他们充分发挥经验和能力优势，为新教师讲解如何锤炼师德、如何关爱学生、如何上好第一堂课，为青年教师树立了榜样。督学们常说：“没有爱，就没有教育。对教学有了热爱就会有目标，就会有追求，就会为之奋斗，就会创造出佳绩来。”质朴的观点，在督学身上闪耀着光芒，照亮了青年教师的成长之路。

除了对青年教师的帮扶，督学们还对优秀教师进行研究性听课，对学生评教成绩较低的课程进行诊断性听课，对讲课效果不理想的教师进行重点帮扶，对学生反映较大的老师进行鉴定性听课，及时反馈信息，总结教学经验，充分发挥了指导、帮助、咨询和服务的作用。他们还广泛地参与课程建设，积极协助教学管理部门评选校级精品课、教学名师和优秀教学成果奖等教学质量工程项目，参与推选优秀中青年教师，让他们在更高层次、更广范围的实践中得到锻炼和提高。

在督导委专家的积极倡议下，学校先后实施了“示范主讲教师”和“优秀主讲教师”制度，选拔优秀教师，推广先进的教学方法和经验，以点带面，带动全校教师重视教学、研究教学。理学院的于涛老师是学校第二届示范主讲教师，他指导的学生在国内外大学生数学建模竞赛中多次获奖。“是督导委的老专家们一次次地听课，一次次提出的宝贵建议，才使我不断进步，不断提高。”于涛充满感激地说。

十多个春秋，奔走于学校的上百个教室，上万份的听课记录……督学工作已经成为学校教育教学质量保障体系不可或缺的重要组成部分。白发苍苍、精神矍铄的督导专家与青年学生一起听课，已成为工程大学一道独特的风景线。“想起那些70多岁的老教授们和我们一起爬楼梯去上课，课堂上聚精会神地听讲，认真地记笔记，我们还有什么理由不全身心投入学习呢？”一位毕业生如是说。督学们以自己的辛勤和智慧，为全体教师做出了立德树人的榜样。

立德树人是一所大学的核心使命，但是立德不会有一朝立竿见影之效果，树人更是百年精思傅会之功夫。作为培育精英人才、承载国家未来的高等学府，必须有高瞻远瞩的视野，和功成不必在我的气度，提高办学水平、提高培养质量，办好人民满意、社会满意、国家满意的大学是教育者必须肩负的使命。督学们正是这一使命的积极践行者，用他们的余热，为工程大学的教师培养再添了一抹绚丽的色彩。

智水院士　后人接力

徐玉如入学登记表上的照片
【档案号 2013.SW21.35】

这是一张馆存档案老照片。略显泛黄的照片中，是一位眉目清秀的朗朗少年。

如果他不曾是那个面朝大海心生向往的少年，我们就不会有打破国外技术封锁的“智水机器人”；如果他没有选择哈军工的中国第一个潜艇专业，我们就不会拥有潜器及深海资源开发系统的重大成功。他就是专注于我国潜器和水下机器人研究领域的领跑者、中国工程院院士——徐玉如。

1942 年，徐玉如出生在江苏如皋一个普通的革命干部家庭。1961 年，他走进了赫赫有名的“哈军工海军工程系”，由此，他的一生和那个神秘、深邃，变化莫测的蓝色世界紧紧联系在了一起。1966 年，即将毕业在外实习的徐玉如，接到学校发来的让他回学校参加研究生考试的通知。考试的结果是全海军工程系仅有三人通过，其中就有只准备了一周的徐玉如。虽然突如其来的“文革”让研究生成了修正主义苗子，徐玉如经历了关押、下放的挫折，却更加坚定了他从事科研的决心。

1971 年，回到学校的徐玉如参与了我国第一艘深潜救生艇的研究任务。

受当时研究条件的限制，项目完成得并不顺利。五年时间，课题组的 12 个成员或调职或出国，最后只剩下徐玉如一人坚守阵地。“既然投入那么多心血，还没有证明此路不通，就应该坚持研究下去。”在极其艰苦的条件下，他重组课题组，一年之后和同伴利用平面运动机构在水平型循环水槽中实验及理论推算，获得了 67 个重要的水动力系数，终于圆满地完成了任务，这也是国内首次获得水动力系数最多的试验项目。

21 世纪是海洋的世纪，我国拥有 300 多万平方公里的海洋领土，为了维护自己的主权利益以及解决领海争端，必须要有先进的海洋装备。但茫茫海疆，如有强敌来犯，我们用什么去保卫祖国母亲不受侵犯呢？伸张中国领海主权，维护我国远洋利益、保卫祖国海疆是每一个海防工作者的使命。徐玉如怀揣着大国崛起必先使海洋装备过硬的梦想，在主持“潜器定位系统”项目的研制工作中，不仅成功解决了动力定位技术难题，同时也为水下智能机器人研究奠定了基础。

我国“水下智能机器人技术”的研究工作是在“八五”期间开始启动的，这是一个跨部门预研重点项目，也是跨多个学科的一个大项目，邓三瑞承担了我国第一台智能水下机器人的研制工作，做了大量的开拓性工作。1989 年，该项技术正式被列为“八五”国防科工委跨部门预研的重点项目。后来，徐玉如被邓三瑞推举为总体组副组长。经过五年的努力，“智水 I 型”“智水 II 型”顺利通过了水池和湖中实验，达到上世纪 90 年代国际先进水平。2000 年，“智水 III 型”完成了全部海上试验，“十一五”期间，“智水 IV 型”水下机器人研制启动，2005 年，该机器人经过湖、海测试，圆满完成了集成系统的试验考核，取

2003 年徐玉如当选中国工程院院士的证书

得了多项具有自主知识产权的技术创新和重大突破，总体性能和技术都达到了世界先进水平。作为项目负责人，徐玉如承担了“智水Ⅴ型”水下机器人的研制任务。“水下机器人技术”获国防科工委国防科学技术一等奖；“水下机器人集成技术”获中船总公司科技进步一等奖；“潜器四自由度动力定位系统”获中船总公司科技进步一等奖并获国家科技进步三等奖；“探索者号无缆水下自治式机器人”获中国科学院科技进步一等奖并获光华科技基金二等奖。2003 年徐玉如也因为国防工业相关领域的国家战略需求作出不可替代的贡献当选为中国工程院院士。

古人说：是非审之于己，毁誉听之于人，得失安之于数。这是做人做学问的最高境界，作为院士的徐玉如呈现给世人的就是这样一个在科学的高峰上不断攀登，在日常的生活上非常淡泊，在人际交往中将科学理性与儒家文雅结合起来的形象。

在同事们眼中，他永远是儒雅、谦逊，气度翩翩的学者。一直以来，有很多人都在纳闷儿：徐玉如手下干将甚至是实验人员为什么会如此拼命地做事，究竟是哪来的干劲呢？其实答案很简单，徐玉如院士始终强调团队合作，对同事们更是呵护备至，有时人家自己还没想到的事，他已经在帮忙做了。比如谁该考虑评职称的论文了，谁生活中遇到什么困难了等等，正是这种关怀与尊重让更多的研究人员乐于加入徐院士的团队。团队里的同事们都说，徐教授有把握方向、驾驭全局的能力；有气度，有心胸，能容人，同时有很强的责任感。他作为团队的带头人，在利益面前并没有特殊化，课题报奖的排名、奖金的划分都由大家一起商讨，所以在这个团队里，大家为工作可以经常吵得脸红脖子粗，但能够互相信任、互不设防，哪怕争执过后依然合作愉快。他不仅注重团队建设，更给了他们悉心的关爱。

徐玉如院士说：“工程技术不是一个人，也不是一个学科的事，要多学科、多层次的人组成团队，这是成功的基础，必须要有团队、有集体。活是大家干的，要为他们考虑到方方面面，要将心比心真正为每一个人着想。”他曾说过：院士这个头衔是给这个集体的，没有这个团队的精诚合作就没有院士、没有重点实验室。在平等公正、精诚团结的氛围下，他所带领的团队形成了强大的凝聚力和战斗力。团队 2006 年获得黑龙江省教育厅颁发的首届黑龙江省优秀研究生导师团队（水下智能机器人技术）荣誉称号，2007 年分别获得国防科工委颁发的国防科技创新团队和中国教育部颁发的全国教育系统先进集体。

特别值得一提的是，2003 年，徐玉如当选院士后，宴请的不是别人，而是这个科研团队的家属们，他向每个成员的爱人敬酒，为他的成员无暇顾家致歉，感谢她（他）们为团队做出的贡献，并逐一向每个人介绍成员在团队中负责的工作。从那以后，这些“科研迷”的家庭环境更宽松了，有了家属们的大力支持，科研工作更是顺风顺水。

徐院士悉心指导学生整理试验数据

在学生们眼中，他是态度谦和、治学严谨的人生导师。99 级船舶与海洋工程专业的学生赵辉曾回忆说，其实最早他并非徐院士的学生，在 2000 年 8 月，他上大二时曾就当时俄罗斯“库尔斯克”号核潜艇爆炸沉没事件请教过徐院士，徐老的平易近人让他印象非常深刻，至今想来仍留许多感动在其中。“当时我还是个愣头小伙子，正读大二，知道徐玉如院士是智能水下机器人的专家，一天吃过午饭后，就大着胆子直奔他的国家级实验室。找到徐院士说明来意后，他将我带到办公室，并且就我的种种疑惑一一做了解答。”赵辉说，徐院士态度谦和，谈话间也一直充满笑意，这次非常愉快的交流，让他终生难忘。“毕业多年后，现在想起这件事，觉得徐老很让我敬佩，他作为国家重点项目的负责人，在百忙中对一个本科生的来访如此认真对待，实具大师风范！”

徐院士的得意弟子庞永杰在回忆恩师时，深情地说，徐老师一生都在为中国海洋事业无私奉献着，他严谨的治学精神和平易近人的品格更是对每一个学生产生了深远的影响。在与徐教授 30 年的相处中，他一直很欣赏徐教授勤勉而乐观的工作态度，更喜欢他那种举重若轻完成压力很大的事时的那种潇洒。“徐教授一生醉心于海洋事业，是一名才德兼备的优秀科学家，更是我们永远学习的榜样和楷模！”

在亲友们眼中，他是兴趣广博、温暖如春的家人。徐玉如的一生以教学科研事业为重，但也热爱生活。他的一生就如水的分子组成，从教和治学就像两个氢原子富含能量，而生活就是那使能量热力澎湃的氧原子。他喜欢旅游、懂得很多地理知识，却没时间去转一转，谈及某处名胜，总会和大家说一说当地的风土人情；他喜欢音乐，在他的家里有一套发烧友级的音响，最喜欢轻音乐，也是刘欢的粉丝；他爱喝茶，每年清明前后，总会收到学生们从天南海北邮寄来的茶叶；他喜欢打乒乓球，拿个在乒乓球比赛上获得的印有学校标志的布兜子，出差、开会，总带在身旁；他喜欢陪着相守 40 多年的老伴遛弯，路过 11 公寓的超市时，常会问一句：“东东，你吃不吃冰棍儿”；他喜欢小孙子，取名“思渊”，饱含了一个以海为家的人对事业无尽的执着和对祖国瑰美的梦想；他喜欢看电视剧，但平时没空，住院的时候，反复看了《东方》《亮剑》《永不消逝的电波》。

但在医护人员眼中，他是最不听话最执拗的病人。早年间，他就因为长期忙于工作饮食不规律导致严重的胃病，致使胃被切徐了三分之二。但即使这样，他依然没日没夜的抓紧科学研究，坚持为学生们上课。2007 年，徐院士被确诊为胃癌晚期。他在知道自己的生命里程即将到终点的那段时间，还依然坚持上午去医院化疗，下午就回到工作岗位上拼命地工作。手术后的他总是动不动就饿，常带着面包和酸奶，挤时间吃上两口。与他相识多年的苏玉民教授说：“别人可能奇怪，徐老师怎么总是吃东西啊。其实，他吃了难受，不吃也难受，可是饿的时候，不吃就受不了。”

徐院士不愿意让大家看到他痛苦的样子。每当看到他端着水杯在走廊里转圈，了解的人便知道，徐老师又不舒服了。也只有在亲近的人面前，他才会据实相告：“哪有好受的时候啊。”严谨认真的徐院士是从不迟到的，但那一次，在为本科生讲座的课堂上，他真诚地为自己的迟到向同学们道歉。可是，送他的司机师傅知道，从医院化疗室出来，徐院士只在车上咬了几口面包，喝了一点矿泉水，就直奔教室了。

不管是刚做完手术，还是化疗，在海试最紧张的时刻，他总是会出现在实验一线采集第一手资料。他经常说：“我是老海军，没问题。”不能上船，他就拿着无线电，遥控、指挥，随时关注实验的进展，给大家出谋划策。有一次，天气突变，海浪把守在岸上的工人师傅打了个跟头，“赶紧抢救码头上的设备！”徐院士一声令下，不顾齐腰的海浪，带头冲了下去。

2011 年年底，徐玉如的病情恶化。在 ICU 门前，他微笑着对推他病床的同事们说：“这次不是‘狼来了’啊。呵呵，这次进去，我很有可能出不来了，在这提前和大家告个别，以后工作靠你们了。”弥留之际，亲人们围在身边，听他讲的却是：“合同签得怎么样”“把‘十二五’计划给我看看”“方案定了吗？是不是还要再讨论一下啊”“你的论文写得怎么样了，把你阶段性的成果拿来给我看看……”药物的作用，让这位一生敏思明辨的老人出现了意识模糊，然而科研、教学、工作填满了他的潜意识，作为一个团队的家长，他放心不下正在进行的科研项目，作为一名把毕生精力献给了这所大院的教师，他更放不下学校未来的发展建设……

2012 年 2 月 17 日，那是一个飘雪的日子，大地一片银白，一片洁净。喜欢大海蓝色的他穿着整齐的海军军装离开人世，仿佛又回到那军号阵阵、意气风发的韶华时代……他带走了人们的思念和牵挂，把爱和幸福留给了我们。生命终将逝去，唯精神万古长流，军工大院不会忘记徐玉如。这个将毕生精力倾注于这片黑土，从未停歇、也从未吝惜的优秀学员；这个执着地追逐梦想，专注于我国潜器和水下机器人研究领域的领跑者；这个勇敢地迎接挑战，顶起了学校特色学科专业体系脊梁的建设者；这个坦荡地给予一切，培养了大批船舶与海洋工程领域杰出人才的教育者。他的一生，始终忠于党、

工程大学船海楼水下智能机器人技术国防重点实验室门前的徐玉如院士雕像

忠于人民、忠于科学和教育事业，始终坚守“以祖国需要为第一需要，以国防需求为第一使命，以人民满意为第一标准”的工程大学精神，始终忘我地投入到学校改革发展事业的洪流。他是我校传承哈军工优良政治品质和文化传统的杰出代表，是新时期工程大学人践行“三个第一”精神风范的典型代表，是全体工程大学人学习的楷模。

徐玉如走了，带着对未尽事业的牵挂，留下了一生积累的财富。这笔财富是他身后如日中升的我国智能水下机器人研究事业，更是他身上体现出的忠于事业、矢志不渝、追求理想的奉献精神，攻坚克难、奋发图强、勇于开拓的拼搏精神，以及恪尽师道、求实率真、成就后人的博大胸怀。这笔财富将永远激励这所大院里和他有着同样梦想，还在奋斗着的人们。

水声力量　谋海济国

这是一张校园音乐会的存档照片。照片中的演奏者如痴如醉的沉浸在小提琴的乐声中，透过照片都会让我们感受到他对美妙声音的热爱，他就是中国工程院院士杨德森。

杨德森院士表演小提琴独奏【档案号 2017.SX18.1】

杨德森作为我国最早从事矢量声呐技术研究的专家之一，长期从事水声工程方面教学和科研工作，荣获何梁何利基金科学与技术进步奖、我国声学界最高学术成就奖“马大猷声学奖”，先后获国家和省部级科技进步奖 17 项，其中国家科技进步二等奖 2 项、国家科技进步三等奖 1 项；发表论文论著 130 余篇，其中多篇被 SCI、EI 检索收录；撰写专著 2 部，国家受理专利 36 项，获得授权专利 15 项；获国家级教学成果二等奖 1 项，省级教学成果一等奖 4 项，培养博士和硕士研究生 52 人。

在水面以上，电磁波是传递信息的王者；而水面之下，声波则是探测目标和传递信息的有效工具，水声研究因此成为水下作战的关键。水声工程学科主要是研究水下声波发生、传播和接收过程中声学特性及其应用，就像把人类“耳朵、眼睛和嘴巴”的功能延伸到水中。随着海洋作为世界军事力量主战场的地位日益凸显，对潜航器隐蔽性的战术要求也日益提高，各国海军都高度重视对潜航器减震降噪和探测的研究。对于出没在深海碧波间的潜航器来说，“沉默”比金子更可贵。这项研究水下“声音”的事业，对巩固国防具有重要价值，各国都将其列为高度机密。最大限度地对水中航行器减振降噪，提供最大的安全隐蔽性，同时最灵敏迅速地捕捉对方的噪声声波以知己知彼，打造水下的“千里眼”和“顺风耳”，这就是杨德森及其团队科研工作的主旨。

长相儒雅，谈吐风趣，这是杨德森给人的第一印象。从 1977 年考入哈尔滨船舶工程学院水声工程系第一次认识水声，到其团队的矢量水听器技术获得国家科技进步二等奖，杨德森一生中最朝气蓬勃、奋力拼搏的青春时光都是在这个校园里度过的。他在这个因担负强国安邦使命而诞生的大学里汲取营养，将对祖国的忠诚铭刻在心底。毕业前夕，学院领导找他谈心，希望他选择留在学校继续进行科研工作，他没有任何迟疑就埋头投入到科研中去。杨院士说：“学校的需要，水声学院的需要，不就是祖国的需要吗？”这种需要每每回忆起来，依然让他热血沸腾，不能自已……

从 1982 年留校任教初为人师，到其培养的近 60 名硕士、博士学有所成、所带团队获教育部嘉奖，这一留就是近 40 年。这么多年来，他始终也没有离开学校，没有离开过水声事业，即使在学校领导岗位行政工作繁忙时，他也没有把科研重担推卸给别人，而是白天搞行政夜晚做科研。支撑他作出这种选择的是读书时就早已根植在心底的对祖国的忠诚，是把满足国家需要、国防需求作为自己人生追求的强烈的使命感。然而，当你与他那经过了岁月冲刷依然清澈明亮，充满睿智的目光交汇的一刹那，又或许会产生这样的想法：杨

杨德森院士给博士生授课

德森内心其实根本没有经历选择的过程，一切都只是基于国防使命的高度自觉。而且，他是一个一旦认准了方向，就会一往无前的人。

通过专业所长，让国家在水声领域更强，是杨德森为之奋斗的目标。数十年来，他执着于探寻水声的力量，也使自己的生命之海波澜壮阔。杨德森曾不只一次表示自己幸运地赶上了实现海洋强国梦想的时代，作为我国水声事业发展的亲历者，他为能够把毕生精力投入到这项事业中而深感幸福、欣慰和自豪。

1997 年，杨德森团队突破多项关键技术，研制成功了我国第一套水声矢量信号接收装置——矢量水听器，建立了水下声场的矢量探测模式，矢量声呐由此诞生。其重量、体积和能耗远小于普通声呐，而目标侦测距离却增加 1 倍以上。它成为新型声呐技术的重要支撑，也使我国成为掌握这项技术的少数国家之一。该项技术获 2011 年国防科技进步一等奖、2012 年国家科技进步二等奖。矢量声呐技术被称为我国本世纪初水声领域最具代表性的创新技术，它的研制成功，为我国声呐技术的进步开辟了新途径，对于改善和提高我国声呐装备技术水平产生了巨大推进作用，促进了我国水声国防事业的发展，产生了重大社会和军事效益。

20 世纪 90 年代，他提出了“水下声强测量方法”“水下声成像测量方法”等一系列水下噪声源识别的新方法，并建立了国内第一套水下声强度、声全息成像测试系统。此外，他还解决了我国小型水下航行器实航状态下的内部噪声振动测试问题，在国内建立了第一套专用的内测系统，填补了国内空白；他在国内首次进行新型水下结构研制中的声辐射强度测量，解决了噪声监测的难题，达到国际领先水平。2006 年，他提出了非线性噪声控制的新概念，并历时八年湖试和海试终于获得成功，证明了该新方法的可行性和明显的技术优势，为水声隐身工程提供了新的技术手段。

几十年的科研历程，杨德森勤勤恳恳、孜孜以求，每一项成绩都是脚踏实地努力获得的实实在在的收获。科学上的从零开始，并不像我们倾注笔端写来的这样容易。不分白天黑夜坚守在实验室里的寂寞孤独自不必说，与海结缘搞科研，单是体力的考验就足以让人生畏。“想知道梨的滋味就要亲自

杨德森院士在海试现场观测实验数据

去尝一尝”“解决问题必须去现场”杨德森这样说了，也这样做了。在西安做现场试验，为了更好地接收声音信号，通宵连轴转对他来说习以为常；在南海水声考察，甲板温度高达50度以上，烫得没处落脚，在三个月的考察中，他的体重迅速下降20多公斤；青岛声呐海试，从11月到大年三十儿，天寒地冻的码头，他一直紧盯实验场，艰苦的海试他硬是凭着骨子里的干劲挺了下来。当被问及是怎么坚持下来时，他总是摆摆手说：“试验节奏紧张，还得记数据、观察试验过程，哪有心思想那么多？无非就是想为国家做点事呗……”就是这样真挚朴素的想法，赋予了杨德森超常的工作热情。熟悉他的人说：“他就像一辆坦克，一旦认准方向，就会一往无前。”在他的血液里，始终流淌着坚持、进取、拼搏、创新的激情。

要打造水下的“千里眼”“顺风耳”，更要做陆地上的“闪电侠”。杨德森在平常的工作中一直要求自己做什么事都快速、高效，不犯“拖延症”。他的身边有一个记满待办事项的小本子，事情分轻重缓急做出标记，有的事项安排甚至细分到时刻分钟，凡事尽量做到今日事今日毕。通过合理规划、周密安排工作事项，杨德森的时间得到了更高效的利用，这也是他创造超常规价值的原因之一。

支撑一个人从事一项艰辛事业的往往是一种精神，而支撑一个团队齐心协力奋斗的往往是一种信念。“尽己所学、所能为国家干些事”是杨德森团队的朴实信念。工程大学的水声工程学科，被誉为“中国水声工程事业的摇篮”。据统计，我国水声行业中60%以上的专业技术人员、接近70%的高级专家都从这里走出。这里是国家水声发展的人才库、专家库和水声技术基础研究中心，杨德森团队这支劲旅在其中尤显突出。一项项国家级奖励是对团队满足国家战略需求的科研成果做出的肯定。他的团队先后承担了30几项国家重点科研项目，取得多项研究成果，完成国家自然科学基金等科研项目30余项。团队是学校首批“兴海团队”，2012年和2016年连续两届获评教育部科技创新团队，获评国防科技创新团队奖和黄大年科技创新团队。团队成员方尔正已经成为行业中有影响力的专家，时胜国教授入选“龙江学者”特聘教授和中科协优秀青年科技工作者，青年教师胡博是全国百篇优秀博士学位论文提名奖获得者，青年教师时洁获得校“青年学术骨干支持计划”资助。团队成员参与的课程建设成为国家级视频公开课和国家级品牌课。

作为团队的核心，杨德森关心团队里每一个成员的成长，他对每个人的脾气秉性、优势特点都了如指掌，善于因势利导、因材施教，带领大家形成一支想干一番事业、能干一番事业的优秀团队。杨德森不仅非常注重学科队伍建设、科学研究能力和工程实践能力的提高，还注意从思想上帮助他们成长。他相信，学者的才智可贵，但品格更可贵，优秀的品格才是科研工作者最内在的精神支撑。面对社会上出现的急功近利、学术造假的不正之风，杨德森要求团队成员在学术文章上做到“真、实、正、勇”。“真”是学术品质最基础的层面，真就不能作假；“实”是以实克虚，脚踏实地，做学问要有一定的理论意义和实用意义，不能炒作概念、故弄玄虚；“正”是学术规范，要有严格的学术训练，引文、注释要标清楚，不能用了别人的东西什么也不说还心安理得；“勇”是要有思想，有学术勇气，否则就不可能有创新，同时要做到“不说可以，但说，就一定不能说废话。”正是坚持对学术真实、认真，一丝不苟的严谨品格激励着杨德森所带领的团队所向披靡，硕果累累。杨德森说：“我喜欢挑战和冒险，喜欢做一些有创新、有开拓意义的工作。如果总是墨守成规、别人咋走我也咋走，有什么意思？”在他的血液里，始终流淌着拼搏创新的激情。有了榜样的力量，团队成员也深受感染，勇于创新的意识在人们思想中日渐形成并生根发芽。

无论是科学研究，还是人才培养，杨德森的团队都有卓越的战斗力，大家展如指掌，各有所长；握如“铁拳”，势不可挡。他常以恩师杨士莪院士的教导自勉：“只有善于团结周围同志，不担心被人发现知识短板，不掩饰工作中难以避免的差错的人，才能在工程技术工作中作出实际的贡献！”他常对团队成员说：“我们做的不仅是课题，更是终生为之奋斗的事业。”“它可能产生一个新的领域，是我们用一辈子扑在上面都做不完的。”“面对大海，一个人再能耐，也是微不足道的，做好分工合作，把每个人的长处都发挥得淋漓尽致，才能使团队迸发出力量。”在这样科学的管理下，他的团队涌现出龙江学者、全国百篇博士论文提名获得者等一批青年科学家。时至今日，团队中的成员们都形成一个共识：匀速前进就是后退，需要加速，再加速！要像院士那样做“只争朝夕”“行动迅捷”的“闪电侠”！

杨德森院士给研究生指导论文

一个优秀的老师不会仅仅追求把条条框框的东西教授给学生，而会在教学中寻找更好的培养学生的方法。杨德森在给学生们授课时从不满足于教好一门课这样单纯的任务，而是认真思考如何更好地培养学生。他说，只有使“教育与生产实践相结合”才能纠正重理论轻实践的偏向。在他的支持下，学生们勤于动手，认真实验实践，打造出一批理论与实践兼优的工程人才。

严师才能出高徒，严格的科研才能出成果，杨院士十分注意培养和训练学生严谨准确的作风习惯，他对自己、对学生，对科研工作要求都非常严格：“还在读书的时候，哈军工的老教授就常常对我们说，工程技术的问题是不允许半点马虎的，错个小数点，船就会翻。”严谨、严密、严格，说起来简单，做起来却需要丰富的积累，需要有高度的自觉，需要有坚定的职业操守。他认为：“科研上的错误，就是不符合科学规律的错误，也许是我们的认知不符合，也许是我们设计的方案不符合，这都不可怕。最可怕的是态度的错误，因为我们的态度不够端正而犯下错误……”学生们的论文被要求反复修改五六遍是家常便饭。他总是说："水声学院的许多老前辈都会将学生的论文改了又改、精益求精，会因为一个注解亲自跑图书馆查原始资料，会对每一个标点符号都严格要求，我的严谨程度还不如他们呢！"他要求自己的博士生要修第二甚至第三门外语，他时常说："博士生一定不能局限于所学专业，要有更广阔的视野，多掌握两门外语很有必要。"

杨院士常说自己是个幸运儿，他最大的幸运在于能够将一生的选择与国家需要紧密相连，抓住时代机遇，并有所作为。他说："个人的理想，只有融入强国之梦，才能获得方向的指引；爱国之志，只有转化为对民族的贡献，才能获得源源不断的动力。"

给在大海深处航行的潜器消声不容易，给一个人不可重复的人生定位更难。而像杨德森这样近 40 年如一日在即定的人生航向上不畏风霜、不惮劳苦、不问名利、不畏荣辱地默默耕耘，尤为难能可贵。"作为一名工程大学培养出来的院士，应该为满足国家需要和国防需求作出自己特有的贡献，应该在哈尔滨工程大学的百年交响中留下一个声音……"这就是杨德森院士的声音。

工学并举　一院多品

校训石照片【档案号 2017.SX18.1】

这是一张图书馆大厅的照片，“大工至善”“大学至真”的校训镌刻在迎宾理石上。“工”意为工程、工作，可引申为一切改造世界之活动；“学”意为学问、学习，可引申为一切认识世界之活动。事理在于求善，学理在于求真。哈军工从建院开始就强调理论与实践并重，十分重视对学生独立工作能力的培养。今天的工程大学继承发扬着“工学”并举的优良传统，以学生成长、成才为核心，精心设计“倡个性、强能力、重创新”的人才培养方案，充分利用学校的科研条件，大力实施大学生实践创新训练，在学校建立了一种适合工科人才培养和学校自身特色的工程训练模式，精心打造了一个培养学生实践能力与创新精神的大平台。

2005 年 1 月，学校召开二次党代会，提出“创新推动，打造品牌”的人才培养战略，以“船舶工业、海军装备、海洋开发、核能应用”，即“三海一核”等领域的国家战略性需求为牵引，构筑学科专业高地，构建创新人才培养和科学研究体系，以差异化取得竞争优势，推动学校的教育教学和人才培养工作向更高层次上迈进。同年8月，学校在人才培养专题会议上首次提出：中国高等教育进入大众化教育阶段后，我校应属精英教育行列，并明确了精英人才的三个层次：相当数量具有创新能力的一流工程师、一批行业的技术和管理领军人才、一部分有影响力的科学家。2007年，四届一次教代会构建了内涵式发展的六大体系，精英教育体系框架初步建立。2009版人才培养方案的实施特点是“厚基础，宽口径、重实践”，标志着精英人才培养模式的全面推开。随后，学校在第三次党代会上提出培养特色领域学术精英、技术精英和管理精英，实施人才培养转型升级工程，工程实践、科技创新、创业教育成为培养精英的顶用抓手，从而开启了工程化破解精英人才的新实践。

学校工程训练中心建立了一种结合学校自身特色培养工科人才的工程训练模式，精心打造了一个培养学生实践能力与创新精神的大平台。中心的教学模拟现代工业体系环境，采取现代企业生产模式，运用先进制造技术，为培养学生良好的工程技术素质营造了良好的创新环境。在实践创新训练中，中心作为与院系平行的教学实体，成为培养学生动手能力的重要实践战场，是学校实现工程素质与专业知识“平起平坐”、理论与实践融会贯通的育人思路的一个操作平台。在这里，学生们不必因为有了新奇的想法，却没有条件付诸实施而苦恼，更不必因为在实践这些想法时，为出现困难却得不到帮助和指导而担心。中心的老师会告诉你：在这里一切皆有可能！过去，工科院校大都是在大学二年级安排集中的金工实习或者工程训练课程，今天工训中心则将“三段式”教学模式贯穿大学4年学习的全过程：大一是工程认识课程，引导学生建立初步的工程概念、普及基本的工程知识。针对二、三年级学生开设了工程实践课程，建立“点面结合”的教学模式：鼓励学生在训练单元进行自主设计的“点”上创新活动；增加工艺设计单元，要求学生运用所学知识进行工艺设计或撰写创新报告，实现“面”上创新。针对三、四年级学生开设了工程综合课程，建立“课内课外结合”的实践教学模式，鼓励学生跨学科、跨专业自主选题，逐步完成产品（项目）研发全过程，达到“自我体验、自主学习、自由创造”的目的。

如果说工程实践为学生打下了理论与实际相结合的实践创新基础，那么异彩纷呈的科技创新活动与赛事，则为学生们提供了检验本领、勇攀高峰的比武擂台。风靡全校的“五四杯”大学生课外学术科技作品竞赛、每个院系独有的“一院多品”学生创新活动就是孕育这一项项科创成果的重要平台。

“五四杯”是工程大学团委组织的全校性学生课外学术科技活动，比赛每年举行一次。作为全国“挑战杯”竞赛的演练场，给了同学们展示自我、挑战自我、提高自我的舞台。通过比赛，同学们不仅提高了创新创业能力，更是共同经历了一件作品从无到有、一个团队从松散到团结、一个梦想从破壳到放飞的过程。付出终会有收获，梦想的轮廓，会在磨砺中愈发清晰。每一次收获，每一次进步，都是青春最灿烂的瞬间。

该项目自 1990 年开创以来，先后有 3 万余名学生参加了比赛，创造出 4000 余件参赛、参展作品。“五四杯”逐渐从一种品牌性活动提升为一种集体性创新活动，它为对科技发明、探索自然或者进行社会调查充满兴趣的同学提供了一个极佳的迎接挑战的机会。

① 履带式两栖登陆艇

为研制新款的两栖作战装备提供了一种参考，并先行制作模型来验证方案实体化的价值与可行性。

② 有机硅聚合物

一种以交替的 Si–O 键为主体，具有良好的耐热性、电绝缘性和疏水性的高分子材料，在高温、防腐和防水涂料等领域有着广泛的应用。

③ 海天探索者

主要由浮台、水下机器人、水上无人机和地面控制站 4 个部分组成，主要应用于海洋监测领域，解决现有海洋监测系统操作复杂、通讯困难、不能灵活移动、不能长时间工作等问题。

除了由学校团委牵头举办的“五四杯”外，各个院系也至少都有一项或多项独有的学生创新活动，“一院多品”是工程学子科技创新活动现状的简明概括，也是学校基层学生科技创新的支柱品牌。虽然不站在校级平台，“一院多品”也全然不缺少开展科研的资源支持，学校充分利用实验教学资源建立了 14 个学生科技创新中心，为学生开展课外科技创新活动提供了有力的条件保障。这些“创新工厂”的科创条件，吸引了许多学子来结合所学专业来这里动脑动手，播撒无限创想的种子，许多学生的课余时间都是和课外创新小组的伙伴们一同在实验室创作科技作品中度过的。

“五四杯”比赛现场

学校为鼓励学生们的创新行为、支持创新活动，学校还特别建立了科技创新立项资助等一系列学生科技创新支持机制，为学生创新活动营造了良好的软环境。“学生科技创新基金”从 2000 年开始对学生科研活动给予经费支持。仅 2006 年就有 290 个学生科研项目通过了专家组立项评审，得到了从 500 元到 1 万元不等的科研经费资助，1400 余学生获得了总计 50 多万元的项目资助。2010 年，学校进一步提高创新基金资助金额至百万余元，旨在进一步发挥院系的积极性和创造力，搭建完善的学生科技创新工作平台。同时，学校还成立了大学生科技创新工作指导委员会，贯彻落实“以学风建设为主线，以学习为中心，以学生的创新能力培养为重点”的学生工作指导思想，推动大学生科技创新工作向高水平普及化发展。为了加强对学生立项的指导和管理，学校还建立了一支由博导、教授、科研骨干和离退休专家等 150 人组成的项目评审专家库，采用正规科研立项程序，对学生科研立项进行管理。“工学”并举，理论与实践并重是工程大学始终坚持的教学理念，如今已在办学实践中沉淀成为工程大学的办学特色之一。

首届实验教学和学生科技创新工作表彰大会

凭借扎实的工程实践训练和充分发挥创造力、主观能动性的科创竞赛锻炼，工程学子的创新能力得到了充分培育和展现，在不同专业和层次的学科专业竞赛中都取得了优异成绩：“挑战杯”中国大学生创业计划竞赛、“挑战杯”课外学术科技作品竞赛、亚太及全国大学生机器人电视大赛、美国国际大学生数学建模竞赛、全国大学生电子设计竞赛等各类国际国内赛事共获得国际、国家级奖近百项。

高水平、高要求的赛事活动打造出了许多支科创劲旅，在中国雅虎超级社团评选中名列全国三甲的 E 唯协会就是其中一支。E 唯协会主要设计空中与水下遥控航模，通过模型制作，使学生全面掌握空气动力学、发动机、机械传动、无线电遥控、自动控制的基本原理，培养学生对专业学习的兴趣和创新灵感，2005 年 3 月被教育部、共青团中央、全国学联授予全国优秀学生社团。十多年来，团队累计获得中国机器人大赛空中机器人和水下

工程大学“E 唯团队”在中国工程机器人大赛中取得佳绩

机器人项目冠军近二十项、亚军和季军多项。2016 年团队在中国工程机器人大赛暨 ROBOCUP 国际公开赛中获得物联网创新创意项目、双足竞步项目、搬运工程项目一等奖及多个二、三等奖。2014 年 8 月，E 唯机器人创

新团队成为全国首批获得“小平科技创新团队”称号的大学生科创团队之一。

将创新力转化为生产力，是创新人才培养“收口”的一环；推动创新产品成功走向产业化与商业化，才算完成了创新人才从萌芽到开花结果的全过程。2009 年 5 月，学校投入百万资金创建了“大学生创业联盟”实训平台，创业联盟既是校级学生组织又是虚拟子公司群，采用“虚拟注册、实体运营”模式开展工作。创业联盟每学期举办一次子公司入驻招标活动，现累计招标 14 次，先后入驻学生子公司 100 余家，年营业额约 300 万元，每年参与实训的学生数百人，提供 200 余个勤工助学岗位。目前，已有 13 家公司走出大学生创业联盟注册为实体公司。同时，引导学生自主建立创新创业类社团，并进行自我管理，已成为学生自我教育、成长成才的重要载体。其中“Enactus 社团”“E 唯社团”等社团在国家级、省级各类创新创业竞赛中屡创佳绩。

2010 年，学校成立哈尔滨工程大学创业工作指导委员会。同年，大学生 KAB 创业俱乐部成立，并被授予“哈尔滨市青年创业孵化基地”称号；2011 年 12 月，创业教育学院挂牌成立，招收首期学员 95 人，获社会捐款 500 万，学校配套资金 500 万，成立“学生千万创业基金”；大学生创业联盟连续多年被评为“全国十佳 KAB 创业俱乐部”和“全国青年创业教育先进集体”。

每年，都会有很多知名企业家做客“创业大讲堂”“阳光论坛”等活动。新东方教育科技集团董事长兼总裁俞敏洪、西门子（中国）有限公司副总裁王晓白、“柯达”全球副总裁叶莺等偶像们的“现身说法”，极大地丰富了创业氛围，吸引了越来越多的学生走上创业之路。

2014 年 11 月，学校在由共青团中央、中国科协、教育部、全国学联和地方政府共同主办，国内著名大学、新闻媒体联合发起的“创青春”大学生创业大赛的主体赛中获得 2 银 3 铜，在专项赛中获得 1 银 1 铜。2015 年 10 月，我校学生参加首届中国“互联网 +”大学生创新创业大赛总决赛，参赛项目“点触云安全系统”作为黑龙江省唯一进入全国前 100 的项目获得金奖。中共中央政治局常委、国务院总理李克强对该项赛事作出重要批示。

时任中共中央政治局委员、国务院副总理刘延东出席“互联网 +”大学生创新创业大赛相关活动、讲话并与金奖获奖团队合影留念

2017 年 5 月 24 日，黑龙江电视台《新闻联播》栏目以“争当创新引领发展的生力军”为主题报道了我校积极组织学生开展创新创业。新闻报导称：在全省多所兄弟高校中，哈尔滨工程大学构建了课堂教学、实践训练和企业孵化“三段式”工作体系，从意识普及、创客培养、产品研发、创业街区等方面为参与双创的学生提供不同阶段的创业扶持。

信通学院 2014 级本科生哈尔滨千帆科技有限公司副总经理康晓啸接受记者采访

近年来，学校不断出台优惠政策，鼓励科技成果持有者将成果推向市场。为加快推进科技成果产业化步伐，学校启动建设了“黑龙江哈船众创生态园”，发起成立“哈船创业服务联盟”，联盟的创立，在全校营造出了“面向市场搞科研、投身科技成果产业化”的良好氛围。几口

科技、生材新材料、智酷科技、深度科技、万创科技等 5 家学生创建的科技型企业加入了这一联盟。2015 年，3 家企业在学校的帮助和支持下成立，2016 年又有 20 余户企业诞生。

实践带动创新，创新引领创业、创业带动就业，工程学子们在学习、思考、探索、实践的天空里迈着坚实的步伐，钻研着、努力着去实现自己绚烂多彩的梦。

可靠顶用　万里横行

新版学位证书模板照片【档案号 2017.SX18.1】

这是 2016 年我校启用的新版学位证书图片档案。对于一所大学来说，无论何时，“培养什么样的人才？如何培养这样的人才？”都是必须要回答的问题。回首工程大学时期的办学历程，学校用特色办学、精英人才培养理念给出了最好的答案，并在这一理念推动下培养打造了一大批能够承担国之重任的国家栋梁。

2005 年，学校首次确定精英教育理念，启动构建精英人才培养体系，努力培养“三海一核”领域一流的工程师、行业领军人才和科学家。随后，学校将培养高素质的创新型人才确立为高水平研究型大学的首要任务，培养学生成为“三海一核”等国防科技和国民经济建设各领域的科技精英、学术精英和管理精英。2014 年，学校对 2009 版人才培养方案进行优化，以面向一流大学建设为前景，确立了坚持精英教育，坚持“视野宽、基础厚、能力强、素质优、可靠顶用”的人才培养总目标。新版培养方案秉承“基础、创新、特色、人本”的培养理念，继续推进大类培养模式改革；同时，在部分学院探索按学院招生、学生可以自主选择专业的完全学分制培养模式。2014 版培养方案体现了六个“注重”，即注重专业规范、注重基础宽厚、注重突出特色、注重实践创新、注重个性发展、注重国际视野。倡导个性选择原则，缩减总体学时和学分，构筑模块化课程体系，提高课程设置的灵活性和可选择性，为学生的个性化学习提供更大的自主选择空间。

人才培养方案的形成、发展和进化的过程，也是学校全方位打造、完善人才培养体系的过程。学校不断加大资金投入，改善、优化科学实验条件，陆续建立起多个国家级实验室、国家级实验教学示范中心、省部级实验教学示范中心以及大学生科技创新中心和实验教学中心，予科研、创新、实践以有力的支撑和保障。

水声技术国防重点实验室是我国水声科学基础理论研究和前沿技术探索的重要基地，对我国水声技术的发展起到了重要的推动作用。1993 年该实验室批复建设立项，1997 年通过验收投入式运行，建设总经费达 2 亿元，实验条件达到国内领先、国际一流水平。该实验室凝练四个研究方向：水声物理研究、水声目标探测与定位研究、水声换能器技术研究和水声通信技术研究。在水下目标噪声控制技术、远程目标探测技术、矢量阵水下预警技术、混响法辐射噪声测量技术、水下北斗声学定位技术、仿生伪装水声通信技术、极地声学技术等原始创新成果均有取得重大突破，先后获得国家科技进步二等奖 1 项和国家科技发明二等奖 1 项。近五年来共承担项目 400 余项，总合同经费超 4.7 亿元。发明专利授权 135 项。该实验室是国内水声领域综合性试验场，包括全频段非消声水池、低频消声水池、高频信道水池（内含高频消声水池）

各一个，以及亚洲唯一的重力式低噪声水洞，拥有高压罐、混响室及隔声室等空气声学测量室，为国内外同行提供了先进的实验和合作条件。

橙鲨水下机器人在实验室水池中进行试验

2009 年 12 月，历时 6 年建设、投资 1.26 亿元的水下机器人技术国家级重点实验室正式建成并通过验收。实验室现有科研、实验、办公建筑面积近 2 万平方米，水池实验室建筑面积近 7000 平方米，拥有各类仪器设备近 3000 台套。实验室建有 3 个研究室，主要开展水下机器人基础理论和应用基础研究，拥有一座设施配套，技术先进、功能齐全、具有国内先进水平的深水试验水池，为承担国家重大预研和重大基础研究创造了国内一流的研究和开发条件。本着边建设、边运行的原则，实验室在条件建设、科学研究、人才培养等方面都取得了显著成效。实验室建成以来承担来自工业和信息化部、科技部、国防科工局、总装备部、海军装备部、国防自然科学基金委和行业内的相关科研院校和生产单位下达和委托的科研项目百余项，科研成果获得国防科学技术进步二等奖 4 项、三等奖 1 项，获国家发明专利 178 项，软件著作权 42 项。实验室现已经成为我国水下机器人技术领域的研究基地和高层次复合型人才的培养基地，是全国最大的海洋无人航行器技术领域高层次人才培养基地，为国家培养了大批优秀专业人才。

“核安全与仿真技术”和“多体船技术”两个国防重点学科实验室于 2008 年正式揭牌。核安全与仿真技术国防重点学科实验室自成立以来，围绕研究方向开展了核安全与仿真技术基础研究、前沿技术和应用研究，承担了国防 973、国防基础科研等一批国防科研项目，对国防科技工业发展具有重要的支撑作用。多体船技术国防重点学科实验室起源于哈军工时期的船模水池实验室和船舶结构实验室，在国防发展新时期，面对海防、海洋资源保护与开发以及国际上舰船高速化发展的新形势，多体船已经被作为换代开发的重点新船型，多体船技术的研究也具有前瞻性、带动性和军民两用性。实验室自建成以来，在高性能水面舰艇的设计方面处于全国前列，多项技术国内领先，多次填补了国家该领域研究的空白。

2013 年 12 月，学校科技园与计算机学院联合组建的“电子政务建模仿真国家工程实验室”正式获国家批复建设，成为工程大学首个国家工程实验室，国家电子政务建模仿真领域的第一个国家工程实验室。学校还拥有“超轻材料与表面技术”教育部重点实验室，该实验室以镁锂合金电解、超轻材料设计及表面技术为主要研究方向，为超轻材料在航空航天、武器装备、船舶工业、核工业及汽车、电子、能源等领域的应用开展基础研究。纤维集成光学教育部重点实验室定位纤维集成光学、光纤光学、集成光学等重点学科方向及学术发展前沿，在特种微结构光纤、基于光纤白光干涉的光纤陀螺光路检测与诊断、光纤地听方法、光纤“微光手”关键技术等研究方面取得了系列创新性成果和突破性进展，承担了国家重大科学仪器设备开发专项等多项国家级重大科研任务。像上面这样即出成果、又育人才的高端实验室，工程大学还有很多。

为了进一步提升优势特色学科在行业圈层中的地位与作用，学校近年特地创办了“深海工程科学与技术创新引智基地”“核动力安全与仿真创新引智基地”和“面向工程应用的微结构功能光纤创新引智基地”等三个国家级高等学校学科创新引智基地，一大批高端人才和团队被吸纳进来，对学校提高重大项目攻关能力，提高人才培养质量起到了重要作用。

2012 年，学校启动实验教学中心内涵建设；次年，学校提出了内涵建设的“12315”建设纲领。“1”指以学生能力培养目标为根本导向；“2”指两个思维，即坐标思维、对标思维；“3”指“三合”的建设理念，即实验室资源有效整合、教学科研紧密结合、学校与科研院所、行业、企业密切联合；“1”指国家级实验教学示范中心验收的“十个”核心指标；“5”指“五个一”成果，即凝练一个具有高竞争力的教学理念，实施一个具有高实效性的改革举措，形成一个具有高显示度的特色项目，推广一个具有高辐射度的示范项目，培育一个具有高影响力的名师或精品课程。“12315”建设纲领是一个完整的体系，一切实验教学活动都要以人才培养目标为根本导向，以课程体系的优化设计为核心，以实验课程与实验项目优化设计与实施为根基，最终提升我校学生在实践能力上的校际竞争力。

经过多年建设，学校现已拥有船舶与海洋工程、船舶动力技术、船舶导航与控制、水声工程、电工电子、物理、工训中心等 7 个国家级实验教学示范中心。2015 年，“船海虚拟仿真实验教学中心”入选国家级虚拟仿真实验教学中心。

学校通过建立重点实验教学中心，带动各相关学科加快进入国际一流学科行列的速度，进而提升学术水平和国际影响力，推动学校高水平创新型人才培养；通过完善实验开放和管理机制，逐步打造综合型、创新型、高效型教研一体化实验平台；通过加大科研实验室开放力度，为培养具备扎实理论基础和丰富实践经验、具有创新精神和团队合作能力的高素质创新人才提供有力支撑。

按照“12315”实验教学中心内涵建设原则，实验教学改革不断向纵深推进。前任校长刘志刚教授领衔的实验教学改革研究课题“突破传统观念，创新运行机制，实验教学从后台走向前台”荣获国家级教学成果一等奖，这标志着我校实验教学的方式与模式在提高人才培养质量方面所起到的积极作用，得到了国家最高层次的肯定和认可。

为配合教育教学改革，不断提高在校学生创新意识、精神和实践能力，学校早在 2006 年就初步构建了实践创新培养体系。该体系由大学生科研训练计划、大学生科研活动、大学生工程创新训练、实验教学手段更新与改革和实验室开放、校内外科技竞赛五个模块组成，旨在激发学生的创新意识，培养学生的创新精神和实践能力，使他们能够保持持续的创新欲望。同时，通过鼓励教师潜心研究实验室教学改革、不断更新实验教学手段、实施实验室开放等措施，满足学生对创新知识的渴求。通过学生参加科技竞赛来检验实践创新培养的成果。实现三者相互促进、共同提高的效果，从而达到提升人才培养质量的总体目标。

2011 年，学校成立创业教育学院。学校被授予中国青年科技创新行动示范基地、全国五四红旗团委标兵、全国青年就业创业教育先进集体、全国科普教育基地等多项称号。近年来，学生科创团队在重要国际赛事中崭露头角，“敖明”获得第 15 届国际无人水下机器人竞赛全球四强，再次刷新了亚洲高校在该项赛事中的成绩。在第 15 届国际超轻复合材料桥梁竞赛中，我校代表队以总分第一摘得团体冠军。

叶聪驾驶“蛟龙”号工作

在学校的精心培育下，工程学子不仅在科创取得了突出成绩，在工作中，特别是在有难度、高风险的工作中也取得了“可靠顶用、万里横行”的美誉。“载人深潜英雄”校友叶聪驾“蛟龙”号载人潜水器在西太平洋马里亚纳海沟下潜至 7020 米，创造了中国、世界同类载人深潜器最大下潜深度的新纪录，与我校毕业生唐嘉陵一道受到习近平总书记亲切接见。毕业生叶聪、唐嘉陵获“载人深潜英雄”称号，校友刘春林、王治国、唐嘉陵荣膺“中国青年五四奖章”，校友杨志钢荣膺“全国优秀企业家”称号，校友顾奚荣获“全国五一劳动奖章”。第三代核电技术“华龙一号”的总设计师邢继是我校的优秀毕业生，国产航母副总设计师孙光甦是我校 11 级水声工程系校友，我国首艘航母辽宁舰综合导航系统的主任设计师是我校 83 级校友，还有顾奚、王治国等校友均为国产航母事业做出了重要贡献。

随着杰出学生在国家各个领域崭露头角，学校精英人才培养的品牌也日益彰显。2010 年 7 月，学校成为首批入选“卓越工程师教育培养计划”的 61 所高校之一。

秉承哈军工的优良校风、学风和教风，学校培育出了大批拥有创新精神，视野宽、基础厚、能力强、素质优的可靠顶用之才，成为了我国“三海一核”领域一流工程师和企业家的摇篮，国防科技工业和国民经济建设高层次科技人才的重要基地。鲜明的特色，明确的定位，形成了毕业生在主体领域的独特优势、相关领域的比较优势，综合形成了毕业生就业中的一种先天优势。很多毕业生成为国家“三海一核”领域的技术和管理骨干。

在船舶工业系统的140多家研究院所单位中，有250多名工程大学毕业生担任领导职务，有近千名毕业生担任部门领导和技术骨干；海军装备部历届领导和中层干部多数为工程大学的毕业生；中国核物理研究院、大亚湾核电站、秦山核电站管理和技术骨干中有近百人为工程大学毕业生；中国核动力设计研究院下属的夹江基地，地势偏远、条件艰苦，仅一个基地就有工程学子几百人，他们忠于职守、不畏艰难，为祖国春献了全部青春和才智。

2003年，渤海船舶重工有限责任公司急需核工程和船舶工程专业的毕业生。由于工程大学毕业生表现一贯出色，该公司领导为了提早招收到工程大学的学生，不远千里亲自来到学校，找校领导“走后门”，“抢”核专业的人才。后来，每当提起此事，大家都半开玩笑说：“工程大学的学生可真吃香，工作都不用找，用人单位得主动上门来抢呢！”

近年来，学校的船、海、核相关专业，如水声电子信息工程、船舶与海洋工程、轮机工程、探测制导与控制等专业都处于“来晚了就抢不到毕业生”的状态。其中船舶与海洋工程专业的每个学生在毕业时都面对着4个以上的单位供其选择，核学院的毕业生每年在核工业领域就业比例就超过80%，全校毕业生每年在“三海一核”领域就业比例超过60%，近90%的毕业生就业单位与所学专业相关，72%的毕业生认为签约结果达到或超过预期。本科生、研究生一次就业率保持在90%以上，连续十年位列黑龙江省高校第一名，学校成为全国毕业生就业50所典型经验高校之一。毕业生到中国和世界500强就业比例近半，用人单位满意度居入选部委高校之首。2009年，学校被评为全国普通高校毕业生就业工作先进集体。

60余年来，学校始终立足于服务国家船舶工业、海军装备、海洋开发、核能应用领域的重大需求，贡献了中国核工业集团首席专家的60%，中国工程院海洋信息领域的全部院士、70%以上的高级专家。学校在中国船舶与海洋工程领域的毕业生是最多的，在中国所有在役和在建的核电站中毕业生也是最多的。在海洋信息、极地大科学工程、可燃冰、核聚变等影响人类未来能源发展的前沿方向上，一批杰出的哈尔滨工程大学校友师生正在攻坚克难、丹心铸剑！

当年军工圣殿，今日精英摇篮，流云间青檐碧瓦，回首处栋梁参天。一甲子之前，首批在课堂中苦读，在军旗下成长的哈军工学员毕业授衔，奔赴祖国各条战线，成为了共和国的栋梁之材；一甲子之后，这深深植根于军工大院的忠诚文化，依然敦促着教者不懈精进、学生成长成才。当年那所共和国第一军校哈军工留下的宝贵财富，其中就有今日莘莘学子所共同秉持的“可靠顶用”优秀品格，这不仅是工程大学人共有的优良素质，共持的自豪荣耀，也早已成为了工程大学人的特色名片，成为了中国大学人才培育的特色品牌。

蓝白相间　相映成辉

海军国防生接受检阅照片【档案号 2017.SX18.1】

这是一组色彩鲜艳的照片。照片中亮丽的红、蓝、白三色，就如同哈工程人所展现给世人的卓越姿采。红色，是哈工程人传承哈军工的“以祖国需要为第一需要、以国防需求为第一使命、以人民满意为第一标准”的拳拳赤诚之心，是三色之魂；蓝色，是哈工程人面朝大海，为祖国的万里海疆培育出的船海精英，是三色之躯；那么，白色是什么呢？白色就是地处雪域之都的哈工程特有的洁白晶莹的冰雪文化，它是三色之灵。这挚诚的红、深邃的蓝、灵动的白勾勒出了哈工程人独特多彩的炫丽身姿。

2001 年 9 月，凭借深沉的海军渊源，丰厚的教学科研积淀、优良的教风学风优势，工程大学开始了为海军选拔、培养国防生的工作，由此成为东北地区唯一一所为海军培养后备军官的大学，被教育部、总政治部列入全国 27 所“21 世纪人才强军计划”院校。哈军工诞生时就融于师生血脉的军工情、哈船院组建时萦绕师生心头的海军情、工程大学发展新时期不能割舍的国防情，学校在自身发展中对于“海疆”的理想与向往，终于在选拔和培养海军国防生这一特殊使命中，得到了一种可予以托付的具体呈现。

我国是一个陆地大国，也是一个海洋大国。“不能制海，必为海制”。这是铁的事实也是血的教训。那么，巩固海防、维护海权，就必须锻造一支在远海大洋上攻必克、守必固的海上劲旅。服务国防是当年哈军工的办学使命，这一使命在今日仍为办学者所坚守和传承。因此，学校的海军国防生培养从起点就站到了为富国强军而培养国防人才的高度上，与培养一般地方人才有着明显的不同。

为了全面系统地做好海军国防生培养工作，培养出思想过硬、学业优良、身心健康、有一定军事素养、具有承担新时期新使命能力的高素质海军国防生，2008 年 7 月，学校专门成立了国防教育学院，专门制定了“国防生培养大纲”，注重培养国防生掌握文化知识的全面性和专业基础知识的复合性；制定了涵盖舰船知识、军事法学概论、新概念武器和战术等军事专业理论知识的教学计划，强化专业基础和军事理论的地位和作用；着力构建了国防生创新实践的支持体系，将实验教学与学生科技实践活动紧密结合，积极鼓励和支持国防生开展科技创新实践活动。

在人才培养过程中，学校针对国防生未来工作的实际技能需求，特别对他们进行了学习创新、训练指挥、语言表达、组织领导、协调沟通等五类能力的培养，以及思想、心理、身体三项素质的提升，并且为每名准军人塑造一项特长，以便在未来的工作、生活中具有一定的优势与特色。“五三一”培养模式，让哈工程的海军国防生在专业技术之外，有了更突出的协调、领导与解决问题的能力，受到军队的欢迎与好评。

学校还将传统人才培养优势项目即实验教学和学生科技创新活动紧密融入国防生教育教学当中，开设综合性、设计性实验的课程比例达 84%，形成了以国防生科研训练计划、科研立项、工程创新训练、校内外科技竞赛等多位一体的实践体系，培养了他们较强的创新与研究能力。近年来，国防生在 ROBOCUP 全国机器人公开赛等高等级、高水平赛事中，斩获水下机器人项目冠军、空中机器人项目冠军等多项大奖，个性化保研率高于学校平均水平。

国防生军事素质训练

除了教好课堂之内的文化技术与军事业务课，为了培养体格健壮，品格坚强的合格海军军官，学校从不曾放松国防生在军事素质方面的培养。国防生实行集中住宿、准军事化管理，每个学员大队都建有管理数据库，从生活规制、军政训练到教育管理全部实现正规化；每一个寒风凛冽的早晨，都有清脆的口号声划破校园操场的宁静；无数个烈日炎炎的午后，都有国防生们挥洒着汗水打湿训练场馆。学校还充分利用校外的军营资源，努力开辟校外训练基地，相继建立了黑龙江省军区教导队、大庆预备役高炮师驻哈部队、苏宁团 3 个军营国防生训练基地，每年对国防生进行暑期集训；组织国防生开展心理素质拓展训练和野外生存训练，帮助他们在面对困难和挑战的尝试中拓展自己、锤炼自己，培养他们顽强的自信心、团队精神和协作能力。

国防生上舰实习

学校为国防生设计的培养方案，除了“文武相济”，还有“多姿多彩”。学校每年提供不少于20万元的国防生教育管理专项经费，高标准配发军事、科技、文化杂志和文体活动用品，组建球队和航模队，强化集体意识和团队精神；举办主题演讲活动和歌唱比赛，培养与展现个人才艺；参观纪念馆、开办主题讲座，陶冶思想情操。每个周一是“军装日”，国防生们要集合到学校东大门隆重升旗，穿着军装去课堂；每年4月，为纪念和庆祝当月23日的解放军海军日，国防生会举行“海军月”主题宣传活动，向全校师生宣传人民海军，拉近国防生与地方大学生的距离；每年9月，国防生开展“国防教育月”主题活动，集中进行国防意识教育，充分利用部队军营文化资源、地方红色文化教育资源，打牢国防生尚武爱国的思想基础，激发他们的爱国热情和保家卫国的理想信念。“使命清，潜得深，作风硬，有谋略”的黑鲨精神，汇同着“丈夫志四海，万里犹比邻”的情怀，一起注入了国防生的血液之中。

自国防生们迈入哈工程校门的那一刻起，“铁心向党，勇往直前；崇文励学，尚武致远。”就成为他们大学生活的信条和指引，而这些，也将伴随他们走出校门，走向深蓝色的远方。时光荏苒，以培养“可靠、顶用、创新”型军事人才队伍为目标，学校的国防生人才培养工作已走过了16个年头，一个个志在报国的热血精英们从这里启航，满怀激情地将全部青春投入了海军的怀抱之中。

虽不能和国防生们艰苦、长期的训练相提并论，但每一届走进哈工程的大一新生们都会在进入校园的第一个月接受较其他地方大学更为严格的军事技能训练。作为哈军工人的后裔，工程大学人比地方大学更懂得军训的价值和意义——军训不仅是大学生军事教育教学的重要组成部分，是学校人才培养不可或缺的重要环节，是培养和储备我军后备兵员及预备役军官、壮大国防力量的有效手段，还可以帮助学生们尽快适应从中学到大学生活习惯的转变。

学校是1985年国家首批军训试点学校之一，工程大学的军训在全国普通高校中是出了名的严格，至今已圆满完成31届大学生军训任务。学校注重通过军训增强学生的国防观念，树立为国防建设服务的思想。经过多年的积累，形成了鲜明特色，成为了学校培养“可靠顶用”之材的重要一环。

学校的军训要求动作到位，训练结束时要参加严格的考核，只有成绩合格的学员方可获得规定的学分。如果没参加军训，或当了逃兵的，第二年要补课，否则不能毕业。然而仅仅动作到位，并不是学校军训的全部目的，学校要求学员的认识也必须充分到位，思想政治教育贯穿了整个军训的始终。比如，要使学生端正思想、提高认识、不当逃兵，把对军训重要性的认识贯穿于军训过程的始终，将其转变为自觉行动；比如，要使学生明白服从命令、听从指挥、不搞特殊化，用军人的意识、军人的纪律、军人的作风和品质塑造自己；比如，倡导学生争当优秀，克服怕苦怕累的思想，自觉地磨练自己的意志等等。

历届的军训生活中，都会涌现出一批不怕苦、不怕累，带伤、带病坚持参加训练的优秀典范。在训练中，同学之间加深了友谊，互相关心、互相帮助、互相爱护，用实际行动把自己所在的军训团队建设成一个文明的、有战斗力的集体，从而树立了良好的集体形象。

如果说大海的蓝色是校园里永远不变的基色，那白色就是这基色上跳跃的精灵。

每年的一月都是哈尔滨最美的季节，那是一个冰雪的世界，玉砌翠琢，银妆素裹，晶莹剔透，流光溢彩。冰雪，已经与哈尔滨人的生活融合在了一起。在中国众多的北方城市里，只有她把酷寒转化为特色；在世界的同纬度地区，只有她把冰雪魅力发挥到了极致，创造了世界奇迹。这就是哈尔滨，一座严寒造就、冰雪雕琢的童话城市，而座落在这城市中的工程大学自然不会缺席这每年一度的冰雪盛会。

在工程大学校园中举办的国际大学生雪雕大赛已成为哈尔滨重要的地方特色文化标志，一年一次的雪雕大赛已连续举办9届，学校也因联合主办这一国际赛事从而打造出“校园冰雪文化”这一最具地域特色的校园文化活动知名品牌。每一届大赛期间都有美丽的作品出现，而每一件作品都讲述着一个动人的故事。

学校的雪雕大赛，伊始于2009年，那一年第24届世界大学生冬季运动会在哈尔滨举办。学校承办的这一冰雪盛事是世界上首次以大学生为参赛队员的雪雕比赛，也是世界范围内首次由院校承办的大学生雪雕比赛。比赛吸引了各国高校专业人士的关注和行业人士的重视，来自日本、俄罗斯、英国等国内外31所高校的73支队伍报名加比参赛，参赛队伍的人数和专业水平都达到了国际水准。比赛队伍既有英国诺丁汉特伦特大学、日本北见工业大学、俄罗斯远东国立人文大学等世界雪雕强队，也有国内的鲁迅美术学院、广州美术学院等艺术专业院校。参赛队伍覆盖地区广泛，代表性强，整体实力水平较高。

雪雕大赛获奖作品

雪雕艺术比赛的举办，呈现出大学生冬季活动的多样性，展现了中国北部地区悠久的地域文化与丰富的校园文化，同时也促进了大学生冬季运动会整体活动中人文艺术层面的拓展，使更多的大学和学生群体参与到冬运会的活动中，将友谊、团结、发展、进步的国际大冬运会的宗旨发扬光大。这次比赛的圆满成功也拉开了工程大学雪雕文化的序幕，使跳跃的白色精灵有了更为炫丽的舞台。

2010年，世界纪录协会向学校颁发的纪录证书，正式确认我校《雪雕大世界》申报世界纪录成功，成为世界上规模最大的大学生雪雕群雕。《雪雕

中外大学生在学校举办的国际雪雕大赛上挥铲创作

大世界》共包含雪雕作品35件，用雪量为1100立方米、平均单件作品用雪量约32立方米。哈尔滨工程大学也成为我国首个获得中国世界纪录协会认证项目的高校。

雪雕是一项“冻人”的艺术，温度至少要在零下16℃才能保证雪块质量，而每年1月份的哈尔滨，气温都在零下20--30℃左右。同时，这也是一项“动人”的艺术，每一届比赛都有热爱冰雪、精于雕刻的世界各地的大学生们跨越重洋汇聚冰城，在雪铲飞扬、刻刀轻舞中创作出圣洁的冰雪作品，以雪雕艺术传递他们的民族精神和国家风貌，为全校师生与广大市民带来盛大的视觉与文化享受。

经过近十年的发展，国际大学生雪雕大赛的规模越来越大，专业程度也越来越高，工程大学也因此打造出诱人的冰雪名片，树立起冰雪校园文化的独特品牌，让世界各地更多的人认识哈工程，认识哈尔滨；爱上哈工程，爱上哈尔滨。

深邃的蓝，晶莹的白，构成了校园的永恒色彩。在这色彩之中最闪亮的是哈军工人赤诚的卫国情，是哈船院人虔诚的为国情，是哈工程人忠诚的爱国情。

忠诚文化　开放育人

哈军工纪念馆外景【档案号 2017.SX18.1】

这是入选全国红色旅游经典景区名录、国家国防教育示范基地、全国首批中小学生研学实践基地、省级爱国主义教育基地、国防科技工业军工文化教育基地的哈军工纪念馆，是哈尔滨工程大学校园内除自己师生外，每年还要接待几万人参观的地方，也是新生入学接受第一课教育的地方，是学校文化育人的核心基地。

在哈军工纪念馆门前，是“陈赓受命创建哈军工”群雕，群雕再现了当年在中南海怀仁堂小会议室，毛泽东、周恩来、朱德、彭德怀接见时任中国人民志愿军代司令员、正在朝鲜前线指挥作战的陈赓大将，授命他创建哈军工的情景。

奥列霍夫铜像

从群雕往右前方走50米，就来到了奥列霍夫广场。奥列霍夫是哈军工苏联顾问团首席顾问瓦·依·奥列霍夫中将的名字，那是学校为了纪念他在创建哈军工时所做出的卓越贡献而为他塑像并修建的纪念广场。

在校园里，这样的景观有很多很多。半个多世纪以来，从哈军工到哈船院再到哈工程，报国热忱一脉相承；无论校名与人、事如何变迁，赤诚之心从未改变。哈军工的忠诚文化随着岁月的流转，一再刻印在这片土地上，一草一木、一景一物都成为饱含了哈军工精神与工程大学文化的景观。这些陶冶情操、培育精神、历练品质的景观，作为哈军工的文化载体与组成，时刻熏陶着这里的莘莘学子和广大教员，把许许多多个青春的梦想，逐渐感化凝聚成为坚定的理想，鼓舞他们为祖国的船海事业奉献自己的智慧和青春。

2 综合信息

工学周报 2007年12月28日

“哈军工文化园”——讲述哈军工的故事

《工学周报》2007年12月28日第二版刊发文章
“哈军工文化园”讲述哈军工的故事

哈军工不仅创造了一系列辉煌的成就，还形成了底蕴深厚、内涵丰富、特色鲜明的“哈军工文化”。体现在办学上，就是以“高起点、跨越式”为基本模式的发展战略、以“善之本在教、教之本在师”为根本的办学观念和以“一中、二主、三严”（以教学为中心，以教师为主、以学生为主，治学严谨、组织严密、要求严格）为主要内容的办学理念；体现在教育教学上，就是以“教书教人”为基本原则的育人理念；体现在科学研究上，就是以“成为军事科学技术思想的研究中心”为基本目标的科研定位；体现在学科建设上，就是以“尖端集中、常规分散”为核心的特色理念；体现在人才队伍建设上，就是以“两老（老干部、老教授）办院”为主要标志的人才建设思想；体现在学生工作上，就是以“一切为了学员”为根本宗旨的学生工作思想；体现学校风气上，就是“忠诚奉献、坚韧拼搏、艰苦奋斗、团结协作、求实创新”的校风和以“严谨、严密、严格”为基本要求的“三严”作风。这些思想、理念和作风构成了“哈军工文化”的核心价值体系。60多年来，“哈军工文化”得到了哈军工后继者的不断继承和弘扬。

工程大学作为哈军工的后继者之一，在继承和发扬“哈军工文化”的过程中，凝炼出了以毛泽东主席为哈军工题写报名“工学”二字构造的“大工至善、大学至真”校训、“以祖国需要为第一需要、以国防需求为第一使命、以人民满意为第一标准”的大学精神和“三海一核”特色办学理念为核心价值体系的工程大学文化，即是以“三个第一”为灵魂，以“工学为境界，海防为特色”的忠诚文化。2006年9月，《光明日报》头版头题以“在忠诚的旗帜下”为题，对哈军工文化的核心价值体系及其哈尔滨工程大学继承和弘扬这一核心价值体系的办学实践进行了解读。

学校通过挖掘资源，传承精神，建设特色军工文化。近年来，学校加强了对办学历史与文化传统的研究，组织专人、拨付专款、用专门的时间，对有关的史实资料进行了整理，对哈军工精神、办学理念、办学特色、大学精神以及校风、教风、学风等进行了凝练和提升，出台了《校园文化建设十一五规划》《哈军工文化园建设方案》《校园文化建设十二五规划》等文件，对校园文化建设进行了系统的规划和设计。

学校通过文化标识、文化景观和文化设施建设，营造特色文化氛围。近年来，学校确立了由军号、校歌等构成的听觉标识，由校徽、校旗、校园道路及广场、大楼、园林命名等构成的视觉标识。从哈军工到哈船院，再到工程大学，一直沿用从哈军工创建伊始就使用的军号声，作为学生起床、上下课、午间休息、晚上就寝等的铃声信号。2006 年，学校党委聘请海政歌舞团著名词曲作家创作的工程大学校歌正式推出：“当年军工圣殿，今日精英摇篮……成长在军号声中，求知在松花江畔……丹心铸剑何惧大洋深和远，热血熔金固我海疆坚如磐……”每当课间校歌响起，每个工程大学师生的心灵都会受到一次洗礼和震撼。学校还以发展历史上的重要人物，与学校特色相关的著名历史人物，与“海”字、“水”字相关、体现学校特色和师生高远追求与精神境界的词对校园道路、广场、楼宇、园林等进行了命名，如兴海路、智水路、陈赓路、居英路、奥列霍夫广场、济海湾等。每日漫步在这样的校园里，穿梭于楼宇和广场之间，这些名称早已被广大师生深深地铭刻在心中，激励着他们为实现国防现代化拼搏奉献。

“四海路”路名标识牌

学校通过加强文化宣传，开展文化教育，举办文化活动，营造良好的文化建设氛围。学校通过编辑出版《哈尔滨工程大学 50 年通鉴》《哈尔滨工程大学校史》（学生读本）《共和国军事教育家陈赓传略》《漫游中国大学·哈尔滨工程大学卷》等，深入挖掘、广泛传播承载了哈军工文化与工程大学校园文化价值观的文化故事。通过拍摄并播出“哈军工文化园”电视专题片、集中展播大型电视专题片《哈军工》与历史文献纪录片《揭秘哈军工》、上演以哈军工学员谭国玉为原型的话剧《奔流》与诗歌朗诵《云山风范，松柏精神》、校报《工学》连载《漫游中国大学·哈尔滨工程大学卷》、组织撰写《走进哈军工纪念馆·走近哈军工》、《杨士载传》等，使这些文化故事在工程大学校园里得到广泛传播。经过长时间的熏陶，这些文化故事深深地感染着广大学生，影响着广大学生人生观、价值观的形成。

漫游中国大学·哈尔滨工程大学卷　走进哈军工纪念馆·走近哈军工　倾听大海的声音 · 杨士莪传

系统打造，长期建设，广泛传播哈军工精神与文化。为了更好地传扬哈军工文化，充分发挥文化育人功能，学校党委按照“整合资源、分区建设、突出特色、开放运行”的方针，将已有文化资源和拟建文化设施进行整合，建设“哈军工文化园”。2014 年 11 月 12 日，哈军工文化园被黑龙江省旅游景区质量等级评定委员会正式评定为国家“AAA 级”旅游景区，学校成为全国 12 所拥有“AAA 级”以上国家级景区的大学之一。“三区一馆”由历史景观区、文化景观区、船海特色区和哈军工纪念馆构成，是国内少有的集历史内涵、文化特色、建筑景观于一体的高校文化园区。

历史景观区主要包括哈军工时期的大楼、党国家和军队领导人等来校视察地、“共和国第一”诞生地等哈军工历史上的原址原貌等，力图向世人展示出哈军工高速度、高标准创建的历史，哈军工面向世界、面向国防建设的历史，哈军工高起点、跨越式发展的辉煌。通过讲述哈军工时期的大楼在设计、建设过程中发生的故事，让人们感受哈军工建筑的大气磅礴与中西合璧，感受哈军工建筑的与众不同与独特魅力，感受哈军工文化的深厚底蕴；通过讲述党、国家和军队领导人等曾经来校视察的故事，让人们感受哈军工在中国高等教育史上的独特地位，回顾党和国家对哈军工办学的极大关心和支持，初步理解哈军工“高起点、跨越式”发展战略；通过讲述这些“共和国第一”研制过程的艰辛，讲解这些“共和国第一”曾经发挥的作用，让人们感受到哈军工对科学研究的高度重视，进而体会哈军工高起点、跨越式发展的辉煌历程，初步理解哈军工人“以国防需求为第一使命”的理想信念。

文化景观区主要包括军工操场、陈赓受命创建哈军工群雕、陈赓广场及陈赓院长铜像、奥列霍夫广场及奥列霍夫铜像、世昌园及邓世昌铜像、郑和园及郑和铜像、郑成功铜像、徐寿铜像、济海湾、校友林、启锚广场、溯源石、导航广场等继承哈军工历史与反映海防特色的原有和新建景观，向世人展示出对哈军工创建者陈赓院长与首席顾问奥列霍夫的怀念与景仰，对哈军工创建者历史功绩的高度评价，哈军工继承者、今天的工程大学所肩负的神圣使命与光荣任务。通过讲述哈军工学员在军工操场接受党、国家和军队领导人的检阅的往事，讲述哈军工学员在军工操场艰苦训练的故事，让人们初步理解哈军工在教育教学上以“教书教人”为基本原则的育人理念，初步感受哈军工以“严谨、严密、严格”为基本要求的“三严”作风；通过讲述陈赓院长在创建哈军工过程中发生的典型故事，让人们初步感受到陈赓院长作

陈赓铜像和31号楼

为哈军工创建者的光辉形象，初步了解陈赓院长的办学思想及其为哈军工创建做出的卓越贡献；通过讲述首席顾问奥列霍夫及苏联顾问团在哈军工办学的故事，让人们感受到以奥列霍夫为首席顾问的苏联顾问团对创建哈军工的真诚帮助，为哈军工办学做出的特殊贡献，所发挥的不可替代的作用；通过讲述民族英雄邓世昌与航海家郑和的故事，讲述世昌路与郑和路路名的由来以及铸造邓世昌铜像、郑和铜像、郑成功铜像、徐寿铜像的原由，让人们对今天工程大学人所肩负的建设强大海防的历史使命和责任有一个初步了解；通过讲解“济海湾”的含义，讲述老院长刘居英为校友林题字的故事，让人们进一步感受到今天的工程大学师生投身海防、服务海防、献身海防的使命、决心和信心；通过讲解南理工溯源石、空军工程系旧址纪念碑、装甲兵工程系旧址纪念碑、解放军理工大学工程兵工程学院溯源碑的意义，让人们进一步了解哈军工分建的过程，分建的学校同根同源、血脉相连，哈军工精神、哈军工传统是我们共同拥有的宝贵遗存；通过讲解标志性景观“锚”与“舵”的基本含义与启锚广场、导航广场的引申含义，让人们对今天工程大学的办学特色与服务面向有一个初步的了解。

船海特色区主要包括了中国“十大名船”展与船舶博物馆、海洋文化馆、学生科技作品展厅、东海路、西海路、南海路、北海路、世昌路、郑和路等路名及船海特色实验室等体现哈军工文化中的船海特色与标识部分，向世人展示出哈军工以及作为继承者之一的哈尔滨工程大学为国家海防事业做出的重大贡献，哈军工继承者之一的哈尔滨工程大学坚持“三海一核”办学特色与服务面向、发展祖国船海事业的信心与决心。通过讲述“十大名船”的历史故事及我校的有关成果，讲解船舶发展历程与我校的核心技术，让人们进一步了解我校的办学特色与“三海一核”特色办学理念，了解我校为国防科技事业做出的重要贡献；通过讲述学生在各类科技竞赛中取得的优异成绩，讲述学校为培养学生创新精神与实践能力所营造的良好创新环境，让人们感受到哈军工文化核心价值体系中“一切为了学员”的宗旨在今天得到了很好地继承和弘扬；通过讲解这些路名的由来，让人们进一步体会今天工程大学所肩负的建设强大海防的历史使命和责任；通过讲解船海特色实验室的工作

中国“十大名船”展

船舶博物馆

海洋文化馆

情况，讲解这些实验室取得的成果，讲解这些实验室里发生的感人故事，让人们了解哈军工直至今天的工程大学为国家、为国防做出的重大贡献，进一步增强发展祖国海防事业的责任感和使命感。2017年建成的海洋文化馆，承载了学校心系海洋的情怀。

作为哈军工文化园的“点睛”之笔，哈军工纪念馆筹建于2011年5月，历时2年零4个月建成，以哈军工历史为基础，以重点人物、重大事件、重要成果为主线，充分挖掘实物内部所蕴藏的精神内涵与文化价值，在生动再现哈军工创建风雨历程和光辉历史的同时，对哈军工文化进行动态化地总结和凝练，对以“忠诚”为核心的哈军工精神进行故事性地演绎和诠释。馆舍建筑坚持“保持原貌、修旧如旧”的原则，最大限度的恢复历史建筑的原貌，依托哈军工原有建筑建设，一期工程占地面积1050平方米，内设序厅、历史陈列展厅、历史建筑还原展厅、人才和科研成果展厅、纪念与传扬展厅6个常设展厅。哈军工纪念馆已进入国家博物馆序列，馆藏实物万余件，国家级文物近五百件，其中包括我国第一代晶体管电子计算机901元件、我国第一艘水翼艇试验船模、我国第一台机载火控计算机、歼7E试验吹风模型等诸多“共和国第一”的珍贵文物，毛泽东主席签发的哈军工副院长刘居英的任命书、周恩来总理签发的一批系院领导任命书等珍贵资料，成为学校文化育人的一个鲜活而生动的课堂。

2013年8月31日，哈军工纪念馆正式开馆，校友踊跃入馆参观。

新生家长参观纪念馆后这样说：“我的孩子能够在这样一所有着光荣传统和文化积淀的大学里学习、成长，我感到很欣喜。”新生自豪地说：“我要将个人的理想与国家需要联系起来，像哈军工先辈们一样为国防事业、为建设海洋强国贡献自己的青春和力量！”

置身于哈军工文化园，一页页地掠过从哈军工到哈工程大学的历史画卷，你仿佛看到，从校门走出，在实践中成长的200多位将军代表着数不胜数的军工人向着学校的方向敬礼；你似乎感觉到，从哈军工走出的39位两院院士以军工人的风范在科学的海洋中向着成功彼岸遨游的坚毅神情。“共和国第一”诞生的故事，“两老办院”的传统，“善之本在教、教之本在师”的理念，中国高等军事工程技术教育体系的形成经历，以“国家利益至上”为核心价值体系的忠诚文化，“以祖国需要为第一需要、以国防需求为第一使命、以人民满意为第一标准”为最高价值观的大学精神，以“可靠顶用”为核心的人才培养目标，都已作为忠诚的印记，深深铭刻在每个曾经在军工大院里学习生活过的学人心头。这些校园文化的积淀，永远是进入和走出这所大院学人的力量与成功之源。

哈军工文化园景区导览图

★ 2009 年，入选国防科技工业军工文化教育基地
★ 2014 年，入选黑龙江省爱国主义教育基地
★ 2014 年，入选国家 3A 旅游景区
★ 2017 年，入选国家红色旅游经典名录
★ 2017 年，入选首批国家中小学生研学实践教育基地

哈军工文化园位于哈尔滨市南通大街 145 号，哈军工原址，现哈尔滨工程大学院内，毗邻哈尔滨著名的旅游景点文庙、极乐寺、普照寺、哈尔滨游乐园，与亚洲第一高钢塔龙塔遥遥相望。经过长期积淀和建设，文化园形成了历史景观区、文化景观区、船海特色区和哈军工纪念馆“三区一馆”的格局。文化园秉承以纪念传承文化，以开放服务育人的方针，每年接待社会游览人员近 10 万人，已经成为学校文化育人的核心基地，哈尔滨市红色旅游线路的特色一站，黑龙江省爱国主义教育的重要基地，工信部推进军工文化建设的优秀示范。

历史景观区

A1 ——11号楼
原哈军工空军工程系

A2 ——21号楼
原哈军工炮兵工程系

A3 ——31号楼
原哈军工海军工程系

A4 ——41号楼
原哈军工装甲兵工程系

A5 ——51号楼
原哈军工工兵工程系

A6 ——61号楼
同哈军工风格的工训大楼

文化景观区

B1 ——哈军工空军工程系旧址纪念碑

B2 ——南京理工大学溯源石

B3 ——31号楼内陈赓铜像

B4 ——装甲兵工程学院旧址纪念碑

B5 ——解放军理工大学工程兵学院旧址纪念碑

C1 ——
受命群雕铜像

C2 ——
陈赓院长铜像

C3 ——
奥列霍夫铜像

C4 ——
郑和铜像

C5 ——
邓世昌铜像

C6 ——
郑成功铜像

C7 ——
徐寿铜像

D1 ——
军工操场

D2 ——
济海湾

D3 ——
校友林

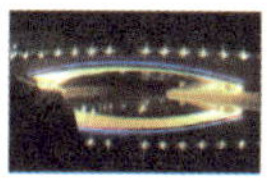

D4 ——
工学桥

D5 ——
导航广场

D6 ——
东校门

D7 ——
启锚广场

D8 ——我国某退役军舰铸钢霍尔锚

D9 ——
学海广场

船海特色区

E1 ——
中国十大名船展

E2 ——
船舶博物馆

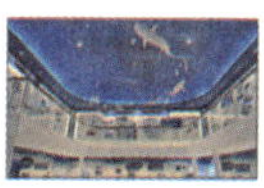

E3 ——
海洋文化馆

哈军工纪念馆

1 ——
哈军工纪念馆

后记

做好连接历史与现实的桥

习近平总书记曾经指出：档案工作是一项非常重要的工作，经验得以总结，规律得以认识，历史得以延续，各项事业得以发展，都离不开档案。作为一名高校档案人，每天穿梭于密集架间、伫立在案卷前、浸淫在档案内页里，深深地被档案所承载的精神、文化所打动，切实地感受到档案及档案背后的故事、档案研究及研究成果的宣传对于一所大学在文化传承、教化师生、成风育人方面的重要意义和价值。

作为这所大学文化和精神印记的见证者、保存者、研究者及传承者，对于她的诞生、发展，我们档案人谙熟于心；对于她的未来，我们充满期待。从哈军工到哈船院直至今天的哈尔滨工程大学，无论学校如何变迁，忠诚报国的赤子之心从未改变。这些忠诚的印记记录着这所大学在需要中诞生、困境中崛起、特色中跨越的发展轨迹，见证了一群无限忠诚于祖国国防科技事业，尤其是船海核事业的人们如何将前辈留下的忠诚种子培育成精彩花开的过往。这颗忠诚的种子被我们悉心地安放着，虽然随着时间的推移、空间的变换渐渐走远，但是却从未离开，而是永远地铭刻在人们的记忆里、沉淀在我们的心上，在工程大学人的行动中生根、发芽，直至繁花盛开。

哈军工是国家在建国初期极为特殊的历史条件下建设的一所肩负重要历史使命的高等学府，创建伊始就肩负强国安邦使命。毛泽东主席在学院成立颁发的训词中写到：“中国人民解放军军事工程学院（哈军工）的创办，对于我国的国防事业具有极其重大的意义。今天我们迫切需要的，就是要有大批能够掌握和驾驭技术的人，并使我们的技术能够得到不断地改善和进步。学院的创办，其目的就是为解决这个迫切而光荣的任务。”办学中，哈军工人将这颗忠诚报国的种子深埋在军工大院里，在系的设置上，哈军工不仅着眼现阶段的教育教学和人才培养，更加有远见地兼顾未来发展。在尖端集中、常规分散的战略思维指导下，学院在自己发展的鼎盛时期选择分建，由此奠定了我国高等军事技术教育三级发展的格局。第二次分建后，形成的“军工六校”在各自的城市发展，却依旧心系国防、忠心报国，成为祖国国防科技事业的重要支撑。哈军工为国家培养了一批党、政府、军队的高级领导人和以“两弹一星”元勋、两院院士为代表的科技领域里的领军人才，创造了一批“共和国第一”的国防科技成果，为国家，特别是为我国的国防现代化建设作出了重要贡献，立下了不可磨灭的历史功勋。

哈船院是在哈军工分建后，由哈军工的一个系——海军工程系为主体组建的一所远离海洋却面向海洋开展教学、研究、服务的大学。没有时间去经历一所大学正常的发展轨迹，哈船院的办学难度可想而知。哈船院时期这颗忠诚的种子与学院对自身定位的推敲、对生存环境的分析、对未来发展的展望以及为国家多做贡献的渴望结合在一起，最后成长为为国防、海军、造船工业服务的目标。哈船院这个名字伴随了学校近 20 年，在这个时间里，哈船院人真正地肩负起承上启下的历史使命，在一系列具有重要历史意义的关键节点上紧紧抓住了历史机遇，紧跟我国高等教育发展的步伐，为学院的进一步发展创造了条件：办学仅 8 年即被教育部确定为 88 所全国重点大学之一；成为首批获得博士、硕士学位授予权的单位；被列为国防科工委重点办好的十所国防工业院校之一，阔步向“211 工程”进军……为工程大学时期的跨越式发展奠定了坚实的基础。

为了不负前辈之望、国家之托，也为了不愧于后人的审视，在新的历史时期，工程大学的历任领导继往开来、运筹帷幄、不辍耕耘，从“九五”、“十五”建设，直至“十三五”规划，这所大学的办学理念、自身定位及发展目标始终与国家相关领域的发展建设息息相关。立足学校优势和国家需求，学校确立了建设高水平研究型大学的战略目标，凝练出以“船舶工业、海军装备、海洋开发、核能应用”为主体服务领域的“三海一核”特色办学理念，提出了走内涵式发展道路的五大转型升级工程，坚持打造“可靠顶用”的人才品牌、坚持满足“三海一核”的国家急需、坚持传承“哈军工”的文化传统，系统地指导办学、凝聚发展共识。在“三海一核”特色办学方略的指引下，工程大学“以国防需求为第一使命”的忠诚情怀得到了最充分的实现。这种理念与工程大学所取得的成果相互呼应、相互印证，并在这所大学忠诚精神的传承中显得愈加厚重起来，在这所大学对“大工至善、大学至真”境界的追求中显得愈加巍峨起来……今天学校已经成为我国舰船科学技术基础和应用研究的主力军之一、海军先进技术装备研制的重点单位之一，我国发展海洋高技术的一支重要依托力量。引领工程大学跨越发展的领导者用高远的追求与前瞻的规划正在将前辈和后继者共同关注、倾尽心血的事业不断推向新的境界，使学校发展的更加丰满、充实。

档案是连接历史与现实的桥梁，存史、资政、知今古。在翻阅档案、回望历史的过程中，知晓我们从哪里来、眺望我们要去向哪里。在 2013 年哈军工纪念馆开馆时，哈军工校友、桥梁工程专家王景全院士写下“天堑通途”四个字。在和平年代、科技迅速发展的今天，我们可能很难再遇到所谓空间上的天堑。但在网络时代，在信息爆炸的时代，在我们向世界完全敞开胸怀的时代，如果没有那么一座桥梁，可能，我们的国家、我们的民族在历史与现实之前就非常容易出现一个文化的、精神的天堑。这也就是为什么以习近平同志为核心的党中央高度重视中华民族传统文化的传承和发展这件事，为什么如此重视和强调文化强国、文化自信这件事。

作为每天都会看到、接触到承载国家未来希望的青年学生的高校档案人，我们要自觉地、不动摇地、在优秀的文化土壤中架起一座连接历史与现实的精神之桥，一半在历史里寻找，一半在现实中传扬，不忘初心，服务未来，自觉肩负起文化兴校的历史使命，与每一位哈工程人一起携手开启创建特色鲜明的世界一流大学的新航程。

—— 编者的话 ——

本书以文化为主线，以历史档案为依据，按照哈军工——哈船院——哈工程的历史脉络，客观记录了学校65年来的发展历程。此书稿从2016年开始组稿，截止于2017年9月成稿，因此，基本史实的时间跨度为1952年至2017年。后在出版前，加入了指明学校未来发展方向的第四次党代会的内容，将书稿辐射的时间跨度延伸至2018年5月。书稿内容上恐有挂一漏万之处，还请广大师生、校友包容、理解。书稿中的照片，大多取材于学校档案馆存档的档案照片，很多照片作者不详。在此向默默支持学校档案工作的广大师生表示感谢。

值此学校成立65周年之际，谨以此书向心系学校发展，坚守并奋斗在祖国各条战线的哈军工人、哈船院人、哈工程人表达崇高的敬意。

—— 参考文献 ——

［1］ 哈尔滨工程大学校史编写组.哈尔滨工程大学50年通鉴［M］.哈尔滨：哈尔滨工程大学出版社，2003.

［2］ 哈尔滨工程大学校史编写组.哈尔滨工程大学通鉴2003——2012［M］.哈尔滨：哈尔滨工程大学出版社，2013.

［3］ 吕冬诗.哈尔滨工程大学年鉴2013［M］.哈尔滨：哈尔滨工程大学出版社，2014.

［4］ 吕冬诗.哈尔滨工程大学年鉴2014［M］.哈尔滨：哈尔滨工程大学出版社，2015.

［5］ 胡今鸿.哈尔滨工程大学年鉴2015［M］.哈尔滨：哈尔滨工程大学出版社，2016.

［6］ 胡今鸿.哈尔滨工程大学年鉴2016［M］.哈尔滨：哈尔滨工程大学出版社，2017.

［7］ 哈尔滨船舶工程学院院史（1953−1983）

［8］ 哈军工时期《工学》合订本

［9］ 哈船院时期《船工周报》合订本

［10］ 工程大学时期《工学周报》合订本

［11］ 王春晖.漫游中国大学·哈尔滨工程大学［M］.重庆：重庆大学出版社，2008.

［12］ 王春晖.走进哈军工纪念馆 走近哈军工［M］.哈尔滨：哈尔滨工程大

学出版社 ,2017.

[13] 滕叙兖 . 哈军工传 [M] . 修订 . 长沙 : 河南科学技术出版社 ,2007.

[14] 滕叙兖 . 陈赓大将与哈军工 [M] . 北京 : 当代中国出版社 ,2007.

[15] 国防科学技术大学校史办 . 军事工程学院时期编制序列及组织沿革（1952—1966）.1988.

[16] 国防科学技术大学校史编审委员会 . 军事工程学院——国防科学技术大学表册（1953—1990）.1991.

[17] 国防科学技术大学校史编审委员会 . 国防科技大学校史（1953—1993）[M] . 长沙 : 国防科学技术大学出版社 ,1993.

[18] 吴新明 . 王牌军校哈军工 [M] . 哈尔滨 : 哈尔滨工程大学出版社 ,2003.

[19] 编委会 . 难忘五十年 [M] . 长沙 : 国防科学技术大学出版社 ,2003.

[20] 丛书编写组 . 辉煌的哈军工 [M] . 哈尔滨 : 哈尔滨工程大学出版社 ,2003.

[21] 任文学 . 哈军工 [M] . 长沙 : 国防科学技术大学出版社 ,2003.

[22] 哈军工北京校友会 . 从哈军工校园走出的院士们 [M] . 哈尔滨 : 哈尔滨工程大学出版社 ,2008.

[23] 温国才 . 哈军工史诗 [M] . 北京 : 中国文联出版社 ,2007.

[24] 纪念军工创建五十周年丛书编写组 . 难忘的哈军工 [M] . 哈尔滨 : 哈尔滨工程大学出版社 ,2003.

[25] 吴新明 . 军工名校哈军工 [M] . 哈尔滨 : 哈尔滨工程大学出版社 ,2013.

[26] 唐晓伟 . 杨士莪传：倾听大海的声音 [M] . 北京 : 科学出版社 ,2017.

[27] 朱伟光 . 杨士莪：大海会记得，我们来过 [N]，光明日报 ,2010-11-12（12）